Écrans

2017 – 2 et 2018 – 1, n° 8-9

Écrans

Le cinéma ou la nouvelle expérience de l'art

Sous la direction de Sébastien David, David Pettersen et Luc Vancheri

PARIS
CLASSIQUES GARNIER
2019

Écrans est une revue soutenue par l'université Blaise Pascal – Clermont-Ferrand (CELIS); l'université Lumière – Lyon 2 (Passages XX-XXI); l'université Paris Ouest Nanterre La Défense (HAR).

ISBN 978-2-406-09245-2
ISSN 2267-4357

SOMMAIRE

DEUXIÈME PARTIE

RÉSISTANCES CINÉMATOGRAPHIQUES

DES AVANT-GARDES À L'*ENTERTAINMENT*

TROISIÈME PARTIE

LE CINÉMA ET LE MONDE

PRATIQUE DE LA MÉTAMORPHOSE

AVANT-PROPOS

L'art ou la condition historique du cinéma

S'il y a bien un goût artistique qui oriente la production cinématographique au début du 20e siècle, il est tenu par une conception moralisante et patrimoniale de l'art[1], privé d'un véritable projet esthétique et subordonné à un modèle industriel de production des films. On crée des sociétés de films spécialisées (*Le Film d'Art*, la *Société des Auteurs et des Gens de Lettres*, etc.), on puise dans le répertoire de la littérature, on met en scène d'après des tableaux de peinture, on revisite l'Histoire, bref on renouvelle les signes d'une culture de masse née au XIXe siècle dans le sillon de la presse, de la photographie et des politiques publiques de la Troisième République[2]. Deux tendances se dégagent néanmoins, qui renseignent sur les résistances culturelles et le progressisme artistique qui façonnent l'époque. L'une trouve dans les films d'art les « utiles auxiliaires de notre grande littérature, et aussi de puissants propagandistes de notre magnifique histoire[3] », tandis que l'autre aboutit aux publics du Vieux Colombier et des Ursulines, partagés entre « l'extrême gauche

---

1 Le Forestier, Laurent, « L'art et les manières. Quelques hypothèses sur la généralisation des séries d'art en France », 1895. Mille huit cent quatre-vingt-quinze [En ligne], 56 | 2008.

2 Le phénomène est décrit dès le début des années 1910 : « Personne aujourd'hui ne nie plus l'importance de la presse sous forme d'affiche, de journal ou de revue ; mais n'est-ce pas sous forme d'affiches, ou de publications illustrées, qu'elle atteint son maximum de persuasion ! Personne non plus ne conteste l'influence sur les mœurs du théâtre ou art dramatique reproduisant plus ou moins exactement la vie et les sentiments humains. Eh bien, le cinéma est la synthèse de l'un et de l'autre ! comme la feuille imprimée, la pellicule cinématographique peut maintenant pénétrer dans la bourgade la plus reculée et y introduire de façon frappante des idées, des sentiments ou des connaissances qui y étaient autrefois inconnus. » – « La Question cinématographique », Lille, 1912 (Lille-Cinéma), in L'Herbier, Marcel, *Intelligence du cinématographe*, Paris, Éditions d'Aujourd'hui, 1977, p. 52-53.

3 Deschanel, Paul, « Discours du 26 mars 1914 prononcé au banquet de la chambre syndicale française de cinématographie et des syndicats s'y rattachant », in Marcel L'Herbier, *Intelligence du cinématographe*, *op. cit.*, p. 97.

de la Sorbonne, celle qui prise dans Gide un calvinisme tiraillé entre Nietzsche et saint Paul » et les habitués du cinéma d'avant-garde qui se recrute dans « cette sorte de parc ethnographique qui s'étend de son seuil au Jockey et à la Rotonde[4]. » Quelques années à peine après que les frères Lumière ont cessé leur activité cinématographique[5] pour revenir à la photographie – le procédé Autochrome est breveté le 17 décembre 1903 – le cinéma fait l'objet d'un premier investissement critique[6], puis théorique[7] qui assigne symboliquement et institutionnellement le cinéma au monde de l'art et bouleverse son imaginaire culturel avant d'influencer son économie. Le rattachement du cinéma au système des Beaux-Arts, alors qu'il est parallèlement mobilisé par des avant-gardes qui ont choisi d'en faire le moyen d'une révolution de l'art, n'est pas un phénomène contenu dans sa seule dimension esthétique – les conséquences qu'il imprime au monde de l'art –, il compte aussi et surtout une reconfiguration des coordonnées économiques et sociales qui orientent son évolution

4 Arnoux, Alexandre, « Cinéma », 1929, in Marcel L'Herbier, *Intelligence du cinématographe*, *op. cit.*, p. 333-334.

5 Alors qu'en 1902 Georges Méliès prépare le tournage du *Voyage dans la Lune* – commencé en mai à Montreuil le film d'une longueur de 260 mètres sera achevé au mois d'août – la Société Lumière arrête les projections cinématographiques qu'elle organisait au *Progrès* depuis mars 1897. Année charnière qui fera dire à Georges Sadoul en 1962 que « Si l'on devait un jour célébrer le centenaire, non du cinématographe mais de l'art du film, il faudrait alors choisir non le 28 décembre 1995, mais le mois de juin ou juillet 2002. De même que, depuis 1882, les recherches et les appareils de Marey, Demenÿ, Edison, Anschütz, Armat, Jenkins, Le Roy et dix autres préparèrent le subit triomphe du Cinématographe Lumière, de même tous les essais sans éclat de Méliès (et de plusieurs autres) depuis 1896-1897 amenèrent la victoire imprévue du *Voyage dans la Lune*, qui imposa universellement la pratique de la mise en scène. Il est symbolique que ce film ait permis en octobre 1902 aux frères Tally de fonder le premier cinéma non forain, "à quatre murs", ayant jamais existé à Los Angeles, et qu'il ait imposé l'art du film à cinq ou six lieues d'une bourgade nommée Hollywood. » – Cité par Lherminier, Pierre *Annales du cinéma français. Les voies du silence. 1895-1929*, Nouveau Monde éditions, 2012, p. 209. – Si Sadoul a raison de distinguer l'invention technique de l'invention artistique, il n'y a d'art cinématographique qu'à penser l'art et le cinéma en termes de discours et d'institutions. Les pratiques cinématographiques et les films sont à eux seuls insuffisants pour constituer une raison artistique du cinéma.

6 En 1903 Georges-Michel Poissac fait paraître la première revue française de cinéma *Le Fascinateur*. Aux États-Unis *Variety* est fondée par Sime Silverman en 1905, tandis qu'Eduard Lintz lance en Allemagne *Der Kinematograph* en 1907.

7 Les premiers essais théoriques consacrés au cinéma voient le jour dès le début des années 1910. Voir par exemple, Guido, Laurent, *l'Âge du rythme – Cinéma, musicalité et culture du corps dans les théories françaises des années 1910-1930*, Lausanne, Éditions Payot Lausanne, coll. « Cinéma », 2007.

historique. Le signalement esthétique des œuvres n'est en définitive que la part la plus superficielle d'une situation aux profondes ramifications qui affectent autant l'organisation industrielle des Studios hollywoodiens que la transformation de la culture de masse. Reformulons le problème qui nous occupe : l'entrée du cinéma dans le monde de l'art n'a pas simplement modifié le profil social d'une pratique industrielle, elle a fait de l'art sa toute nouvelle condition historique. Si c'est Ricciotto Canudo qui nous permet de dater l'événement de son artialisation, c'est Blaise Cendras qui nous donne l'occasion d'en lire le renversement historique. En écrivant que le cinéma est cet « art qui a donné naissance à l'une des premières industries du monde moderne[8] » sans se soucier de la juste succession des séquences historiques – c'est la réalité inverse qui est vraie –, Cendrars consigne le refoulé de ses origines industrielles et impose le blason de sa mythologie. De même, lorsque l'on croit retrouver dans les films Lumière les tout premiers signes de l'art, on peut bien essayer d'en atténuer la portée historique en distinguant l'invention d'une technique de sa reprise artistique au tournant des années 10, on n'en reconduit pas moins le mythe d'un art délivré des servitudes de sa construction sociale. Cette fiction résistante n'a pas plus de réalité que l'invention de la peinture par le potier Butades de Sicyone rapportée par Pline l'ancien, mais elle demeure le récit d'une société qui a toujours cherché à diminuer sa dépendance à « l'*entertainment*, dans lequel la contingence des loisirs et la contrainte du politique ont fusionné[9]. » Il y a dans le constat désenchanté de Francesco Masci l'écho de la critique lancée contre le cinéma dès 1944 par Adorno et Horkheimer qui dénonçaient la standardisation et l'homogénéisation des œuvres de la culture ramenées au statut de marchandises : « La dépendance dans laquelle se trouve la plus puissante société radiophonique à l'égard de l'industrie électrique, ou celle du film à l'égard des banques, est caractéristique de toute la sphère dont les différents secteurs sont à leur tour économiquement dépendants les uns des autres. [...] L'unité radicale de l'industrie culturelle annonce de toute évidence celle qui s'amorce dans la politique[10]. » L'art aurait donc cessé d'être une sphère autonome pour n'être plus qu'une activité économique

8 Cendrars, Blaise, *Hollywood, La Mecque du cinéma*, 1936, Paris, Ramsay Poche Cinéma, 1987, p. 115.

9 Masci, Francesco, *Entertainment !*. Paris, Allia, 2011, p. 28.

10 Adorno Theodor Wiesengrund & Max Horkheimer, *Kulturindustrie. Raison et mystification des masses*, trad. Eliane Kaufholz, Paris, Allia, 2015, p. 12-13.

comme les autres, plaçant la culture dans le giron des industries culturelles qui soumettent la création artistique à l'inflation technologique et au rendement capitaliste. Reste que si la forme socialisée de la production cinématographique a d'abord largement déterminé la structure de son esthétique, l'inverse qui voit l'idéal de l'art s'imposer comme le référent esthétique d'une économie et d'une pratique sociale est un événement dont il reste à étayer l'histoire. À cet égard la lettre encyclique du Pape Pie XI, *Vigilanti Cura*, adressée en 1936 à l'épiscopat américain est particulièrement édifiante. Saluant la création de la *Legion of Decency* en 1933 et constatant que « des efforts sérieux ont été réalisés pour que les scènes cinématographiques s'inspirent des règles les plus nobles qui régissent les beaux-arts », Pie XI entend encourager la défense de l'art cinématographique menacé de « corruption et de dépravation ». Là où l'encyclique *Divini Illius Magistri* donnée à Rome le 31 décembre 1929 traite encore du cinéma comme d'un spectacle, six ans plus tard ce dernier est définitivement reconnu comme un art. Toute la pédagogie morale réclamée par l'Eglise catholique romaine[11] repose alors sur une triple conception du cinéma comme industrie, divertissement et comme art. Le plaisir éprouvé aux films ne doit pas éloigner de Dieu – « Car ils sont chargés par mandat divin d'enseigner aux âmes qui leur sont confiées les règles de conduite qui s'imposent, même à l'occasion de leurs plaisirs » –, tandis que le cinéma, nouvellement accueilli dans le monde de l'art, doit poursuivre la mission apostolique que l'Eglise a souhaité confier aux arts : « tout art un peu noble ne doit-il pas s'attacher avant tout à entraîner, pour sa part l'humanité à plus d'honneur et de vertu ? ». Ce changement considérable dans l'ordre des représentations culturelles a fait l'objet de travaux récents[12], mais il reste à se demander si la nouvelle stratégie de

11 « Il est nécessaire, en effet, et urgent de veiller à ce que, même sur ce point, les progrès de l'art, de la science et même de la technique et de l'industrie humaine, véritables dons de Dieu, soient ordonnés à la gloire de Dieu et au salut des âmes, et à ce qu'ils servent pratiquement à l'extension du règne de Dieu sur terre, afin que tous, comme nous fait prier la Sainte Eglise, nous en profitions de façon à ne pas perdre les biens éternels : sic transeamus per bona temporalia ut non amittamus aeterna. » Pie XI, « *Vigilanti Cura*, Lettre encyclique aux vénérables frères les archevêques et évêques des États-Unis et autres ordinaires des lieux en paix et communion avec le siège apostolique, Des spectacles cinématographiques », 1936, in *Actes de s. s. Pie encycliques, motu proprio, brefs, allocutions, actes des dicastères, etc.*, Tome XIV, Paris, Maison de la Bonne Presse, 1936, p. 74-75.

12 Leventopoulos, Melisande, *Les catholiques et le cinéma : la construction d'un regard critique (France, 1895-1958)*, Rennes, Presses Universitaires de Rennes, 2015 ; Vezyroglou, Dimitri,

l'Église catholique romaine qui cherche à contenir la libéralité artistique du cinéma n'a pas indirectement contribué à la justifier[13]. Accepter que le cinéma soit un art revient nécessairement à lui accorder ce que l'art permet. Au XXe siècle l'art veut tout et, bientôt, il pourra tout. Qu'une institution aussi conservatrice – nous sommes encore loin de l'ouverture sociale de Vatican II – se soit résolue à reconnaître au cinéma une dimension artistique doit attirer notre attention sur un phénomène nouveau : en cherchant à rattraper leur retard culturel les institutions sociales qui gouvernent la vie morale de la société ont paradoxalement commencé à intérioriser les normes artistiques qui façonnent la nouvelle *aisthesis* du XXe siècle. L'allocution du pape Pie XII aux représentants du monde cinématographique qui fit suite aux audiences du 21 juin et du 28 octobre 1955 devait confirmer cette nouvelle sollicitude de l'Eglise à l'égard du cinéma. Lorsqu'il oppose « la norme directive » du film idéal[14] à l'idéal artistique du film, on peut bien sûr retenir l'inquiétude d'une Eglise confrontée à une « décadence spirituelle et culturelle » que pourrait précipiter « la liberté indisciplinée des films », mais on doit aussi comprendre que la politique du cinéma que mène le Saint Siège est désormais obligée par les normes esthétiques de l'art. Plus l'Église entend faire du cinéma le moyen de son apostolat, consciente qu'il est un fait

« Les catholiques, le cinéma et la conquête des masses : le tournant de la fin des années 20 », in *Revue d'Histoire moderne et contemporaine*, 2004/4 (n° 51-4).

13 « Bien qu'on ait prédit en certains milieux que la valeur artistique des films de cinéma se trouverait atteinte par les exigences de la "Légion de la Décence", il semble que c'est exactement le contraire qui advienne, car cette Légion a donné une forte impulsion aux efforts faits pour amener de plus en plus le cinéma à une grande noblesse de vues artistiques, en le poussant à la production d'œuvres classiques et à des créations originales d'une valeur peu commune. » Pie XI, « *Vigilanti Cura*, Lettre encyclique aux vénérables frères les archevêques et évêques des États-Unis et autres ordinaires des lieux en paix et communion avec le siège apostolique, Des spectacles cinématographiques », *op. cit.*, p. 71-72.

14 Puisque le spectacle cinématographique, comme on l'a observé, a le pouvoir d'orienter l'esprit du spectateur vers le bien ou vers le mal, Nous n'appellerons un film idéal que si, non seulement il n'offense pas ce que Nous venons de décrire, mais le traite avec respect. Bien plus, cela même ne suffit pas ! Nous devons dire : s'il renforce et élève l'homme dans la conscience de sa dignité ; s'il lui fait connaître et aimer davantage le rang élevé où le Créateur le mit dans sa nature ; s'il lui parle de la possibilité d'accroître en lui les qualités d'énergie et les vertus dont il dispose ; s'il consolide en lui la persuasion qu'il peut vaincre des obstacles et éviter des décisions erronées ; qu'il peut toujours se relever de ses chutes et se remettre sur la bonne route ; enfin qu'il peut progresser du bien au mieux en se servant de sa liberté et de ses facultés. *Allocution de sa sainteté Pie XII aux représentants du monde cinématographique*, Libreria Editrice Vaticana, 1955.

social majeur dont elle espère fléchir l'évolution, plus elle se voit contrainte de quitter le média de masse[15] pour l'art. La vaste entreprise de moralisation du cinéma menée par l'Eglise tout au long des années 1920 confirme cette nouvelle polarisation du discours catholique. La création en 1927 de l'*Academy of Motion Picture Arts and Sciences* sur le modèle de l'*Académie royale de peinture et de sculpture*, quelles que furent les motivations politiques de Louis B. Mayer, relève d'une même logique d'intériorisation des demandes d'art qui ne va pas sans affecter le marché des biens symboliques[16]. Il s'agit moins d'avancer l'argument d'une légitimité culturelle recherchée par les Studios, il a été largement discuté, que de souligner la nouveauté des effets de régulation sociale qui exposent l'industrie cinématographique aux exigences de la création artistique. Si la création d'une *Académie des Arts et Techniques du Cinéma* – 1975 pour la version française – présente l'avantage immédiat d'une habilitation culturelle acquise à bon compte, elle a pour conséquences de formaliser l'obligation de ses nouveaux devoirs artistiques et d'ouvrir incidemment un espace de négociations et de conflits. Le procès de *L'Opéra de Quat' sous* qui a opposé Bertolt Brecht à la société Nero-Film constitue à ce titre un bon observatoire de la lutte qui oppose l'art à l'industrie. Écarté de l'écriture définitive du scénario co-écrit par Leo Lania, Laszlo Vajda et Bela Balázs, tandis que la réalisation était confiée à Georg Wilhelm Pabst, Brecht entendait démontrer que le cinéma abandonné à une exploitation capitaliste avait définitivement écarté les artistes du processus de création des films. Sans son intervention la Nero-Film avait échoué à faire « une

15 « Le cinéma est entré dans les mœurs ; il y entrera de plus en plus ; la seule chose qui reste à faire, c'est de s'adapter à cette situation. » Chanoine Brohée, « Le devoir des catholiques », Dossiers du cinéma, n° 5, janvier 1928. Six ans plus tard, le 27 avril 1934, le Cardinal Pacelli adresse une lettre au chanoine Brohée, alors président de l'Office Catholique International du Cinématographe, afin d'en soutenir les efforts : « Aussi les catholiques de tous les pays du monde doivent-ils se faire un devoir de conscience de s'occuper de cette question qui devient de plus en plus importante. Le cinéma va devenir le plus grand et efficace moyen d'influence, plus efficace encore que la presse, car c'est un fait constant que certains films ont été vus par plusieurs millions de spectateurs. En conséquence, il est hautement désirable que les catholiques organisés s'occupent toujours du cinéma dans leurs séances d'Action catholique, dans leurs programmes d'études, etc. Il importe pareillement que les journaux catholiques aient tous une rubrique cinématographique pour louer les bons films et blâmer les mauvais. », in *La Revue catholique des idées et des faits*, XIV[?] année, N° 7 et 8, 18 mai 1934.

16 Sur ce point, voir Bourdieu, Pierre, *Les règles de l'art. Genèse et structure du champ littéraire*, Paris, Seuil, 1992.

œuvre ne fût-ce qu'à moitié de la même trempe que la pièce de théâtre[17]. » Exemplaire parce que théorisé par l'un de ses principaux acteurs, ce procès a bien sûr mis en lumière les relations conflictuelles qui se sont tissées entre le film et la marchandise, l'art et l'*entertainment*, le cinéma, les industries et les institutions culturelles, mais il a aussi permis de vérifier que l'industrie ne pouvait plus s'exempter des demandes d'art qui lui étaient adressées. Ce procès n'est pas l'exception d'un système, il est bien plutôt le symptôme de sa dépendance à une culture artistique qui a accompagné la requalification législative du droit du cinéma. Il est à cet égard significatif que la première Commission nationale de censure créée à l'initiative du ministre de l'intérieur par arrêté du 16 janvier 1916 ait été remplacée trois ans plus tard par la Commission d'examen des films cinématographiques – décret du 25 juillet 1919 – et placée sous l'autorité du ministre de l'Instruction publique et des Beaux-Arts. Le 23 octobre de la même année Canudo faisait paraître le texte qui devait consacrer le cinéma, désormais septième dans la suite des arts[18]. Déclaration juridique et proclamation esthétique font valoir une même situation : le cinéma est soumis à un ordre artistique qui commande aussi bien le développement des théories de l'art que l'évolution de l'appareil législatif.

C'est ici qu'il faut reprendre notre compréhension de la littérature théorique et critique des années 10 et 20. Entre le premier texte de Canudo (*Lettere d'arte. Trionfo del cinematografo*, 1908) qui milite pour que le cinéma soit le sixième art et *Naissance du cinéma* (1925) de Léon Moussinac qui soutient que « l'ordre général de l'évolution des arts[19] » sera un jour changé, s'est jouée une révolution esthétique en deux temps qui a bouleversé le XXe siècle. On a ainsi assisté à des politiques du cinéma conduites au nom de l'art qui ont tenté de maintenir l'illusion d'une continuité entre deux mondes, l'avant-garde française ayant cherché à dessiner la raison esthétique de l'art nouveau en retrouvant des points d'attache possibles au système des Beaux-Arts. On reconnaît là l'essentiel de l'entreprise de Ricciotto Canudo qui n'a pas hésité à se réclamer de

17 Brecht, Bertolt, « Sur le cinéma », in *Écrits sur la littérature et l'art 1*, Paris, L'Arche, 1970, p. 158.

18 Canudo, Ricciotto, « La leçon de cinéma », in *L'Information* n° 286, 23 octobre 1919, repris in *L'usine aux images*, Paris, Seguier / Arte éditions, 1995.

19 Moussinac, Léon, « Naissance du cinéma », in *L'âge ingrat du cinéma*, Paris, Les éditeurs français réunis, 1967, p. 60.

Schopenhauer et de l'ancienne théorie des arts de l'espace et du temps pour pouvoir justifier le principe d'une synthèse des arts, dût-il au passage réinventer le système qu'il entendait prolonger. Souvenons-nous que pour Hegel comme pour Schopenhauer il n'existe que cinq arts, l'architecture, la peinture, la sculpture, la musique et la poésie. En introduisant la danse pour équilibrer les arts du temps – la tradition n'en compte que deux – et les arts de l'espace qui existe au nombre de trois, Canudo ne s'est donc pas contenté de trahir Hegel qui la jugeait imparfaite, il a renoncé aux lois esthétiques qui gouvernaient le système des arts. Hegel refusait la danse, comme il refusait l'art des jardins parce qu'il tenait ces « genres intermédiaires » pour l'égal des « espèces hybrides, des amphibies et autres transitions, [qui] ne donnent guère à voir que leur impuissance en lieu et place de l'excellence et de la liberté de la nature[20] ». Canudo, lui, impressionné comme tous les artistes de sa génération par Charlie Chaplin, fait de la pantomime burlesque l'expression légitime d'un art du geste qui lui ouvre les portes de la danse. Ainsi parvient-il à justifier la synthèse équilibrée des arts de l'espace et du temps. Le système des Beaux-Arts était un système limité – il manque à chaque art l'espace ou le temps qui pourrait compléter sa nature – et imparfait – il n'existe aucune œuvre qui pourrait contenir toutes les vertus de l'art. Il revenait ainsi au cinéma de corriger et d'achever le système des Beaux-Arts. Cette révision artistique fut pourtant exactement opposée aux politiques de l'art menées au nom du cinéma qui devaient précipiter sa transformation moderniste. Penser la dimension artistique du cinéma demandait donc que l'on renégocie les rapports que ce dernier avait noués avec les autres arts. Ce sont au moins quatre phénomènes majeurs qui pourront être ainsi dégagés de ce moment historique.

Le premier repose sur la réactualisation implicite de l'ancien *paragone* qui commande le rang social des arts. Les futuristes italiens qui ont soumis tous les arts à la discipline du futurisme – Boccioni, Carrà, Russolo, Severini et Balla font paraître le *Manifeste des Peintres futuristes* en 1910, Balilla Pratela son *Manifeste des Musiciens futuristes* l'année suivante, tandis que Marinetti publie son *Manifeste technique de la littérature futuriste* en 1912 et celui du *Théâtre futuriste synthétique* en 1915 – n'hésitent pas, dès le mois de novembre 1916, à soutenir que non seulement « le cinéma est un art en soi », mais qu'il est « l'instrument

20 Hegel, *Esthétique*, Paris, édition Aubier, tome 2, 1964, p 251.

idéal d'un art nouveau immensément plus vaste et plus agile que tous les arts existants[21]. » Quant à Léon Moussinac qui rejoue la vieille querelle lancée par le *Trattato della pittura* de Léonard de Vinci (*Codex Vaticanus Urbinas 1270*), il n'hésite pas à avancer que « le cinéma devancera quelque jour la littérature et occupera la première place[22]. » Pour ces premiers défenseurs du cinéma, il ne s'agit plus seulement d'introduire le cinéma dans la suite des arts, mais de lui accorder la première place. C'est là retrouver la valeur polémique du *paragone* qui ne doit pas tant être compris comme « un objet parmi d'autres de la pensée sur l'art à la Renaissance que comme l'indicateur esthétique privilégié d'une culture fondée sur le conflit[23]. » Le second phénomène engage le remploi de la doctrine de l'*Ut pictura poesis* formulée par le poète latin Horace d'après Simonide (*Art poétique, Épître aux Pisons*), avant qu'elle ne soit reprise et renversée à la Renaissance lorsqu'on a cherché à réhabiliter la peinture encore assimilée aux arts mécaniques. Ludovico Dolce et Giovanni Paolo Lomazzo théorisent ce nouveau *topos* de la littérature savante pour le XVIe, tandis que Charles Du Fresnoy peut écrire dans son *De arte graphica* publié à Paris en 1667 « *Ut pictura poesis erit ; similisque Poesi sit Pictura*[24] ». Il faudra attendre le *Laocoon* de Lessing au XVIIIe pour assister à la liquidation de ce modèle des relations artistiques. On le croyait disparu, il revient avec le cinéma que l'on rapproche des autres arts avec lesquels il partage des valeurs esthétiques que l'on s'efforce de dégager. Lorsque Vachel Lindsay essaie de décrire ce que pourrait être la « peinture-en-mouvement[25] » qui sert de modèle à une pensée plastique du cinéma, il a la conviction que le portraitiste Gilbert Stuart qui a imposé la figure de George Washington est le modèle idéal pour quiconque voudrait filmer « la réserve aristocratique » des grands

21 Marinetti, Corra, Balla, Settimelli, Ginna et Chiti, « La cinématographie futuriste », in *L'Italia futurista*, n° 9, in Lista, Giovanni, *Le futurisme*, Champ Vallon, 2015, p. 993.

22 Moussinac, Léon, « Naissance du cinéma », in *L'âge ingrat du cinéma*, *op. cit.*, p. 61.

23 Collareta, Marco, « Nouvelles études sur le paragone entre les arts », Perspective [En ligne], Nouvelle actualité en histoire de l'art, 1 | 2015, Varia, p. 154.

24 Là où Horace déclare que « la poésie est comme la peinture, dans l'une et dans l'autre il y a des morceaux qui vous plairont davantage, si vous les voyez de près, d'autres si vous les voyez de loin », Du Fresnoy soutient que « La poésie sera comme la peinture ; et que la peinture soit semblable à la poésie. » – Sur ce point voir Lee, Rensselaer W., *Ut pictura poesis. Humanisme & Théorie de la peinture XVe – XVIIIe siècles*, Paris, Macula, 1991.

25 Lindsay, Vachel écrit « Painting-in-Motion », in Vachel Lindsay, *The Art of the Moving Picture*, New York, The Macmillan Company, 1915/1922.

hommes de ce siècle. Qu'un cinéaste s'y applique avec sérieux et on dira de « ce film [qu'il] a été peint par un élève de Gilbert Stuart » et qu'« on reconnaît bien là cette période majestueuse[26]. ». Mais ce rapport aux autres arts a pris des formes plus surprenantes. Vachel Lindsay lit la *Grammaire élémentaire égyptienne* de Margaret A. Murray et le *Livre des Morts* annoté et traduit par E. A. Wallis Budge comme autant de solutions pré-cinématographiques, avant qu'Eisenstein n'imagine sous le nom de cinématisme sa version théorique et qu'il ne fasse de l'*Acropole* d'Athènes le film le plus ancien de l'histoire du cinéma. Écrire comme le fait Lindsay que le Papyrus d'Ani « est sans conteste le plus grand film que j'aie jamais vu », ce n'est pas simplement se donner l'illusion que le cinéma est l'aboutissement d'une pensée du mouvement engagée quelques millénaires plus tôt, c'est admettre qu'il est le lieu à partir duquel toute l'histoire des arts peut être recommencée. Un troisième phénomène met les arts au défi de se saisir du cinéma et d'en reconduire le modernisme technique et culturel. Apollinaire n'attend pas et, dès 1907, introduit le cinéma dans ses romans et nouvelles (*Un beau film* sera repris dans *L'Hérésiarque et Compagnie*, 1910), défend l'idée d'un renouveau de l'art et de la poésie à partir du cinéma (*L'esprit nouveau et les poètes*, 1918), avant d'écrire des scénarios de films (*La Bréhatine*, 1917 ; *C'est un oiseau qui vient de France*, 1918). Meyerhold, qui a pourtant commencé par refuser d'admettre le cinéma auquel il reprochait un naturalisme dont il espérait débarrasser le théâtre – « L'extraordinaire succès du cinéma s'explique en premier lieu par l'extrême engouement pour le naturalisme qui caractérise de larges masses à la fin du XIXe et au début du XXe siècle[27] » –, ne mettra que quelques années avant de changer d'avis. Non seulement il adapte à l'écran *Le portrait de Dorian Gray* (1918), mais il modifie sa pratique théâtrale à partir du cinéma au point de développer une conception cinématographique de la mise en scène. Le dernier phénomène, enfin, suppose le mouvement inverse qui voit le cinéma chercher dans les autres arts les solutions de son esthétique. Le cinéma expressionniste est à bien des égards sa meilleure jauge. Lorsque Bernhard Diebold déclare dans le journal *Neue Zürcher Zeitung*

26 Lindsay, Vachel, *De la Caverne à la pyramide, Écrits sur le cinéma, 1914-1925*, trad. Marc Chénetier, Paris, Librairie Klincksieck, 2000, p. 143.

27 Meyerhold, Vsevolod, « Le théâtre de foire », in *Écrits sur le théâtre, tome 1*, trad. Béatrice Picon-Vallin, Lausanne, L'âge d'Homme, 2001, p. 187.

que le « cinéma est l'accomplissement de l'expressionnisme[28] », Robert Wiene n'a toujours pas tourné *Le Cabinet du Docteur Caligari*. Quatre ans plus tard, à lire la presse allemande au lendemain de la première de sa sortie berlinoise, « la question de savoir si le cinéma peut être de l'art a été résolue de façon définitive[29]. » Si l'époque a été divisée sur la légitimité du cinéma expressionniste, ce dernier est néanmoins parvenu à introduire dans les débats sur l'art cinématographique un objet théorique largement reconnu par la tradition historiographique allemande qui a fait du style le critère de l'art. Or là où Hugo Münsterberg se tournait vers Quatremère de Quincy pour dégager les principes fondamentaux d'une poétique cinématographique, quelques cinéastes et décorateurs allemands réussissaient à établir un lien structurant entre l'image, le film et l'art en investissant le style d'une fonction historique sans rien perdre des exigences modernistes de l'art. Panofsky pourra bien affirmer dans son essai sur le style et la matière du septième art[30] (1947) que la stylisation de l'image doit être tirée de ses propriétés formelles et non pas obtenue à partir de la pré-stylisation de ses décors, l'essentiel en 1920 est davantage de trouver le moyen de satisfaire au formalisme esthétique qui justifie l'œuvre artistique – le mouvement Dada a sans doute été le l'un des tout premiers mouvements artistiques à s'affranchir de cette contrainte – que de défendre, comme le fit l'impressionnisme français, la pureté d'un langage formel.

Ce que nous disent ces trop brèves remarques, c'est que la concordance des temps qui règle l'accord des théories de l'art, de la littérature et du cinéma, est inséparable de leurs discordances historiques. Telles étaient les conclusions de Paul Valéry (*La conquête de l'ubiquité*, 1928) et Walter Benjamin (*L'œuvre d'art à l'ère de la reproductibilité technique*, 1935) qui se sont persuadés que la technique a cessé d'être extérieure et indifférente au monde de l'art, parce qu'elle est désormais l'agent de son avenir artistique et la variable esthétique d'un changement du régime général de l'art. Valéry l'a pensé pour la musique, Benjamin pour le cinéma tout en reprenant à celui-ci l'idée qui veut que « de si

28 Diebold, Bernhard, « Expressionismus und Kino », 1916, in Anton Kaes, Nicholas Baer, Michael Cowan, *The Promise of cinema : German Film Theory, 1907-1933*, University of California Press, 2016, p. 418.

29 Cité par Richard, Lionel, *Comprendre l'expressionnisme*, Gollion, Infolio, 2012, p. 190.

30 Panofsky, Erwin, « Style et matière du septième art », in *Trois essais sur le style*, Paris, Gallimard, Le Promeneur, 1996.

grandes nouveautés transforment toute la technique des arts, agissent par-là sur l'invention elle-même » et iront « peut-être jusqu'à modifier merveilleusement la notion même de l'art[31] ». Les luttes qui opposent l'art et l'industrie, les partisans d'une avant-garde à une autre, les débats, les manifestes, les déclarations qui envahissent les revues ne sont pas les signes d'une crise qui diviserait le cinéma, ce sont plus profondément les expressions d'un régime de pensée du cinéma qui fait de l'art sa loi de séparation – le début des années 1920 marque ce moment où parler de cinéma revient irrésistiblement à parler de ce qui l'éloigne ou le rapproche de l'art, – et sa loi d'identification – les films, quelle que soit leur valeur esthétique, appartiennent de droit au domaine de l'art[32]. Le profil des relations qui lient l'art et le cinéma a profondément varié, au point qu'il semble aujourd'hui nécessaire de rendre compte des usages de la notion d'art dans le champ du cinéma – l'histoire de celui-ci est largement dépendante de l'histoire de celle-là, pendant théorique des usages et remplois du cinéma dans le champ de l'art. Qu'il s'agisse de ses manifestations explicites – film d'art, documentaire sur l'art, cinéma expérimental, cinéma d'auteur, etc. –, de ses disparitions apparentes dans les formes du cinéma militant ou dans celles de l'*entertainment*, de ses résurgences mélancoliques dans les années 1990 ou bien encore de son revival contemporain, on constate que l'histoire du cinéma est inséparable de ce filigrane esthétique qui traverse toutes ses époques. En restituer les logiques souterraines et les économies partielles, en décrire les seuils et les formes historiques, les effets culturels et les survivances imaginaires, telles sont les grandes perspectives de recherche que se donne ce numéro de la revue *Écrans*.

Luc VANCHERI
Université Lyon 2

31 Valéry, Paul, « La conquête de l'ubiquité » (1928), in *Œuvres, tome II, Pièces sur l'art*, Gallimard, Bibl. de la Pléiade, 1960, p. 1283.

32 La valeur des films fait l'objet d'une constante négociation entre les différentes institutions cinématographiques – revues critiques, cinémathèques, festivals, académies, universités, etc. – qui en ont la charge.

PREMIÈRE PARTIE

LE CINÉMA ET LES ARTS

EMPRUNTS, ÉCHANGES ET REPRÉSENTATIONS

UT CINEMA POESIS

Paradoxes et convergences cinéma/poésie au temps du muet

> Il est aujourd'hui un art d'où peut naître une sorte de sentiment épique par l'amour du lyrisme du poète et la vérité dramatique des situations, c'est le cinématographe. (…) Le poète épique s'exprimera au moyen du cinéma, et dans une belle épopée où se rejoindront tous les arts (…).

Cette citation est de 1916. L'auteur n'en est pas Gance, ni Epstein, pas même Canudo : c'est Apollinaire[1]. Comprendre ce qui rend possible un cinéma qui, nous dit le poète, est tout à la fois poésie et convergence des arts, et qui par là-même devient un art, tel est l'horizon de cet article. Il s'agit en somme de mesurer les conceptions, les projections et les éventuelles influences qui dessinent les lignes nouvelles d'une configuration historique dont nous avons hérité.

Quoique précoce, voire visionnaire, dans ses déclarations, Apollinaire est emblématique de l'attitude des poètes de cette génération, commençant à publier entre 1910 et 1930 et fascinée par le cinéma. Cette génération s'oppose alors aux intellectuels et romanciers français qui condamnent le cinéma, dont les plus célèbres sont Duhamel, sur le versant de la prophétie haineuse (le film est un « passe-temps d'illettrés, de créatures misérables », auxquelles l'auteur promet rapidement la « pire décadence[2] »), et sur un versant plus subtil, Proust qui, dans ces pages extraordinaires du *Temps retrouvé*, évoque par deux fois la « simple reproduction cinématographique » qu'il juge contraire à la vocation profonde de l'art[3].

---

1 Apollinaire, Guillaume, « Les Tendances nouvelles », *SIC*, août-sept.-oct. 1916. Il s'agit d'une réponse à la question de Pierre Albert-Birot : « Pressentez-vous [pour la poésie] une période épique ou lyrique ? ». Cité par Cohen, Nadja, *Les Poètes modernes et le cinéma (1910-1930)*, Paris, Classiques Garnier, coll. « Études littéraires des XXe et XXIe siècles », 2013, p. 94.

2 Duhamel, Georges, *Scènes de la vie future*, Paris, Mercure de France, 1930, chap. 3, cité par Cohen, Nadja, *Les Poètes modernes et le cinéma*, *op. cit.*, p. 175.

3 Proust, Marcel, *Le Temps retrouvé*, Paris, Flammarion, coll. « GF », 1986 (1927), p. 282-283.

Ces deux attitudes opposant poètes et romanciers peuvent étonner, car s'il y a un dénominateur commun entre littérature et cinéma, c'est bien le récit, qui dans ces décennies consolide alors sa position à côté de la dimension attractionnelle, récit dont la littérature écrite et orale représente la grande matrice, le grand réservoir inépuisable et idéalisé d'histoires, certes parfois sous les espèces du théâtre, mais plus généralement dans la prose narrative, le roman. Mais quel est le dénominateur commun entre poésie et cinéma ? Qu'est-ce qui justifie la fascination des poètes ? En effet le récit, que le roman et le film de fiction ont en commun, n'est pas une condition nécessaire du poème. Il l'est même si peu qu'une solide tradition française, et le système théorique par elle forgé, a pu proclamer une exclusion mutuelle, une incompatibilité entre poésie et récit – tradition artistique et théorique initiée par Mallarmé et que les anglophones par exemple n'ont pas subi[4]. La poésie peut, mais n'a pas à être narrative : voilà un premier point de convergence avec le cinéma et le peu de récit souhaité exemplairement par Dulac et Epstein[5] – et avant eux par le poète Pierre Albert-Birot dès 1919[6].

La poésie, quoique variable historiquement dans ses définitions, s'est toujours vue affectée de caractéristiques propres qui la démarquent des autres catégories « génériques » de la littérature. Elle occupe depuis la Renaissance la position la plus haute et noble dans les pratiques littéraires, quand le roman est un genre tardif et d'emblée populaire. Entre 1910 et 1930, les poètes sont à la fois très peu lus et tenus en très haute estime – comme d'ailleurs à toute époque, mais surtout ici au sortir du symbolisme. Examiner les relations entre poésie et cinéma dans ces décennies précédant le parlant, c'est ainsi rencontrer ces deux spécificités françaises : d'un côté le mépris majoritaire du cinéma manifesté par les élites intellectuelles et artistiques (ce qui est une exception en Europe), de l'autre une conception en partie mallarméenne de la poésie.

À l'exercice traditionnel du *paragone*, la poésie occupe une place extrêmement minoritaire : la musique, la peinture et le théâtre (même s'il est nommé « drame » ou « pantomime ») sont les repères majeurs des comparaisons avec le cinéma. La différence sémiotique radicale des matières

4 Voir Combe, Dominique, *Poésie et récit*, Paris, José Corti, 1989.

5 Epstein, Jean, « Bonjour cinéma » (1921), *Écrits sur le cinéma*, vol. 1, Paris, Seghers, coll. « Cinéma club », 1974, p. 85- 102, p. 87.

6 Albert-Birot, Pierre, « Du cinéma », *SIC*, n° 49-50, 1919. Cité par Cohen, Nadja, *Les Poètes modernes et le cinéma*, *op. cit.*, p. 296-297.

de l'expression justifie à elle seule cela : la langue, matière de la poésie, n'est alors présente que dans les cartons. Bien sûr il y a des parallèles envisageables, mais le point commun est alors immédiatement annexé par un art plus proche de ce point de vue, avec lequel la comparaison est plus aisée et plus pure. Par exemple, le cinéma est rythme et harmonie comme la poésie, mais convoquer la musique est plus commode ; même chose pour l'image – dans le sens de la composante visuelle que sollicite le poème – pour laquelle la peinture sera davantage disponible. La littérature est donc présente par autre chose que la langue, par le récit et par la scène (la scénicité) : le roman et surtout le théâtre se partagent la place de choix pour penser le cinéma par comparaison entre les arts. Toutefois la poésie a ceci de plus qu'elle est à la fois une catégorie littéraire et un idéal artistique, non seulement au sein de la littérature elle-même, mais aussi dans l'ensemble des arts depuis que Hegel – sur lequel je reviendrai – en a fait le sommet spirituel de son système esthétique.

Voici donc le raisonnement et le chemin que j'aimerais suivre. Dans ces décennies cruciales, la poésie joue un rôle décisif dans la légitimation artistique du cinéma, avant même qu'il se considère lui-même pleinement comme un art. Cela touche, en tout cas en France, sa réception bienveillante en tant qu'art nouveau et surtout l'encouragement des avant-gardes poétiques à explorer et inventer. Les poètes tendent au cinéma un miroir flatteur, propice et stimulant. Mais cela ne peut se faire qu'en accordant à la poésie une place particulière dans le paragone, place à la fois centrale et en marge, car une proximité trop grande diluerait les spécificités du cinéma. Cette place découle directement de la position elle-même très spéciale qu'occupe alors la poésie dans la littérature et parmi les arts. Au terme de ce parcours, il sera alors possible de reformuler certains axes de comparaison.

LES POÈTES RÊVENT DE CINÉMA

Depuis l'Antiquité, le paragone est mobilisé pour dégager des similarités entre les arts, pour souligner des spécificités, mais parfois aussi pour élaborer une hiérarchisation par valeur. C'est ainsi parce que la peinture était un « art mécanique » – et les peintres des artisans et non des artistes – que Léonard de Vinci la compare à la poésie, et la juge supérieure à celle-ci, en la déclarant « *cosa mentale* », avec pour objectif une « amélioration de la condition sociale et matérielle des peintres[7] ». De même, comparer le cinématographe aux « arts déjà arrivés » (expression de Supervielle en 1925[8]), parfois avant même qu'il soit considéré comme tel mais bien comme un art en devenir, participe d'une stratégie consciente ou non d'élévation du cinéma au statut d'art. Cela est d'autant plus vrai lorsqu'il s'agit d'établir un parallèle avec la poésie, art prestigieux et noble.

C'est pour l'essentiel du côté des poètes qu'est venue la comparaison, dans un geste presque unanime de reconnaissance et de légitimation dont il nous faut mesurer la très grande portée. Presque tous les auteurs qui comptent alors – que l'Histoire a retenus – ont soit loué le cinéma, soit y ont puisé une partie de leur inspiration thématique ou formelle, soit ont écrit directement des scénarios, « ciné-poèmes », et autres « poèmes cinématographiques » – bien souvent tout cela ensemble. Epstein peut ainsi affirmer dès 1921 que « le cinéma sature la littérature moderne[9] ». À Apollinaire il faut donc ajouter Cendrars, Artaud, Aragon, Breton, Éluard, Fondane, Soupault, Reverdy, Desnos, Supervielle, Albert-Birot, Picabia, Cocteau, Max Jacob, Tzara, pour citer les plus connus[10]. Dans ces générations semblent manquer seuls des poètes majeurs comme Péguy, Ségalen et Saint-John Perse, exceptions que l'on peut écarter rapidement en considérant leur *imaginaire* comme davantage ancrés dans un XIXe antique, exotique ou atemporel. On doit à Gallimard un intéressant symptôme éditorial de cet engouement, lorsque est créée en 1925 une « collection aimable et commode de sujets spécialement composée pour l'écran et conçue dans une forme qui s'apparente au

7 Danto, Arthur, *Ce qu'est l'art*, trad. Séverine Weiss, Paris, Post-éditions & Questions théoriques, 2015 (2013), p. 119.

8 Supervielle, Jules, [s.t.], *Cinéma*, *Les Cahiers du mois*, n° 16-17, 1925, p. 183-184. Cité par Wall-Romana, Christophe, « Une source du verset moderne : le cinéma muet », *Études littéraires*, vol. 40 (1), 2009, en ligne sur id.erudit.org/iderudit/037902ar, consulté le 15/02/18.

9 Epstein, Jean, « Le Cinéma et les lettres modernes » (1921), *Écrits sur le cinéma*, vol. 1, *op. cit.*, p. 65-69, p. 65.

10 Mais aussi Jarry, saint Pol roux, Jules Romains, moins connus comme poètes, ainsi que Irène Hillel-Erlanger, Paul Dermée, Nicolas Beauduin, André et François Berge, Ivan Goll, etc.

langage cinématographique », collection baptisée « Cinario », qui publie cinq volumes sur un an. Dans une conférence de 1967, Alain Virmaux va jusqu'à considérer cette « extraordinaire ferveur pour l'écran (…) dont on ne se fait maintenant qu'une faible idée » comme « le trait distinctif de la littérature pendant la période de l'âge d'or du muet » (soit selon l'auteur entre 1918 et 1930)[11].

Première raison. Une large partie de la poésie d'alors souhaite dire le monde tel qu'il est et être absolument de son temps : c'est la « *modernolatria* » futuriste, partagée exemplairement par Apollinaire, avec accent mis sur les progrès techniques merveilleux propres à stimuler la rêverie : cinéma donc, mais aussi avion, radio, etc.[12] Toutefois la fascination du cinéma ne correspond pas au seul attrait de la nouveauté, elle relève également d'une conjoncture précise de l'histoire littéraire dont il convient de déplier le détail. En effet le goût de la vie moderne n'est pas neuf en soi, mais s'inscrit dans une continuité inaugurée par Baudelaire et contrebalancée chez lui par une profonde nostalgie pour le passé et la beauté classique. Baudelaire pressent dans ce paradoxe la redéfinition qui s'impose à l'art et que Rancière nomme le régime esthétique : tout est désormais à la disposition de l'art, objet du quotidien, événement trivial, invention technique, mais aussi les œuvres du passé.

Deuxième raison. Cela a déjà été préparé dans la littérature par l'émergence d'un grand désir de culture populaire, commençant avec le romantisme et son attirance pour le cirque et la fête foraine, que Starobinski analyse comme refuge de l'enfance, puissance onirique et inspiration spontanée contre le monde sérieux[13]. Il appartient à Rimbaud d'en avoir donné, vers la fin du même siècle la formulation définitive[14] :

> J'aimais les peintures idiotes, dessus de portes, décors, toiles de saltimbanque, enseignes, enluminures populaires : la littérature démodée, latin d'église, livres érotiques sans orthographe, romans de nos aïeules, contes de fées, petits livres de l'enfance, opéras vieux, refrains niais, rythmes naïfs.

11 Virmaux, Alain, « La tentation du cinéma chez les poètes au temps du surréalisme, d'Artaud à Supervielle », *Cahiers de l'Association internationale des études françaises*, n° 20, 1968, p. 257-274, en ligne sur www.persee.fr/doc/caief_0571- 5865_1968_num_20_1_913, consulté le 21/03/18.

12 Cohen, Nadja, *Les Poètes modernes et le cinéma*, *op. cit.*, p. 86.

13 Starobinski, Jean, *Portrait de l'artiste en saltimbanque*, Paris, Gallimard, 1970.

14 Rimbaud, Arthur, *Une Saison en enfer*, Paris, Mercure de France, 1914 (1873), p. 65-66.

Rimbaud prolonge ce rapport paradoxal à la modernité hérité de Baudelaire : comme l'a clairement montré Meschonnic, la fameuse phrase *« Il faut être absolument moderne »* est pour le moins ambiguë, voire tout à fait ironique[15].

Le pas vers la modernité est donc véritablement franchi au début du XXe siècle, et une grande partie des poètes s'engouffrent dans la célébration, parfois nuancée, du monde moderne et de la technique, dans lequel s'inscrit pleinement le cinéma, non seulement comme machine inédite, mais aussi pour ce qu'il filme et montre : la transformation des villes, les mœurs nouvelles, les automobiles, etc. Tout cela est souvent présenté et représenté au carré par les Américains, qui célèbrent ainsi un mode vie dont Hollywood construit déjà l'étendard. Ainsi Chaplin et les films policiers sont-ils fêtés, mais aussi les feuilletons de Feuillade. Le poète Nicolas Beauduin note :

> Il existe à l'heure présente une poésie qui puise dans l'actualité à la fois son information, sa raison d'être et sa vérité profonde. Et cette actualité, qui est la vision cinématographique de la vie contemporaine, est une des plus propices à susciter le lyrisme actif le plus inédit et le plus grand qui soit[16].

La poésie « présente » se nourrit du cinéma comme « actualité » et « vie contemporaine » parce qu'il en est la « vision cinématographique » : l'expression est remarquable car elle montre l'intime compréhension, dès 1914, du regard anthropologique et esthétique que le cinéma est en train d'élaborer en propre et qui correspond à l'homme moderne. Le cinématographe est donc moderne d'abord par son dispositif technique, ensuite par ce qu'il montre, enfin par la manière dont il le montre.

Troisième raison. Parce qu'il est naïf, populaire et moderne, le cinéma est un spectacle que l'avant-garde poétique peut investir pour sa position particulière, hors de l'institution et de l'art établi. Dada puis le surréalisme sont emblématiques de cette volonté poétique et politique de sortir l'art des sentiers balisés et d'investir par l'art tout autre sentier disponible, comme le montre par exemple l'esthétique du collage, tant pictural que littéraire, mêlant pour l'un photographies, affiches, dessins,

---

15 Meschonnic, Henri, *Modernité modernité*, Paris, Verdier, coll. « Folio Essais », 1988, p. 123-127.

16 Beauduin, Nicolas, « La poésie de l'époque », *Mercure de France*, 16 janvier 1914, p. 278. Cité par Cohen, Nadja, *Les Poètes modernes et le cinéma*, *op. cit.*, p. 85.

mots écrits, pour l'autre slogans, vers, clichés, onomatopées imprécises. Poésie et peinture, de ce point de vue, marchent main dans la main et s'inspirent mutuellement. L'art doit se renouveler hors de l'art : Tzara voit ainsi dans la poésie « un cheval de Troie pour pénétrer à l'intérieur de l'enceinte sacrée et en troubler l'agencement à l'aide des propres moyens de l'art[17] ». Source d'inspiration moderne et naïve, divertissement populaire dans l'ère du temps, le cinématographe est alors le lieu idéal dans lequel puiser pour sortir l'art de son cadre conventionnel et bourgeois. Il n'a pas encore de statut artistique nettement déterminé et affirmé, il est un art en devenir : la poésie s'en empare à la fois parce qu'il est un divertissement et un spectacle populaire et parce qu'il présente un potentiel artistique plein d'avenir, qui attend encore d'être réalisé.

Le paradoxe est poussé à son terme par le groupe surréaliste, qui rejette les « films d'art » et surtout le « cinéma pur ». Alors que les poètes attendent bien du cinéma un art neuf et un nouveau langage, les surréalistes détestent les premiers films non figuratifs – ceux de Eggeling et Richter par exemple – et condamnent globalement, ou accueillent tièdement, les tentatives de Dulac, L'Herbier, Gance[18]. Comme le synthétise Nadja Cohen, le cinéma, « né sur les champs de foire », ne « saurait sans périr accéder au statut d'art[19] » : c'est qu'il lui faut, selon les surréalistes, une nouvelle définition, qui elle-même sera ce par quoi se redéfinira l'art. La citation d'Apollinaire qui ouvre cet article dit cette même tension paradoxale, mais comme repliée sous la forme d'une réconciliation à venir, avec d'un côté un constat au temps présent, de l'autre une prophétie exprimée au futur : « Il *est* aujourd'hui un art d'où peut naître… » (…), et « Le poète épique *s'exprimera* au moyen du cinéma, et dans une belle épopée où *se rejoindront* tous les arts[20] ». Apollinaire présente en 1916 le cinéma comme art en devenir, mais aussi comme convergence artistique. Et cette « belle épopée où se rejoindront tous les arts » est lyrique et épique : c'est bien la poésie qui vient couronner ici le cinéma comme synthèse des arts.

---

17 Tzara, Tristan, « Dada contre l'art », cité par Cohen, Nadja, *Les Poètes modernes et le cinéma*, *op. cit.*, p. 63.

18 *Ibid.*, p. 287 et suivantes.

19 *Ibid.*, p. 268.

20 Apollinaire, Guillaume, « Les Tendances nouvelles », *op. cit.* Je souligne.

LE PARALLÈLE POÉSIE/CINÉMA : « UNE BELLE ÉPOPÉE OÙ SE REJOINDRONT TOUS LES ARTS »

Le socle commun des arts au XXe siècle ne repose plus sur le principe de mimésis ni sur l'antique trio latin *movere, docere, placere*, qui jusque-là déterminaient les coordonnées d'identification des œuvres et légitimaient le paragone. Quel en est alors le nouveau cadre de pensée, la nouvelle condition de possibilité ? Le meilleur angle ici est de bien comprendre l'héritage de Hegel, considérable sur toute l'esthétique ultérieure et qui sert de fondations idéologiques et épistémologiques aux édifices comparatistes, afin d'en saisir les conséquences pour la poésie et le cinéma. Canudo, bien qu'il cite plus volontiers Schopenhauer (par exemple dans la « Leçon du cinéma » en 1919), offre une illustration d'autant plus remarquable de cette dimension hégélienne qu'elle est non seulement précoce (1908, « Triomphe du cinématographe »), mais aussi volontiers modélisatrice avec une prétention d'universalité – il n'y a qu'à lire la manière dont il évoque la popularité toujours croissante de sa propre « Théorie du 7e art » dans le « Manifeste des sept arts » de 1922[21]. La citation d'Apollinaire est d'ailleurs exemplaire de cette influence de Canudo : sa « Théorie » est à ce point la plus modélisée, représentative et durable que Luc Vancheri propose de nommer « moment Canudo » cette ère, démarré dans les années 1910 et dont nous dépendons encore en partie, qui a fait de l'art la « condition historique du cinéma[22] ».

D'abord l'idée d'un art septième, qui implique ici tout autant un décompte, une inscription chronologique et une hiérarchisation au gré des évolutions de chaque art, semble inspirée de Hegel. Canudo oriente souvent ses développements sur tel ou tel art particulier selon une même volonté historicisante teintée de téléologie. Ensuite, le « système » de Canudo ébauché en 1908 se fait à partir des cinq arts laissés par Hegel

21 Les textes mentionnés de Canudo sont tous reproduits partiellement dans Banda, Daniel et Moure, José, *Le Cinéma : naissance d'un art (1895-1920)*, Paris, Flammarion, coll. « Champs arts », 2008, et Banda, Daniel et Moure, José, *Le Cinéma : l'art d'une civilisation (1920-1960)*, Paris, Flammarion, coll. « Champs arts », 2011.

22 Vancheri, Luc, *Le Cinéma ou le dernier des arts*, Rennes, Presses Universitaires de Rennes, 2018, p. 247-270. Sur le « système » de Canudo, sa constitution et son influence, *cf.* chap. VI : « Le moment Canudo ».

dans cet ordre : architecture, sculpture, peinture, musique et poésie. Le théâtre est ainsi écarté comme précurseur maladroit du cinéma, « conciliation éphémère » du temps et de l'espace, écrit Canudo, quand Hegel fait du théâtre une variante de la poésie et non un art à part. Le troisième point est le plus intéressant : l'idée-même de « synthèse » est très hégélienne, non seulement en général puisqu'il s'agit d'une étape indispensable de l'*Aufhebung* dialectique, mais également en particulier dans l'*Esthétique* puisque la « synthèse » intervient à plusieurs reprises pour caractériser des émergences artistiques. Par exemple, « l'expression poétique » est selon Hegel une « synthèse de l'expression plastique et de l'expression musicale » ; ou encore, la poésie dramatique est définie comme synthèse des poésies lyrique et épique. La « Théorie du 7e art » de Canudo, qui présente un système historique incluant le cinéma comme synthèse, semble bien construite sur ce socle hégélien.

Quelles sont les implications et les conséquences de cet héritage souterrain et non revendiqué ? La poésie, nous dit Hegel, est dans son âge d'or au début du XIXe siècle et marque l'accomplissement de l'esprit qui a su triompher de la matière : l'expression poétique représente l'achèvement d'une lutte dialectique entre esprit et matière, commencée avec l'architecture et poursuivie par les arts dans l'ordre donné précédemment. La poésie repose sur le langage, sur l'idée elle-même, elle est ainsi le « véritable art de l'esprit, celui qui le manifeste réellement comme esprit[23] ». Cette plus haute spiritualité est un trait de définition et un jugement de valeur. La prééminence des mots « pensée » et « idée » est également un trait caractéristique qu'on trouve, pour donner quelques exemples, chez Apollinaire, Supervielle, Artaud, Dulac, Epstein (mais aussi, pour sortir de France, Eisenstein et Murnau). Pour ces auteurs, l'expression de la pensée est une des vocations du cinéma. Le lien avec le cinéma est ici d'autant plus aisé que Hegel décrit la pensée en poésie comme matérielle, concrète et donc – selon une expression qui marqua peut-être Francastel – comme une « pensée figurée », une pensée qui s'incarne par l'image poétique. De plus, la poésie, parce qu'elle « n'est attachée exclusivement à aucune forme déterminée de l'art[24] », est l'art universel, qui reproduit dans son propre domaine ceux de tous les autres

23 Hegel, G. W. F., *Esthétique* (textes choisis), trad. Bénard, éd. F. Khodoss, Paris, PUF, 1953-1992 (1835), p. 96.

24 *Ibid.*, p. 97. *Ibid.* pour les citations suivantes de Hegel.

arts, parce qu'elle est elle-même une synthèse artistique et possède ainsi des capacités d'expression et d'appropriation d'une grande souplesse. Je n'explicite pas le lien évident avec le cinéma selon Canudo, qui est synthèse des arts. Enfin, l'aboutissement logique du système hégélien est que la poésie est la limite de l'art, c'est-à-dire « cet art particulier dans lequel l'art lui-même commence à se dissoudre » et qui annonce sa fin, car elle peut tout aussi bien être « prose de la réalité finie » – de même le cinéma redéfinit-il lui-même les frontières entre ce qui relève ou non de l'art. La poésie se distingue donc chez Hegel en tant qu'elle est : aboutissement historique et donc dernier des arts, pensée pure, pensée figurative, langage universel, synthèse des arts, inclusion de la frontière avec le non-art.

Le cinéma a pu être décrit, en tant qu'il est un nouvel art et une synthèse des précédents, comme venant s'inscrire dans la continuité du système hégélien, qu'il vient parachever. Il semble bien plutôt, en relisant précisément Hegel et les textes des décennies 1910 et 1920 – et en reprenant les traits que je viens de souligner – que le cinéma vient très exactement prendre la place autrefois assignée à la poésie dans l'architecture théorique hégélienne. Pour comprendre comment cela est possible et comprendre comment la poésie peut se trouver ainsi reconfigurée, on peut d'abord rester avec Canudo, lorsque Epstein lui rend un hommage posthume le présentant comme le « politicien admirable du 7e art et de la poésie unique[25] ». Apposée à un théoricien du cinéma, cette idée de « poésie unique » montre bien le statut particulier de la poésie et la souplesse avec laquelle on peut la sortir du domaine littéraire : le cinéma serait à la fois synthèse des arts et poésie. C'est qu'une scission sémantique, dont les racines plongent sans doute chez Mallarmé, s'est en effet dessinée dans cette période. William Marx explique ainsi :

> il y eut dans l'entre-deux-guerres un élargissement important de la notion de poésie en dehors du poème écrit, voire en dehors de la littérature même. La poésie verbale n'a été considérée que comme un moyen parmi d'autres de créer un "état poétique", l'état poétique représentant justement un moment particulier de sortie hors du réel, proche de l'état hypnotique[26].

25 Epstein, Jean, « Hommage à Canudo » (1927), *Écrits sur le cinéma*, vol. 2, Paris, Seghers, coll. « Cinéma club », 1975, p. 172-173, p. 172.

26 Marx, William, « "État poétique" contre poésie : une crise de définition », entretien avec Nadja Cohen, *Fabula-LhT*, n° 18, « Un je-ne-sais-quoi de "poétique" », avril 2017, en ligne sur http://www.fabula.org/lht/18/marx.html, consulté le 19 mars 2018.

Des auteurs aussi différents que les surréalistes (ainsi Breton dans le premier *Manifeste du surréalisme* en 1924) et Valéry (en 1927)[27] développent largement cette idée. Le poème est une « machine » (Valéry) qui recrée parfaitement « l'état » ou « l'émotion poétique », mais toute œuvre peut le faire. Le cinéma apparaît alors comme un moyen privilégié de création de cet « état poétique ». Epstein affirme qu'il est « le plus puissant moyen de poésie[28] » et Cocteau son plus puissant « véhicule[29] », lui qui classe ses œuvres en « poésie de roman », « poésie de théâtre », « poésie de cinéma ». Gance, insistant sur un cinéma comme synthèse des 6 arts, considère la poésie comme sa « muse préférée[30] », etc. Le cinéma n'est donc pas encore parfaitement assimilable comme art, il n'est pas encore compréhensible dans ses formes artistiques mais dans ses résultats. De là vient aussi l'idée de Artaud assimilant le cinéma à une drogue agissant directement sur le cerveau. Le cinéma peut remplacer purement et simplement la poésie, c'est-à-dire à la fois hériter de sa position hiérarchique et de la plupart de ses spécificités (hégéliennes), à condition que la poésie se trouve dédoublée, que l'idée de poésie sorte de la seule littérature. Les arts, la poésie, poursuivent leur mutation au sein du nouveau régime esthétique, et ici ce sont les poètes eux-mêmes qui autorisent cette reconfiguration – et sans doute avec l'aide du cinéma lui-même, identifié comme poésie extérieur à la littérature.

POÉSIE/CINÉMA : CONVERGENCES FORMELLES

Il ne semble pas qu'il y ait, hormis la métaphore (certes centrale), des modèles formels ou des « dispositifs stylistiques », même rêvés ou manqués, que le cinéma aurait puisé dans la poésie. C'est le contraire :

27 Valéry, Paul, « Propos sur la poésie » (1927), *œuvres I*, Paris, Gallimard, coll. « Pléiade », 1957, p. 1361-1377. Voir aussi Valéry, Paul, « Nécessité de la poésie » (1937), *œuvres I*, *op. cit.*, p. 1378-1389.

28 Epstein, Jean, « Le Cinématographe vu de l'Etna » (1926), *Écrits sur le cinéma*, vol. 1, *op. cit.*, p. 131-152, p. 142.

29 Voix dans *Le Testament d'Orphée* (Jean Cocteau, film de 1959).

30 Gance, Abel, « Le Temps de l'image est venu ! » (1927), *in* Banda, Daniel et Moure, José, *Le Cinéma : l'art d'une civilisation (1920-1960)*, *op. cit.*, p. 109-112, p. 112.

la poésie prend pour modèle le cinéma, mais elle n'a rien de précis, de localisé à lui prendre ; elle ne peut que repenser ses propres ressources à la lumière du cinéma, et cela nous intéresse. De même que la comparaison effectuée par les poètes eux-mêmes auréole de prestige artistique le cinéma, de même la poésie en s'inspirant du cinéma non seulement encourage les cinéastes dans certaines directions, mais en plus elle en éclaire certains aspects. J'en évoquerai rapidement trois, présentés sous forme d'hypothèses et de pistes de recherche.

LA QUESTION DE LA DESCRIPTION ET DE L'« IMAGE POÉTIQUE »

Tous, de Valéry aux surréalistes, s'accordent pour donner une place centrale à « l'image » dans la poésie[31]. Il ne s'agit pas ici seulement de métaphore[32], mais d'images mentales, de « visualité », par laquelle les mots donnent à voir et à penser de manière concrète et matérielle (la « pensée figurée » hégélienne). On cantonne habituellement cette puissance imageante à des phénomènes localisés : ainsi l'hypotypose est-elle la figure-reine qui place un élément « sous les yeux du lecteur » (*idem* pour l'ekphrasis). L'Antiquité appelle *enargeia* cette puissance imageante du texte, cette « vivacité visuelle[33] », et c'est une notion rhétorique et poétique très importante[34]. Le cinéma viendrait réaliser, actualiser, l'image poétique reposant sur l'*enargeia* : « le cinéma nomme, mais visuellement » dit Epstein[35], et surtout il ajoute le mouvement. Or ici nous rencontrons une bizarrerie de nos conceptions littéraires modernes, qui opposent action dynamique et description statique, et restreignent donc plus ou moins cette image et les figures descriptives à la fixité. C'est que nous n'avons retenu de l'Antiquité que les paragones de Horace

31 Par exemple le fameux : « *Le vice appelé surréalisme est l'emploi déréglé et passionnel du stupéfiant image* » (Aragon, Louis, *Le Paysan de Paris*, Paris, Gallimard, coll. « Folio », 1982 [1926], p. 82).

32 Comme le précise Breton citant Reverdy dans un passage canonique du premier *Manifeste du surréalisme* (1924). Au contraire Epstein et Gance insistent sur les possibilités cinématographiques de la métaphore.

33 Traduction qui me semble la plus juste, puisée dans Baxandall, Michael, *Giotto et les humanistes*, trad. Maurice Brock, Paris, Seuil, coll. « Points Histoire », 1989-2013 (1971), p. 145.

34 Méry, Liza, « *Enargeia* et description d'actions : relire les historiens romains au prisme du cinéma », séminaire « Historiographies antiques » 2016, ENS Paris, en ligne sur https://storioant.hypotheses.org/139#, consulté le 25/02/2018.

35 Epstein, Jean, « Bonjour cinéma » (1921), *op. cit.*, p. 102.

et avant lui de Simonide : « le poème est une peinture muette ». Nous avons effectivement mêlé poésie et peinture et rabattu la puissance imageante du poème sur la fixité picturale, alors que les auteurs antiques n'ont aucune difficulté à évoquer des « descriptions d'action » (*ekphrasis pragmatôn*) et à mettre en mouvement des batailles, par exemple, avec toute l'*enargeia* requise[36]. Le cinéma de ce point de vue s'inscrirait dans la continuité de la poésie davantage que ne l'ont cru les auteurs de notre période : le mouvement n'est pas donné en plus, il appartient pleinement à l'actualisation de la puissance imageante. C'est ainsi du côté des poètes et théoriciens américains Pound et Zukowski et du courant de « l'imagisme » qu'il faudrait aller, à la suite des travaux de Benoît Turquety[37], mais aussi vers une poésie davantage « monstrative » que « descriptive », comme chez Cendrars, qui fait fructifier une tradition remontant à Hugo[38].

LE « LYRISME » ET LA SUBJECTIVITÉ

La redéfinition du lyrisme au tournant du siècle influence la poésie de notre période : il s'agit de sortir d'un « lyrisme personnel », sentimental, pour un « lyrisme cosmique » (Cendrars) ou un lyrisme collectif des foules, peut-être proche de Valéry décrivant « l'état poétique » comme « sensation d'univers ». Cet effacement souhaité du sujet lyrique me semble rejoindre ce que Merleau-Ponty appelle « le sujet cinématographique par excellence », c'est-à-dire le « mélange de la conscience avec le monde, son engagement dans un corps, sa coexistence avec les autres[39] ». Les textes des poètes peuvent peut-être aider, là encore à une

36 Il faudrait nuancer et introduire Léonard puis Lessing qui insiste sur le dynamisme de la poésie, apte à rendre la temporalité et les actions contre la peinture, mais aussi Diderot et Baudelaire qui au contraire reprennent pour la poésie un modèle pictural fort qui règne sur tout le XIXe siècle. Voir Schneller, Dora, « Écrire la peinture : la doctrine de l'*Ut pictura poesis* dans la littérature française de la première moitié du XXe siècle », *Revue d'Études françaises* n° 12, 2007, en ligne sur cief.elte.hu/numero-12/numero-12/dora-schneller, consulté le 3/3/18.

37 Voir par exemple Turquety, Benoît, « L'image-arrêt : Pound, Zukofsky, Mallarmé, Huillet et Straub : poésie cinéma », 2006, en ligne sur http://www.fabula.org/lht/2/Turquety.html, consulté le 25/02/2018.

38 Cohen, Nadja, *Les Poètes modernes et le cinéma*, *op. cit.*, p. 82.

39 Merleau-Ponty, Maurice, « Le cinéma et la nouvelle psychologie » (1945), *Sens et non-sens*, Paris, Nagel, coll. « Pensées », 1966, p. 105. Le lecteur pardonnera ici le renvoi à cet article : Labé, Benjamin, « Le cinéma selon et à l'insu de Merleau-Ponty : "comprendre comment

compréhension au moins historique, comme lorsque Reverdy analyse le raccord-regard[40] ; ou encore Epstein ; mais aussi le tutoiement, par exemple chez Apollinaire où le « tu » à valeur de « je », comme dans « Zone », ce poème emblématique de la modernité du XXe siècle, qui ouvre *Alcools*.

VERSIFICATION ET MONTAGE

Le seul point commun entre poésie et cinéma est, non le récit, mais la durée, dont le déploiement n'est pas nécessairement narratif. Ainsi pour Hegel la durée est-elle cruciale dans la poésie lyrique[41]. Agamben, citant Hölderlin et Valéry, décrit comme unique spécificité poétique le vers, c'est-à-dire la tension, dans la césure, entre matière sémantique et matière rythmique[42]. De ce point de vue, la comparaison est déjà travaillée par les formalistes russes (Chklovski, Tynianov), et par Epstein qui en 1921 compare précisément Apollinaire et Gance, par Zukowski également lorsqu'il applique un « principe cinématographique » à la poésie[43], ou encore par Eisenstein décrivant un haïku comme phrases de montage et listes de plans (« *montage phrases* » ; « *shot lists* »)[44].

la perception peut se faire de quelque part sans être enfermée dans sa perspective" », Mauro Carbone (dir.), *L'Empreinte du visuel ? Merleau-Ponty et les images aujourd'hui*, Genève, MétisPresses, 2013.

40 Reverdy, Pierre, « Cinématographe », *Nord-Sud*, n° 16, 2018. Cité par Cohen, Nadja, *Les Poètes modernes et le cinéma*, *op. cit.*, p. 303.

41 Hegel, G. W. F., *Esthétique*, *op. cit.*, p. 139.

42 Agamben, Giorgio, « Le cinéma de Guy Debord », *Image et mémoire*, trad. Gilles A. Tiberghien, Paris, Hoëbeke, « Arts & esthétique », 1998, p. 65-76 (« Hölderlin a pu dire que la césure, en arrêtant le rythme et le déroulement des mots et des représentations, fait apparaître le mot et la représentation en tant que tels »).

43 Turquety, Benoît, « L'image-arrêt : Pound, Zukofsky, Mallarmé, Huillet et Straub : poésie cinéma », *op. cit.*

44 Eisenstein, Sergei, « The Cinematographic Principle and The Ideogram » (1929), *Film Form*, trad. Jay Leda, New York, Harcourt, Brace & World, 1949, p. 28-44, p. 32.

CONCLUSION

Ces trois hypothèses ont été brièvement esquissées pour prolonger cet éloge du cinéma chanté par les poètes, éloge qui est alors pour eux une inspiration, une matière et un champ de réflexion qui peut être fructueux – poésie et cinéma s'éclairent mutuellement pendant cette période –, éloge qui témoigne non seulement d'une situation particulière de la poésie, mais surtout de la manière dont le cinéma alors muet cristallise et condense les attributs hégéliens dont le début du XXe siècle a paré la poésie.

Benjamin LABÉ
Université Lyon 2

LA MUSIQUE CLASSIQUE ET LE CINÉMA

Un grand amour de Beethoven (1936) et *Louise* (1938) d'Abel Gance

La musique classique attire le cinéma dès ses origines. La musique qui accompagne les films émane d'orchestres, d'instruments et de chanteurs live, mais aussi de tourne-disques, qu'il s'agisse du Chronomégaphone développé par Gaumont dès 1901 et mis en service 1910-1926[1] ou ensuite du Vitaphone des frères Warner 1926-1930[2].

À partir du moment où la musique n'émane plus d'une source indépendante, la question de l'intégration de la musique et de l'image se pose de façon plus urgente, surtout quand il s'agit de films qui dépendent étroitement de la présence de la musique dans la bande-son, comme par exemple le film d'opéra. Comme le dit Jean-Michel Brèque à propos du film d'opéra, le défi serait de transformer la musique d'opéra « sans en trahir l'essence, d'en faire quelque chose de différent sans qu'elle devienne pour autant une autre[3] ». On pourrait en dire autant du biopic de compositeur dont il sera aussi question dans ce travail : comment garder l'intégrité d'une musique quand il s'agit d'attirer un public friand d'histoires romancées, d'amours accompagnés de lieds et de finales symphoniques, de vies d'artistes tragiques, sans réduire la musique à l'illustration de clichés narratifs ?

Dans ce qui suit, nous esquisserons le contexte de ces deux sous-genres — le film d'opéra et le biopic de compositeur — dans le cinéma français du muet et les premières années du sonore, ceci pour mieux déterminer ce qu'apporte Abel Gance au problème de l'intégration de la

1 Billard, Pierre, L'âge classique du cinéma français : du cinéma parlant à la Nouvelle Vague, Paris, Flammarion, 1995.

2 Crafton Donald, The Talkies : American Cinema's Transition to Sound, 1926-1931, Berkeley, University of California Press, 1999.

3 Brèque, Jean-Michel, « Le film-opéra : vers une forme cinématographique autonome », L'Avant-Scène opéra, n° 98 L'Avant-Scène opéra cinéma, n° 360, 1987, p. 28.

musique et du cinéma dans ses deux films musicaux, *Un grand amour de Beethoven* (1937) avec Harry Baur dans le rôle principal, et *Louise* (1938), avec la chanteuse d'opéra américaine Grace Moore.

LE FILM D'OPÉRA ET LE BIOPIC DE COMPOSITEUR AVANT GANCE

On trouve beaucoup de « films d'opéras » dans la période du muet ; les guillemets s'imposent parce qu'il s'agit le plus souvent dans les premières années d'un ou deux airs d'opéra sur une seule bobine. Dans les années 1920 on trouve des films dont le principe est une sélection d'airs bien connus, tels la série de Gaumont sous son label britannique « Master ». Dans cette série de douze films de 1922, « Tense Moments from Opera », le producteur Harry B. Parkinson reprend la même formule employée pour des pièces de théâtre (« Tense Moments from Great Plays ») ou des romans bien connus (« Tense Moments from Great Authors »)[4]. Cinq ans plus tard, le même Harry B. Parkinson met en scène « Cameo Operas », une série de douze films où des chanteurs professionnels accompagnent le film en live[5] (Gifford, 2001, p. 326).

En France, le film d'opéra apparaît dans les premières années du siècle. Georges Méliès s'en empare avec *Le barbier de Séville* et *La damnation de Faust*, tous deux en 1904. Le film d'opéra s'impose à partir de 1908 avec des metteurs en scène associés au Film d'Art, français comme italien, tel André Calmettes, metteur en scène de *La Tosca* (1908-1909)[6], *Rigoletto* (1909) et *Carmen* (1910).

4 Gifford, Denis, *British Film Catalogue, vol. 1 The Fiction Film*, Oxford, Blackwells, 2001, p. 291.

5 *Ibid.*, P. 326.

6 Ce film a une histoire complexe : Scarpia devait être joué par Édouard de Max et Floria Tosca par Sarah Bernhardt. Le tournage se fait en été 1908, mais lorsqu'il s'avère impossible de réunir en même temps les deux comédiens, Calmettes lui-même remplace De Max. Bernhardt « obtient que le film ne soit pas édité. *Le Film d'Art* présente cependant le film à la salle Charras, sans publicité particulière, en décembre 1908. Dans les premiers jours de janvier il s'engage dans une nouvelle production avec cette fois Cécile Sorel dans le rôle titre » (Le Roy *et al.*, 2008, P. 343) ; cette version paraîtra en février 1909.

Il faut cependant faire remarquer que ces films sont à prétention littéraire plutôt qu'opératique ; on reprend des textes littéraires bien connus et la musique qui accompagne le film est tirée de l'opéra. C'est le cas par exemple de *La Tosca*, adaptation de la pièce de Victorien Sardou, et dont l'annonce « signale un accompagnement fondé sur divers extraits de l'opéra de Puccini[7] ». Toutefois, il peut y avoir fusion entre le texte d'origine et l'opéra : c'est le cas de *Carmen*, où l'on voit Don José poignarder Carmen à l'extérieur de l'arène et non pas dans le lieu solitaire en montagne de Mérimée.

Le film d'opéra devient un sous-genre reconnu internationalement, comme nous le voyons dans la Table 1 en appendice, où l'on trouvera une liste des films d'opéra avant 1937[8]. Comme le démontre notre liste, l'Italie (23 films) et la France (19 films) dominent ce sous-genre, avec les opéras de Verdi en tête, suivis de loin par Bizet (*Carmen*), Gounod (*La damnation de Faust*) et Leoncavallo (*I pagliacci*).

La Table 2 liste les biopics de compositeurs. Comme le montre cette liste, il y en a beaucoup moins que les films d'opéras dans la période du muet. Par contre, à partir du cinéma sonore, les proportions s'inversent. Les films d'opéras cèdent le pas aux opérettes dans les premières années du sonore, alors qu'il y a proportionnellement plus de biopics, souvent des reprises d'opérettes théâtrales : onze biopics 1930-1937 contre cinq films d'opéras. On remarquera également que le sujet préféré pour les biopics est Schubert, ce qui laisse à Gance tout loisir de façonner le film musical à sa manière : il revient sur le film d'opéra en reprenant l'opéra vériste de Gustave Charpentier qui date de 1900, la haute culture que représente l'opéra s'opposant à l'opérette populaire ; et il s'attaque au monstre sacré que représente Beethoven, sujet d'un seul film une trentaine d'années auparavant en 1909, film où Harry Baur jouait déjà le rôle de Beethoven dans le film de Victorin Jasset. L'enjeu du présent travail est donc de déterminer les spécificités du cinéma musical de Gance.

---

7 Guido, Laurent, « "Quel théâtre groupera jamais tant d'étoiles ?" Musique, danse et intégration narrative dans les attractions gestuelles du Film d'Art », *1895. Mille huit cent quatre-vingt-quinze*, n° 56, 2008, p. 154.

8 Liste des opéras les mieux connus adaptée de la filmographie de Turconi *et al.*, 1987. Sont exclus les films parallèles (où l'intrigue n'est pas celle de l'opéra bien que la bande-son utilise la musique originale ; voir Comuzio, 1987, P. 9), les parodies (Chaplin, Laurel et Hardy), et (pour la période du muet) les courts métrages ne mettant en scène qu'une sélection d'airs. Il s'agit dans cette liste de donner une idée des tentatives d'adaptation d'un opéra en tant qu'opéra.

UN GRAND AMOUR DE BEETHOVEN

Le *Napoléon* (1927) de Gance démontrait à la fois une sensibilité pour ce que pouvait le cinéma, et aussi une attirance aux grands hommes. On ne sera donc pas surpris que Gance s'intéresse à Beethoven, d'autant plus qu'il y avait des liens étroits entre Napoléon et Beethoven, dont la symphonie numéro 3, l'Eroica, encensait l'Empereur. Le défi de Gance est donc de proposer une vision de Beethoven héroïque, de Napoléoniser en quelque sorte le compositeur.

Un grand amour de Beethoven puise dans la biographie de Beethoven par Romain Rolland, publiée en 1903, et se préoccupe, comme l'indique son titre, de l'amour que Beethoven porte à la *Unsterbliche Geliebte*, l'immortelle bien aimée, supposée être la comtesse Giuletta Guicciardi[9]. Beethoven languit d'amour pour elle, même après qu'elle a épousé le comte Gallenberg, mais il accepte peu à peu le dévouement de Thérèse, la sœur de Giuletta. Toutefois, la préoccupation principale de Gance est moins cette intrigue sentimentale que la lutte héroïque menée par Beethoven contre le destin qui lui impose la surdité, ce qui fait du film pour le critique de *Cinémonde* « un film musical comme il n'est pas possible de l'être davantage », une « symphonie héroïque » démontrant « un profond amour de la chose musicale[10] ».

La plupart des critiques et des spectateurs ne voyaient pas la chose de la même façon. Le principal grief peut se résumer d'un seul mot : la fidélité. Fidélité par rapport à l'idée qu'on pourrait se faire de Beethoven lui-même. Harry Baur a beau être l'un des plus grands acteurs de l'époque, et avoir déjà joué Beethoven dans le film de Jasset en 1909, il n'arrive pas à faire passer la grandeur du compositeur. Dans les commentaires qui suivent, nous citons la rubrique « la parole est aux spectateurs » de *Pour Vous* dans laquelle un surnommé « Boris » se plaint : « Fantoche ivrogne et joueur [...] qui pas un instant nous émeut car il lui manque cette flamme de la création et de l'improvisation

9 Alion, Yves, « De la réalité à la fiction : deux Juliette en une », *L'Avant-Scène Cinéma*, n° 213, 1978, p. 6.

10 J. L., « *Un grand amour de Beethoven* », *Cinémonde*, n° 430, 1937, p. 27.

que devait posséder Beethoven quand il composait[11] ». « Le Junkee » renchérit : « la musique souligne avec une impitoyable ironie par sa fougue, son énergie, les attitudes somnolentes clownesques de son acteur[12] ».

Il est aussi question de la fidélité à la musique de Beethoven. Ici, ce sont quatre griefs qui sont avancés. Premièrement, la musique est fragmentée ; aucun morceau n'est joué dans son intégralité, ce qui n'arrive pas à rendre la force de la musique. Deuxièmement, les fragments de musique ne suivent pas l'ordre chronologique de leur composition, ce qui désole les puristes. Ces deux griefs sont partagés par les spectateurs tout comme par les critiques, dont Henry Malherbe, journaliste et écrivain mélomane qui avait reçu le Prix Goncourt en 1917 et sera le futur directeur de l'Opéra-Comique en 1946[13].

Troisième grief : on impose à la musique une explication qui n'est aucunement fondée dans la réalité historique lorsqu'elle sert d'illustration à une émotion éprouvée par Beethoven. Par exemple, tôt dans le film nous voyons Beethoven se promener devant la maison de sa voisine dont la fille vient de mourir. Beethoven, accablé, rentre chez sa voisine, se met au piano et joue l'adagio cantabile de la sonate « La Pathétique ». Un carton, « Improvisation de la *Pathétique* », nous indique lourdement ce qu'il faut en penser : une émotion intense inspire Beethoven qui compose sans rature la sonate bien connue.

Un deuxième exemple serait le moment où Beethoven s'enferme dans la galerie d'orgue pendant le mariage de Giuletta avec le comte Gallenberg pour jouer ce que celle-ci appelle une musique de mort, la « marche funèbre sur la mort d'un héros » de la sonate pour piano n° 12. La musique tonitruante suivie de l'évanouissement de Thérèse fait dire à un spectateur de *Pour Vous* qu'il n'avait jamais tant ri devant un tel mélodrame[14].

Quatrième grief : comme c'est souvent le cas dans le film, l'orchestre prend la relève du piano. Nous l'avions déjà vu au tout début lorsque Juliette joue un lied au piano, « Ich leibe dich » ; nous n'entendons pas le piano mais l'orchestre. Philippe Roger considère que cette procédure

11 *Ibid.*, p. 12.
12 *Ibid.*, p. 11.
13 *Ibid.*, p. 5.
14 « A.B.C.D. », « La Parole est aux spectateurs », *Pour Vous*, n° 434, 1937, p. 11.

fait preuve de ce qu'il appelle « la tentation symphonique » de Gance[15], procédure détestée par Émile Vuillermoz, critique de cinéma, mais aussi écrivain se spécialisant dans les biographies de compositeurs, et d'ailleurs compositeur lui-même[16]. Pourtant ce procédé était déjà utilisé dans un biopic allemand sur la vie Schubert, *Leise flehen meine Lieder* (Willi Forst, 1933), film sur lequel nous reviendrons.

Bien sûr, Gance ne s'intéresse pas à la vérité historique ou biographique, mais à la création de moments d'émotions intenses et héroïques. Si la déception amoureuse n'arrive pas à la hauteur de l'idée qu'on pourrait se faire de Beethoven, en revanche la séquence de la surdité, longue de quatorze minutes, est admirée tant par les critiques que les spectateurs. On voit un carton, « vint le matin le plus tragique de la vie de Beethoven », et on entend les accords dramatiques de *Coriolan* ; la bande-son passe immédiatement à des sonorités déformées censées être ce qu'entend Beethoven frappé tout à coup de surdité. Accablé, Beethoven sort du moulin et se promène dans le village ; on voit des gens ou des choses produire des sons (un violoniste, un forgeron, de l'eau qui coule, des cloches, des blanchisseuses) mais nous ne les entendons qu'après le passage de Beethoven. Un fondu sonore introduit l'*allegro ma non troppo* de la *Symphonie Pastorale*, nous signalant que Beethoven imagine les sons qu'il n'entend plus, les transformant en musique. La musique de la tempête est illustrée par une véritable tempête, que Beethoven arrive à entendre ; ses doigts parcourent furieusement le clavier, il y a des effets de lumière, du *mickey-mousing*, des surimpressions.

Ces effets cinématographiques, dénoncés par certains critiques[17], répondent à une logique affective. Mélodramatique dans son sens le plus littéral, la séquence arrive à nous faire éprouver la surdité de Beethoven et les émotions qui le parcourent, allant de l'accablement lorsqu'il n'entend plus rien à la joie lorsqu'il entend de nouveau. La musique est essentielle car elle légitime les excès d'image demandés par la vision héroïque de Gance. À l'encontre de la séquence du mariage, celle-ci nous donne une parfaite intégration de la bande-son et de la bande-image, à un tel point qu'il serait difficile de dire ce qui passe en premier, la musique ou

---

15 Roger, Philippe, « Transcrire pour composer : le Beethoven d'Abel Gance », *1895. Mille huit cent quatre-vingt-quinze*, vol. 3, n° 1, 2000, p. 257.

16 *Ibid.*, p. 260-261.

17 J.L., « *Un grand amour de Beethoven* », *Cinémonde*, n° 430, 1937, p. 27.

l'image. Les deux sont fondues dans un moment d'intensité héroïque ancré dans le corps même de Beethoven.

Cette intensité est toute nouvelle comparée aux biopics précédents. Deux biopics sur la vie de Schubert en font la preuve. Dans *Blossom Time* (1934), le premier film britannique du ténor d'opérette Richard Tauber, celui-ci joue Schubert. Mais sa performance est celle d'un chanteur d'opéra, ce qui contraste avec la technique plus réaliste des autres acteurs, comme le fait remarquer Derek B. Scott : « his gestures are theatrical, whereas theirs are economical[18] » Ceci n'empêche pas le film d'être l'un de plus populaires de 1934 ; il reste sept semaines à l'affiche du Regal Cinema à Londres[19]. Ce film est d'ailleurs contrasté avec le biopic sur Schubert de l'année précédente, *Leise flehen meine Lieder*, que nous avons évoqué précédemment. Là où le Schubert de Hans Jaray est en retrait et mesuré, celui de Tauber vire vers le comique, selon un critique de l'époque :

> *Hans Jaray's lovingly restrained performance [...] seemingly owes a lot to the kind of naïve respect and admiration Austrian grammar school conveyed to their pupils [...] Richard Tauber [...] in his comical clumsiness sometimes recalls Oliver Hardy. The characters around him are primarily concerned with providing Tauberschubert with the best possible entrances [...] Where Forst fills up an icon, a character [Schubert] is fitted to Richard Tauber in Stein's picture*[20].

> « L'interprétation tout en retenue de Hans Jaray (...) semble devoir beaucoup au genre de respect naïf et d'admiration que le lycée autrichien enseigne à ses élèves (...) Richard Tauber (...) dans sa maladresse comique rappelle parfois Oliver Hardy. Les personnages qui l'entourent sont avant tout soucieux de fournir à Tauberschubert les meilleures entrées possibles (...) Là où Forst remplit une icône, un personnage[Schubert] est adapté à Richard Tauber dans la photo de Stein). »

La mesure dans un cas, une démesure comique dans l'autre, ce qui n'est aucunement à la hauteur héroïque du Beethoven de Harry Baur.

18 Scott, Derek B., « Song Performance in the Early Sound Shorts of British Pathé », in Julie Brown et Annette Davison (éd.), *The Sounds of the Silents in Britain*, Oxford, Oxford University Press, 2013, p. 193.

19 Cargnelli, Christian, « "Be kvite kviet, everybody, *please*!" : Paul L. Stein and British Cinema », in Tim Bergfelder et Chrisian Cargnelli (éd.), *Destination London : German-Speaking Emigrés and British Cinema, 1925-1950*, New York, Berghahn, 2008, p. 140 n. 37.

20 Marksteiner, Franz cité In Cargnelli, Christian, « "Be kvite kviet, everybody, *please*!" : Paul L. Stein and British Cinema », in Bergfelder, Tim et Cargnelli, Chrisian (éd.), *Destination London : German-Speaking Emigrés and British Cinema, 1925-1950*, New York, Berghahn, p. 140 n. 37.

Il en est de même pour la cinématographie. Dans *Leise flehen meine Lieder*, Schubert joue au piano la *Symphonie inachevée* dans une soirée. La comtesse Eszterhazy entre si bruyamment qu'il est obligé à sa grande fureur d'y mettre fin. Plus tard Schubert donne de nouveau un récital, et la comtesse, se poudrant négligemment le visage en écoutant d'une oreille, demande à une amie l'identité du pianiste ; l'amie écrit le nom de Schubert sur sa glace couverte de poudre de riz, poudre soufflée par la comtesse, soulignant ainsi le peu de poids de Schubert. Le contraste entre le *Sturm und Drang* d'*Un grand amour de Beethoven* et le film de Forst est saisissant ; il est vrai que la différence entre l'héroïsme de Beethoven et la masculinité fragilisée de Schubert demande des procédés d'ordre différent. Mais à l'encontre d'une cinématographie et d'une bande-son, certes mélodramatique mais néanmoins efficace, la poudre soufflée de *Leise flehen meine Lieder* est la seule trouvaille proprement cinématographique du film de Forst. Le fait que la comtesse s'évanouisse en entendant la musique, mettant fin au concert, nous paraît plutôt risible par sa répétition d'un thème un peu lourd : la symphonie de Schubert restera inachevée parce que la femme dont il tombera éventuellement amoureux l'interrompt sans cesse. Dans le film de Gance, au contraire, Juliette provoque l'émotion et donc la musique.

Tout comme le Beethoven de Gance nous propose du nouveau dans le biopic – une intensité et une démesure héroïque – *Louise* nous propose également du nouveau, cette fois dans l'adaptation d'un opéra différent des films d'opéra précédents. Déjà en 1929 Gance parlait d'adaptations d'opéra, de « filmer entièrement un *Boris Godunov*, un *Coq d'or*, ou une *Thaïs* » (cite dans Icart 1983, p. 253) ; il fait référence aux opéras de Moussorgski, Rimski-Korsakov et Massenet. Gustave Charpentier est d'un autre ordre que ceux-ci, ou des autres compositeurs dont on adapte les œuvres, typiquement Bizet, Puccini, ou Verdi, comme nous le démontre la Table 1. L'opéra de Charpentier, vériste à la façon de Puccini, est un hymne à Paris et son peuple. Deuxième nouveauté : Gance utilise sa propre invention, le Pictographe, développée avec l'opticien Pierre Angénieux. Comme l'a montré Georges Mourier, des lentilles fractionnées selon différentes focales lui permettent une mise au point sur tous les plans (Mourier, 2013 ; voir aussi Bessy, 1951, p. 205-206).

Pourtant, l'adaptation de *Louise* est moins impressionnante que le biopic sur Beethoven, malgré l'ambition de Gance qui voulait créer « un mariage entre le cinéma et l'opéra[21] » et privilégier la musique pour qu'elle soit « non point plaquée, extérieure, sorte de remplissage, de bruit de fond, d'accessoire sonore, mais la musique devenue objective, baignant tout, devenue importante au même titre qu'un personnage, au même titre qu'une image qui vaut plus encore par ce qu'elle suggère que par ce qu'elle montre[22] ».

Ceci explique en partie le changement de profession du héros ; en accord avec Charpentier, de poète celui-ci devient poète-musicien[23]. Le problème de Gance est de faire valoir la musique sans qu'elle s'estompe devant une image trop soignée ou un réalisme qui ferait écho au côté populaire de l'opéra de Charpentier[24] . Sa solution est de filmer le tout en utilisant le Pictographe[25] en studio dans des décors de Georges Wakhevitch, avec pour résultat, selon Icart, de conférer à la bande-image un côté irréel qui préserve « cet allant, cette fluidité, ce charme qui caractérisaient l'œuvre musicale de Charpentier[26] ».

En fait la musique ne baigne pas tout, car les récitatifs de l'opéra sont transformés en dialogue, les moments musicaux devenant par conséquent les arias de Charpentier. Le problème avec les arias c'est que le film en tant que narration doit s'arrêter en quelque sorte pour faire place à une pause-musique, problème réduit dans le cas d'une intrigue qui se focalise sur la musique, telle la comédie musicale de coulisse (*backstage musical*). Mais malgré le fait que dans *Louise* le héros compose un opéra avec pour titre *Louise*, les moments musicaux ne sont pas des répétitions. Gance mitige le problème de la pause musicale avec des travellings ; comme il le dit, « tous mes plans sont en mouvement[27] », ce qui fait

21 Gance cite In Caumartin, Jean, « Configuration bénéfique dans la constellations de la lyre : Grace Moore, Georges Thill, André Pernet dans *Louise* », *Cinémonde*, n° 529, 1938, p. 1068.

22 Gance cite In Doringe, « Grace Moore chantera dans *Louise* », *Pour Vous*, n° 531, 1939, p. 8-9.

23 Niccolai, Michela, « De l'opéra au grand écran : *Louise* de Gustave Charpentier dans la réalisation d'Abel Gance », in `Jérôme Rossi (éd.), *La Musique de film en France : courants, spécificités, évolutions*, Lyon, Symétrie, 2016, p. 82-83.

24 Icart, Roger, *Abel Gance ou le Prométhée foudroyé*, Lausanne, L'Âge d'homme, 1983, p. 288.

25 Niccolai, Michela, « De l'opéra au grand écran : *Louise* de Gustave Charpentier dans la réalisation d'Abel Gance », in `Jérôme Rossi (éd.), *La Musique de film en France : courants, spécificités, évolutions*, Lyon, Symétrie, 2016, p. 84, n47.

26 Icart, Roger, *Abel Gance ou le Prométhée foudroyé*, *op. cit.*

27 Caumartin, Jean, « Configuration bénéfique dans la constellations de la lyre : Grace Moore, Georges Thill, André Pernet dans *Louise* », *Cinémonde*, n° 529, 1938, p. 1068.

dire à Henry Malherbe que Gance a réussi à créer un nouveau genre de film : « *Louise* n'est ni un opéra filmé [...] ni une comédie musicale envolée au hasard dans un studio. C'est une œuvre cinégraphique, bien distincte du roman musical d'où elle a été tirée[28] ». On peut en juger par les commentaires du chanteur principal, Georges Thill, qui dit en interview que la bande-image prépare « le grand envol musical. Le chant n'intervient que lorsque les situations sont arrivées à leur paroxysme [...] Alors, comme si les mots devenaient incapables d'exprimer ce que ressentent les personnages, le chant s'élève et entraîne le public sur l'aile de la musique[29] ». Fort de toute une série de comédies musicales parues ensuite, nous serions en droit de se dire que les arias à travellings n'ont rien de bien extraordinaire. Mais pour l'époque, et surtout en ce qui concerne l'opéra, le film de Gance apportait du nouveau. Georges Thill encore : « Cette façon de *conclure* chaque scène, chaque situation dramatique par une effusion musicale est une trouvaille assez sensationnelle[30] » (p. 1068 ; c'est l'auteur qui souligne).

Sensationnelle peut-être, mais pas suffisamment mélodramatique, surtout à l'aune d'*Un grand amour de Beethoven*. Comme le dit Claude Beylie en 1987 de *Louise*, « on ne fait qu'effleurer le mélodrame, alors que Gance a besoin de s'y vautrer[31] ». Jugeons-en par la séquence de la tempête où Gance tente de répéter le succès de son film précédent. Louise a consenti à s'enfuir avec son amant Julien, qui l'a mise dans une chambre de bonne alors qu'il rentre dans son appartement pour que les parents de Louise, qui habitent en face, ne se doutent de rien. Louise, effrayée par la tempête et parce qu'elle a trahi la confiance de ses parents, court chez Julien ; le découvrant avec son amie, elle croit, à tort, que Julien l'a trahie, et s'enfuit de nouveau. On trouve les mêmes effets sonores et de lumière que dans *Un grand amour de Beethoven*. Par contre, aucune musique, et Gance emploie une cinématographie expressionniste éculée (éclairs, contre-plongées) afin d'imiter tant bien que mal le *Storm und Drang* du film précédent. Comme le dit Beylie, il fallait se vautrer dans le mélodrame, alors que ce film n'est qu'un « pot-pourri un peu académique[32] ».

---

28 *Ibid.*, p. 9.

29 *Ibid.*, p. 1068.

30 *Ibid.*

31 Beylie, Claude, « *Louise* », *Avant-Scène Cinéma*, n° 360, 1987, p. 64-65.

32 *Ibid.*, p. 65.

CONCLUSION

L'académisme de *Louise* est dû en partie à l'opéra de Charpentier. Celui-ci n'est pas l'Arthur Honegger qui collabora avec Gance pour *La Roue* (1922), film dans lequel l'accompagnement sonore s'intègre de façon révolutionnaire avec l'image. Comme le dit Gance plus tard

> C'est exécutant La Roue que j'ai compris que le cinéma était réellement la musique de la lumière. Et à partir du moment où j'ai pensé au mot musique et au mot cinéma, j'ai construit toute ma vie de cinéaste [...] Je montais absolument comme si une image était un violon, une autre était une flûte, et tout cela s'organisait en fonction de cette idée de la « musique de la lumière[33].

On devine les restes de cette esthétique dans *Un grand amour de Beethoven.* Mais tout se passe comme si l'avènement d'une pellicule où la bande-son est intégrée avec la bande-image amène l'essoufflement chez Gance. Néanmoins *Un grand amour de Beethoven* et *Louise* démontrent les deux approches principales en ce qui concerne l'intégration de la musique classique dans une œuvre cinématographique à partir du cinéma sonore.

Il y a d'abord la bande-son faite de fragments musicaux bien connus. Ces fragments peuvent illustrer la bande-image : afin de bien souligner que Beethoven est un génie doué d'une sensibilité extrême, nous le voyons improviser un morceau qui convient à ce que l'on voit. Mais la musique peut également prendre un rôle plus fondamental en déterminant les images. Tel serait le cas de la tempête dans *Un grand amour de Beethoven*, qui rappelle l'esthétique de *La Roue.* La musique appelle la tempête qui fonctionne comme métaphore de l'acte de créativité. Les quelques instants de *mickey-mousing* sont décisifs à cet égard : est-ce la musique orageuse qui appelle les images de l'orage ou bien les images de l'orage qui sont une illustration de la musique de Beethoven pour *La Pastorale* ? On trouvera cette dernière approche quatre ans plus tard dans *Fantasia* (1942) de Walt Disney, quand Mickey sème la zizanie en apprenti sorcier.

---

33 Gance, Abel, Interview avec Armand Panigel dans *Histoire du cinema français par ceux qui l'ont fait*, ORTF, 1974.

Il y a ensuite la deuxième approche pour une musique de film, surtout quand il s'agit d'un opéra ou d'une symphonie en l'occurrence inachevée : on adapte une œuvre entière, avec des coupures et des rajouts, ce qui demande une compensation dans la bande-image et on appuie sur le décor, sur la cinématographie.

Dans les deux cas il y a fragmentation : le mouvement centripète de *La Roue* devient mouvement centrifuge. On construit une bande-son avec des fragments dans le biopic, ou on découpe des fragments dans une totalité dans le film d'opéra ou la symphonie. Les biopics qui suivent le film de Gance suivent de près *Un grand amour de Beethoven.*

Dans *Un grand amour de Beethoven*, Jean-Louis Barrault interprète le neveu de Beethoven, Karl. Dans *La Symphonie fantastique* de Christian-Jaque (1942), ce dernier joue Berlioz, qui trouve son inspiration dans une tempête avant de s'exclamer : « c'est la symphonie de ma vie, c'est la symphonie fantastique ! », tout en écrivant les notes à toute allure ; et ce sera le « Songe d'une nuit de sabbat », finale de sa *Symphonie fantastique*, achevant orageusement ce qu'un Schubert par trop timide n'arrivait pas à faire.

Le grand homme héroïque qui porte l'orage dans sa tête a la vie dure.

Phil POWERIE
University of Surrey

ANNEXE

Titre	Année	Compositeur	Metteur en scene	Production	Pays
La damnation de Faust	1904	Gounod	Georges Méliès	Star-Film	France
Le barbier de Séville	1904	Rossini	Georges Méliès	Star-Film	France
Parsifal	1904	Wagner	Edwin S. Porter	Edison	États-Unis
Amica	1905	Mascagni	Enrico Guazzoni	Cines	Italie
Don Juan Tenorio	1906	Mozart	Ricardo Banos	Hispano Film	Espagne
Mignon	1906	Thomas		Gaumont	France
Carmen	1907	Bizet	Arthur Gilbert	Chronophone	Royaume Uni
I pagliacci [Paillasse]	1907	Leoncavallo	Luigi Maggi et Arturo Ambrosio	Ambrosio	Italie
Lohengrin	1907	Wagner	Franz Porten	Messter	Allemagne
Il trovatore [Le Trouvère]	1908	Verdi		Società Italiana *Pineschi*	Italie
Lucia di Lammermoor	1908	Donizetti		Rossi et Cie	Italie
Manon Lescaut	1908	Puccini		Rossi et Cie	Italie
Carmen	1909	Bizet	Gerolamo Lo Savio	Film d'Arte Italiana	France
Cavalleria rusticana	1909	Mascagni	Victorin Jasset	Éclair	France
Faust	1909	Gounod		Edison	États-Unis
I pagliacci [Paillasse]	1909	Leoncavallo		Lubin	États-Unis
La signora dalle came-lie [La Traviata]	1909	Verdi	Gerolamo Lo Savio	Film d'Arte Italiana	Italie
Mignon	1909	Thomas		Lubin	États-Unis
Rigoletto	1909	Verdi	André Calmettes	Pathé	France
Carmen	1910	Bizet	André Calmettes	Film d'Art Pathé	France
Falstaff	1910	Verdi	Henri Desfontaines	Eclipse	France
Faust	1910	Gounod	Henri Andreani et G. Fagot	Pathé	France
Faust	1910	Gounod	Enrico Guazzoni	Cines	Italie
Il trovatore [Le Trouvère]	1910	Verdi	Ugo Falena	Film d'Arte Italiana	Italie

Il trovatore [Le Trouvère]	1910	Verdi		Pathé	France
Rigoletto	1910	Verdi		Film d'Arte Italiana	Italie
Aïda	1911	Verdi	Oscar Apfel	Edison	États-Unis
Ernani	1911	Verdi		Film Barcellona	Espagne
La fin de Don Juan	1911	Mozart	Victorin Jasset	Éclair	France
La force du destin	1911	Verdi		Pathé	France
Lucia di Lammermoor	1911	Donizetti		Cines	Italie
Norma	1911	Bellini	Gerolamo Lo Savio	Film d'Arte Italiana	Italie
Norma	1911	Bellini		Vesuvio Film	Italie
Thaïs	1911	Massenet	Louis Feuillade	Gaumont	France
Fra Diavolo	1912	Auber	Alice Guy-Blaché	Solax	France
Manon Lescaut	1912	Puccini		Pathé	France
Mignon	1912	Thomas	Alice Guy-Blaché	Solax	France
Parsifal	1912	Wagner	Mario Caserini	Ambrosio	Italie
Carmen	1913	Bizet	Giovanni Doria et Augusto Turchi	Cines	Espagne/ Italie
Linda di Chamounix	1913	Donizetti		Centauro Film	Italie
Tannhäuser	1913	Wagner	Lucius J. Henderson	Thanhouser	États-Unis
Carmen	1915	Bizet	Cecil B. DeMille	Jesse Lasky	États-Unis
I pagliacci [Paillasse]	1915	Leoncavallo	Francesco Bertolini	Mediolanum	Italie
Mignon	1915	Thomas	Alexander Beyfus	Cailfornia Motion Picture	États-Unis
Cavalleria rusticana	1916	Mascagni	Ubaldo Maria Del Colle	Flegrea Film	Italie
Cavalleria rusticana	1916	Mascagni	Ugo Falena	Tespi Film	Italie
La forza del destino	1916	Verdi		Film d'Arte Italiana	Italie
La vie de bohème [La bohème]	1916	Puccini	Albert Capellani	Paragon-World	France
Lohengrin	1916	Wagner		Opern Gesellschaft	Allemagne
Thaïs	1917	Massenet	Frank H. Crane	Goldwyn	États-Unis

Mignon	1919	Thomas	Mario Gargulio	Flegrea Film	Italie
Linda di Chamounix	1921	Donizetti	Luigi Ferraro	Eden-Ferrario	Italie
Faust	1922	Gounod	Gérard Bourgeois	Azur	France
Samson and Delilah	1922	Saint-Saëns	Harry B. Parkinson	Master	Royaume Uni
Cyrano de Bergerac	1923	Damrosch	Augusto Genina	Extra Film	Italie/France
I pagliacci [Paillasse]	1923	Leoncavallo	G. B. Samuelson	Samuelson	Royaume Uni
Il barbero de Sevilla	1923	Rossini	Azeglio et Lamberto Pineschi	Pineschi	Italie
Fra' Diavolo	1924	Auber	Emilio Zeppieri	Fotocinema	Italie
Der Rosenkavalier [Le Chevalier à la rose]	1926	Strauss	Robert Wiene	Pan-Film	Autriche
The Loves of Carmen	1927	Bizet	Raoul Walsh	Fox	États-Unis
Der Schwarze Domino [Le Domino noir]	1929	Auber	Victor Janson	Aafa Film	Allemagne
I pagliacci [Paillasse]	1930	Leoncavallo	Joe W. Coffman	Audio Cinema	États-Unis
Die Dreigroschenoper [L'Opéra de Quat'sous]	1931	Kurt Weill	Georg Pabst	Tobis-Warner Bros	Allemagne
Fra Diavolo	1931	Auber	Mario Bonnard	Itala	France/ Allemagne/ Italie
Mimi [La Bohème]	1935	Puccini	Paul Ludwig Stein	Alliance	États-Unis
Faust	1936	Gounod	Albert Hopkins	Reunion	Royaume Uni
Pagliacci [Paillasse]	1936	Leoncavallo	Karl Grune	Trafalgar	Italie/ Royaume Uni

FIG. 1 – Les films d'opéras avant 1937.

Titre	Année	Compositeur	Metteur en scene	Production	Pays
Beethoven	1909	Beethoven	Victorin Jasset	Éclair	France
La mort de Mozart	1909	Mozart	Étienne Arnaud	Gaumont	France
Chopin e George Sand	1910	Chopin	Alberto Degli Abati	Latium	Italie
Richard Wagner	1913	Wagner	Carl Frölich	Messter	Allemagne
Nocturno der Leibe [Nocturne d'amour]	1919	Chopin	Carl Boese	Nivelli	Allemagne
Mozarts Leben, Lieben und Leiden [La Vie, les amours et la souffrance de Mozart]	1921	Mozart	Otto Kreisler	Helios	Autriche
Paganini	1923	Paganini	Heinz Goldberg	Conrad-Veidt/ Richard-Oswald	Allemagne
Franz Schuberts letzte Liebe [Le Cernier amour de Schubert]	1926	Schubert	Alfred Deutsch-German	Schubert-Film	Autriche
La valse de l'adieu	1928	Chopin	Henry Roussel	Société des Films Historiques	France
Der Walzerkönig [Le Roi de la valse]	1930	Strauss	Manfred Noa	Merkur	Allemagne
Schuberts Frühlingstraum [Le rêve de printemps de Schubert]	1931	Schubert	Richard Oswald	Richard-Oswald	Allemagne
Leise flehen meine Lieder [La vie tendre et pathétique]	1933	Schubert	Willi Forst	Cine-Allianz Tonfilm	Autriche
Blossom Time [Romance d'amour]	1934	Schubert	Paul L. Stein	British International	Royaume-Uni
La chanson de l'adieu	1934	Chopin	Géza von Bolváry/Albert Valentin	Tobis/ Boston-Film	Allemagne
Love Time [Temps d'amour]	1934	Schubert	James Tinling	Fox	États-Unis
Rosen aus dem Süden [Les roses du sud]	1934	Strauss	Walter Janssen	Schulz et Wuellner	Allemagne
Waltzes from Vienna [Les Valses de Vienne]	1934	Strauss	Alfred Hitchcock	Gainsborough	Royaume-Uni
Whom the Gods Love [Aimé de dieux]	1936	Mozart	Basil Dean	Associated Talking Pictures	Royaume-Uni

Drei Mäderl um Schubert [Trois cœurs de jeunes filles]	1936	Schubert	E. W. Emo	Algefa/Tobis	Allemagne
Horch, horch, die Lerch im Ätherblau	1936	Schubert	Jürgen von Alten	Fabrikatione Deutscher Filme	Allemagne
Unfinished Symphony [La symphonie inachevée]	1937	Schubert	Anthony Asquith	Cine-Allianz Tonfilm/ British Gaumont Picture Corporation	Royaume-Uni/ Autriche

FIG. 2 – Les biopics de compositeur avant 1937.

FACES AND MASKS

René Magritte, The Cinema, and the Human Countenance

> In a recent painting, I have shown an apple in front of a person's face. At least it partially hides the face… This process occurs endlessly. Each thing we see hides another, we always want to see what is being hidden by what we see.
> René MAGRITTE (*Gallery 1949-1960*, 2018)

This essay derives from my forthcoming book *Cinemagritte*: *René Magritte in the Frame of Film History, Theory, and Practice*.[1] It makes an intervention into the field of cinema and painting, as well as the broader area of intermediality. The monograph does not argue (except in rare cases) for Magritte's direct, historical influence on any movie (or for the reverse). Rather, it sees the artist as a consummate modernist whose concerns, in my opinion, uniquely invoke the cinema, namely: the frame, voyeurism, word and image, point of view, scale, etc.

Sections of the book engage in traditional scholarship (for instance, discussing critics' brief and scattered remarks on cinematic aspects of Magritte's *oeuvre*, analyzing art documentaries about Magritte, and filmic homages to him). But, much of the manuscript breaks the conventional academic mold by focusing on what I deem "resonances" of Magritte's work in the films of diverse cineastes. Here, I take imaginative leaps to connect the painter's concerns and sensibility to cinematic texts. Significantly, Magritte once said that he used movies as a "trampoline for the imagination"[2]. I

1 To be published by Wayne State University Press in 2019.

2 Short, Robert, "Magritte and Cinema," Silvano Levy, ed. *Surrealism: Surrealist Visuality*, Keele, Straffordshire: Keele University Press, 1996, p. 98.

invert the model, using his work as a springboard to discuss the cinema. The portion of the book from which this essay derives is the latter segment and takes as its specific subject the human face and the mask.

One could argue that the face is an iconic element of Magritte's art. However, unlike most painters, his renditions of it are strange and enigmatic in myriad ways. In *The Pilgrim* (1966), for instance, the face is separated from the rest of the body, hanging in mid-air. In other works, elements of the head (noses, ears, eyes) are stranded in space without any unifying skeletal structure to support them. Here one thinks of *The White Race* (1937) or *Every Day* (1966).

But, perhaps, Magritte's most favored perspective on the face is to *block it* in some fashion. As noted in the epigraph, he once remarked: "Each thing we see hides another, we always want to see what is being hidden by what we see," (Magritte, *Gallery 1949-1960*, 2018). Sometimes, he simply depicts individuals from the rear—concealing their countenance (as in *The Siren's Song* [1952]) (*Cf.* Figure 1).

But he also creates an entire series of paintings in which objects (a bird, an apple, or a bouquet) are bizarrely positioned in front of the subject's face, obstructing the spectator's view of it. This is the case in *The Man in the Bowler Hat* (1964), *The Son of Man* (1964), and *The Great War* (1964).

Employing a parallel theme, Magritte, in *The Invention of Life* (1928), covers one of his figures with a cloth. Likewise, in *The Lovers* (1928) he hides the heads of both of his subjects with sheets—perhaps creating a cynical statement on romance. He uses a similar motif in *The Central Story* (1927) in which fabric veils a woman's visage.

Clearly, in all these examples, Magritte is creating uncanny scenarios, as well as denying the viewer access to the painted subject. Beyond that, some have seen his shrouded figures as referring to the death of his mother who was pulled from a river when Magritte was a teen with her face covered by her nightgown.

Certainly, these paintings are not technically "portraits," since that term generally signifies a work that conveys the likeness of an *actual* person. One of Magritte's works, *Not to Be Reproduced* (1937) (portraying the rear of a man looking into a mirror that reflects only the back of his head) is a kind of perverse one, since it is sometimes known as a portrait of Edward James (one of his sponsors). Interestingly, however, critic Richard Brilliant has seen at least one of Magritte's creations as a secret self-portrait—*Paysage de Baucis* (1966)—this despite its being nearly "faceless"[3] (*Cf.* Figure 2).

Even in painting "fictional portraits," however, artists often strive to present not only a realistic external image of an individual (a farmer, an aristocrat, or a prostitute), but to express something of the character's inner life.[4] This is the same goal as traditional portraiture which, as Shearer West has noted, is "about both body and soul"[5]. In particular, the face has had a special role in this artistic genre and West talks about individuals who pioneered the field of physiognomy (like Johann Caspar Lavater) --advancing "the idea that the face reveals the soul"[6].

Of course, cinema provided new tools for analyzing and categorizing facial expression. Early film theorist, Béla Balázs called the facial close-up a "silent soliloquy" that revealed a person's "inner drama."[7]. Even when an actor's appearance was ambiguous, he viewed it as "a sort of physiognomic chord [through which] a variety of feelings, passions and thoughts are synthesized in the play of the features as an adequate expression of the multiplicity of the human soul"[8]. As Jacques Aumont demonstrates, a similar point of view was evident in writings by Hugo Munsterberg in 1916, and Edgar Morin in 1956, the latter citing the "psycho-analytic" power of film (Aumont, 2003, p. 145). This sense of the human countenance was especially important in the silent cinema, as is evident in such works as Carl Theodor Dreyer's *The Passion of Joan of Arc* (1928) which consists, almost entirely, of facial close-ups.

In the contemporary era, however, notions of the meaning of the face have changed and it is seen as far less indicative of an individual's persona than in the past. As filmmaker Eric Rohmer once noted: "Doesn't a troubled face betray some interior emotion? Yes, it is a sign, but an arbitrary sign, as it denies the powers of falsity and greatly shrinks the

---

3 Brilliant, Richard, 1994, *Portraiture*. London: Reaktion Books, 1994, p. 65.

4 Magritte did render countless paintings of his wife Georgette, though she was not identified. On some level, these might be considered portraits (often, nude ones). But rarely do they provide entrée into her thoughts, emotions, or attitude.

5 West, Shearer, *Portraiture,* Oxford and New York, Oxford University Press, 2004, p. 36.

6 West, Shearer, *Portraiture,* Oxford and New York, Oxford University Press, 2004, p. 33.

7 Balázs, Béla, 2009, "The Close-Up" and "The Face of Man," Leo Braudy and Marshall Cohen, eds., Film Theory and Criticism, Oxford: Oxford University Press, p. 277 and 280.

8 *Ibid.*, P. 278.

limits of the invisible world to which it proudly refers"[9]. Here, Hans Belting's book *Face and Mask: A Double History* is especially useful, as it sees the human visage as not entirely individual, but constructed by social forces[10]. In claiming this, Belting draws upon the work of Émile Durkheim, who conceived the self as partially a cultural role[11]. Thus, for Belting, a "person is the actor of his own face"[12]. Here Brilliant's thoughts on Magritte's *Paysage de Baucis* are telling. As he notes:

> *"The artist's metaphysical concept addresses the process of becoming a person rather than the attainment of a fixed state of being. This allows Magritte to comment on the way in which identity is given to a person from the outside and to modify the conception of a visible likeness, so long tied to the idea of portraiture."*[13]

Belting also points out how there is no investigation of the face without a discussion of the mask. As he notes, we must "accept face and mask as a single theme in the organizing principle of a 'history of the face,' and not view these concepts in sharp contrast to one another".[14] Thus, he sees facial communication as both disclosing and obscuring. As he asserts, "The expressive achievement of the living face lies as much in its ability to show and proclaim as in its ability to conceal and deceive"[15].

Clearly, in Magritte's use of objects to hide the face, he is questioning the truth-value of gazing at (and deciphering) the human countenance. But, in certain works, he goes beyond this to portray subjects wearing actual masks. In *The Intelligence* (1946) they are worn by men who resemble criminals—perhaps a nod to Magritte's beloved Fantômas, a mask-wearing character whom he pictured in *The Barbarian* (1927) and *The Backfire* (1943). And in *The Sage's Carnival* (1947), a mask is worn by a naked woman seemingly a contradiction in terms. Alternately, in *The Married Priest* (1960), perhaps as a joke, Magritte masks two apples—objects that have no eyes and can never reveal a personality. Even in his commercial

---

9 Rohmer, Eric, 1989, *The Taste for Beauty*, trans. Carol Volk, Cambridge, Cambridge University Press, p. 50-51.

10 Belting, Hans, 2017, *Face and Mask: A Double History*, trans. Thomas S. Hansen and Abby J. Hansen. Princeton University Press, p. 2.

11 *Ibid.*, p. 6.

12 *Ibid.*, p. 22.

13 Brilliant, Richard, *Portraiture,* London, Reaktion Books, 1994, p. 66.

14 Belting, Hans, 2017, *Face and Mask: A Double History*, trans. Thomas S. Hansen and Abby J. Hansen. Princeton University Press, p. 8.

15 *Ibid.*, p. 17.

work, Magritte draws upon the mask as icon, as is clear in this 1925 advertisement for Norine fashions, in which it appears prominently in the background (*René Magritte's Art Deco Advertising Posters*, 2018).

Beyond investigating masks as metaphors, Belting investigates material ones. As he comments, "Face and mask can each be understood as an image that appears on a surface, whether that surface be natural skin or an imitation made from some inert material"[16]. Describing the type of mask depicted in Magritte's paintings, he notes, "The half mask, which leaves a portion of the face visible, demonstrates the fluid transition between face and mask"[17].

It is interesting that Belting briefly references film in his discussion of facial expression, but not by citing Balázs, Munsterberg, Morin, or the close-up. Rather, he mentions Lev Kuleshov's famous editing "effect" by which he alternated close-ups of the actor Ivan Mosjoukine with images of food, a woman reclining, and a coffin. In one edit, the actor looks hungry, in another erotically aroused, and in the last. sad, while in truth his expression has not changed. As Belting writes, the director proved that "one could produce facial expression with montage alone"[18]. Here we think of Eisenstein's critique of Balázs for "forgetting the scissors" in his discussion of the role of the face in film[19].

In Magritte's fascination with masks we are also reminded of the words of another film theorist—André Bazin who conceived the film frame not as a window onto the world but as a mask that blotted out everything beyond its borders while, simultaneously, retaining access to it through a slight camera movement. As he writes:

> The screen is not a frame like that of a picture but a mask which allows only a part of the action to be seen. When a character moves off screen, we accept the fact that he is out of sight, but he continues to exist in his own capacity at some other place in the decor which is [merely] hidden from us.[20]

Clearly, this is a different sense of the term "mask" than that which Magritte employed, but it does connote a tension between that which

16 *Ibid.*, p. 18.
17 *Ibid.*, p. 19.
18 *Ibid.*, p. 214.
19 Aumont, Jacques, 2003, "The Face in Close-Up. "Angela Dalle Vacche (ed.), p. 142.
20 Bazin, André, 1967. "Theater and Cinema, Part 2," *What is Cinema? Vol. 1*, trans. Hugh Gray, Berkeley, University of California Press, 1967, p. 105.

is visible and not, as well as providing a link to cinema. Bazin's sense of the term, of course, can only be understood in relation to a comparison with painting. What he means is that the traditional picture frame denotes the end of the representational world; after the picture frame there is only the wall on which the picture hangs. With the cinema, however, the frame is mobile and can reveal what was previously hidden or "masked." Thus, the idea of "masking" has broader implications for film than its literal use as a covering for the face.

Several other paintings by Magritte on the subject of the face are more disturbing than the ones previously noted. In *He is Not Speaking* (1926), a plaster mask is posed in front of a woman's face. While her eyes are open, the mask's are closed, which makes it seem like a molded death mask. In *The Face of a Genius* (from the same year), we have what appears to be the identical mask, now standing alone, with parts of it dissected to reveal Magritte's familiar bilbouquet inside.

If we turn to cinema, we find that the mask has a long history as an aspect of costume and an element of the narrative. Sometimes, it has had a rather innocuous valence, as when characters attend a masked ball as they do in *Madame Satan* (1930). This is certainly the case in where a jilted wife goes to a party incognito and attracts her unknowing husband. Thus, her jeweled mask and risqué outfit make her sexy and alluring in a way that she has not seemed before.

A more emphatic and resonant use of the mask occurs in one segment of Max Ophuls' anthology film *Le Plaisir* (1952) an "anthology" film that combines three short stories by Guy de Maupassant through the voice of a narrator (Jean Servais) who tells the tales and stands in for the author. Its first narrative is fittingly entitled "The Mask" and takes place at a dance hall. Utilizing Ophuls' signature moving camera, the opening sequence communicates both the energy of the swirling dancers as well as that of the apparatus itself, creating a mood of gaiety and vivaciousness. Sprinting into the melee comes a man that the staff know as Monsieur Ambroise (Paul Azaïs). He enthusiastically joins in the dancing, spinning around with his partner at great speed. We immediately notice something odd about his face which has a white, plastic tone to it and a frozen expression. Underscoring this, the narrator tells us that the man looked like a figure from a wax museum—adding a sense of the uncanny to an otherwise realistic narrative. Soon, the man collapses and a doctor (who is at the ball) is asked to examine him. To do so, the physician (Claude Dauphin) must cut away the man's tight clothing and remove what is shown to be a facial mask (*Cf.* Figure 3).

When the latter is detached, the visage of an old man is revealed. The doctor takes him home and learns from his wife that her husband was a lothario and bon vivant in his youth and that he now tries to recapture that experience by attending balls while masquerading as a young dandy. At various points in the narrative, we get shots of the free-standing mask (resting on a carriage seat or hanging on a chair in the man's home).

Clearly, this tale concerns the tragedy of aging as well as the pain that comes to those who do not accept its progress. But, in utilizing the mask as a way of signaling this issue, the film adds a disturbing and surreal element. Beyond that, it draws upon a symbol used by Magritte to announce the gap between surface and interior, between human appearance and psychological depth. While the other two stories in the film do not utilize the figure of the mask, they both deal with hypocrisy. "The Maison Tellier" concerns a brothel to which a town's upstanding male citizens secretly go on a regular basis. "The Model" relates the story of an artist who seduces a beautiful young woman and then, inexplicably, loses interest in her—thus, highlighting the duplicity of love.

But perhaps the cinematic use of masks most relevant to Magritte's eerie canvases occurs in the horror genre. In *The Abominable Dr. Phibes* (1971), for instance, the mad protagonist gives someone a frog mask that eventually kills him by crushing his skull. In more recent years, George Romero made *Bruiser* (2000) in which a man's face is mysteriously replaced by a white mask that seems to liberate his Id. While *Bruiser* is a good visual "match" for Magritte's art, it is not a successful film—entirely too obvious in its symbolism and devoid of frisson.

However, several classic horror films engage the theme of masks in a far more frightful fashion. Perhaps most famous is *The Phantom of the Opera*. The original movie version was made in 1925, just a year before Magritte's *The Face of a Genius* and *He is Not Speaking* were painted. Directed by Rupert Julien, it stars Lon Chaney as Erik, the opera phantom—a ghostly recluse who lives in the basement and captures and holds hostage a beautiful young singer whom he adores. When the woman first sees him, he is wearing a mask that covers the lower portion of his face. But in a shocking scene, she rips it off to disclose his deformed countenance. But there is a second mask in *The Phantom* that Erik wears when he attends a masquerade ball—a scene that Julien shot in lush color. Here, we are reminded of the conventional use of masks as a festive mode of playing with identity—but for Erik, it offers the only occasion for him to appear "normal." Clearly, he does not have the luxury to put the mask on or take it off at will.

In Magritte's art, the mask often bears the specter of impending death (as does the skeleton mask that Erik wears to the party). Similarly, in *The Phantom*, it hides not only disfigurement but also "mortification of the flesh" –since Erik's face seems to be decaying before our eyes. He is not far from the figure of the Vampire—who travels among the un-dead. Here, Julien's style draws heavily from German Expressionism.

But Magritte is, of course, a Surrealist and there are two films in that vein that articulate a disturbing discourse of the mask—both by Georges Franju. The first is *Eyes Without a Face,* made in 1960. Of course, Franju was highly influenced by Surrealism and, as Raymond Durgnat remarks, "is heir to Appolinaire, Cocteau and Breton"[21]. Franju's earlier documentary, *Blood of the Beasts* (1948), shot in a slaughter house, has long been considered in the lineage of Luis Buñuel's *Land Without Bread* (1937) as a work that reveals the strangeness and horror of everyday life.

Eyes Without a Face (a title that seems reminiscent of the subject of several of Magritte's canvasses) tells the story of a physician, Doctor Génessier (Pierre Brasseur) who experiments with skin grafts. When his daughter, Christiane (Edith Scob) is injured in a car accident that he has caused, he dedicates himself to surgically fixing her mutilated face. To do this, however, he requires the skin of another woman who resembles his daughter so that he can remove it and transplant it to Christiane. With the help of his assistant, Louise (Alida Valli), women are lured to his clinic, anesthetized, and operated on. All the while, the doctor pretends to others that Christiane is dead.

Christiane is depressed and cannot bear to look at herself in a mirror or to show her face to others. Significantly, in the first shot we see of her, she is lying on a bed with her head buried in a pillow—preventing us access to her face. To allay her embarrassment, she is given a white

21 Durgnat, Raymond, *Franju*, Berkeley, California University Press, 1968, p. 80.

mask to wear that is molded to her features with cut-outs for her eyes. As Durgnat describes it, she is "flayed alive beneath her pearly mask" (Durgnat, 1968, p. 81). Because the mask is not grotesque but closely conforms to her pretty face, it has an especially uncanny aura to it—as though it were a real but pathologically opaque and unexpressive countenance. Eerily, when she speaks, her lips do not move (*Cf.* Figure 4).

But Christiane's is not the only mask in the film. During the surgeries which the doctor performs, both he and Louise wear surgical masks—seen in tight close-ups. Furthermore, Louise has previously gone through the doctor's facial transplant operation, so ostensibly she would have once worn a mask like Christiane's to hide her injured face. Finally, the kidnapped woman whose face the doctor removes to transplant on Christiane is later shown with her head wrapped in mask-like bandages.

There are several especially graphic scenes in the film in which the horrors of Dr. Génessier's clinic are revealed. In one, we get a blurred glimpse of Christiane's real face without the mask, and, at this moment, *Eyes Without a Face* approaches the famous scene in *Phantom of the Opera* when Erik's true appearance is unveiled. Another scene occurs after the doctor has performed a skin graft on his daughter. While at first her face looks fine, he soon notices defects in it and, over time, we witness it gradually decomposing.

But the most dreadful scene of all (and one that allegedly caused some audience members to faint) is that in which Dr. Génessier performs surgery on a woman that he has kidnapped. In detail, we see him outline, cut, and then remove the skin of her face and separate it from her head. Here, we have the sense that, as humans, we are all born wearing masks in the form of flesh that covers our facial bone structure.

Aside from a Surrealist interest in masks, there is one other detail of *Eyes Without a Face* that seems reminiscent of Magritte's iconography. Dr. Génessier's clinic abounds with animals (as do the painter's canvasses). Dogs bark ominously off-screen throughout the film, and in a few scenes, we see them confined in kennels, ready for experimental use. At points, we also see a decorative metal birdcage in Christiane's bedroom or in the clinic basement, and it is not clear whether its inhabitants are pets or future scientific subjects. At the end of the film, after Christiane has suffered another unsuccessful skin graft, she loses all hope and begins to conceive herself as a prisoner in her home—a research subject like her father's creatures. After stabbing Louise (who is preparing her for another surgery), she frees the birds, a metaphor for her own liberation.

As we know, Magritte often included birds and cages in his image system. In *The Return* (1940) a bird made of clouds flies in the sky. In *The Peace of the Evening* (1942), birds seem to grow from the ground like plants (while simultaneously looking like stone). In *Clairvoyance* (1936) an artist paints a picture of a bird, and in *The Therapist* (1937) a man's torso is replaced by a bird cage.

Some of Magritte's paintings focus specifically on women and birds, which brings us closer to the plot of *Eyes Without a Face*. In perhaps his most disquieting of all such picture a woman eats a bird (which may still be alive), feathers and all. But it is another series of pictures that seem closest to the Franju film. In *Black Magic*, (1934) a woman (whose upper half is tinted the color of the sky) stands with a white bird on her shoulder. And in *Deep Waters* (1941), a lady with a white, mask-like face stands next to a large bird (perhaps a Poe-inspired raven). Her closed eyes, dark outfit, and black bird companion all spark intimations of death. On some level, both paintings are evocative of shots from the end of *Eyes Without a Face* in which Christiane (wearing her mask) is posed with birds. They are also reminiscent of a photograph of Georgette Magritte holding two birds.

Masks must have remained on Franju's mind after making *Eyes Without a Face*, because in 1963 he released *Judex*, a remake of a five-hour 1916 serial by Louis Feuillade—a favorite filmmaker of Magritte. In fact, in one shot, we see a detective reading *Fantômas*, reminding us of Magritte's cherished hero.

We are told early on that a "Judex" means the avenger, and the narrative will indeed revolve around retribution—specifically against the banker M. Favraux (Michel Vitold), whose fortune was built on a scandal and whose selfish and cruel behavior toward people earned him many lifelong enemies. The plot is set off when Favraux receives a letter from Judex threatening to kill him unless he turns over his income, which Judex will share with the banker's victims.

Eyes Without a Face is set in Belle Epoque Paris and opens with elaborate title cards bordered by Art Nouveau graphic frames. There is an Art Nouveau telephone on Favraux's desk, and later, the villains will hide in a highly ornate Art Nouveau apartment building. This is significant because, in a filmed interview, Franju said that *Judex* was "a purely decorative film and presents itself as such." (*Georges Franju Visionary*, 1987).

While masks in *Judex* are not generally as disturbing as in *Eyes Without a Face*, they bear a quality of mystery and magic. Though there is no one obviously masked in the first scene of the film, there is an older man, M. Vallières (Channing Pollock), an assistant to M. Favraux, whom we immediately sense as strange-looking. There is something about his head, beard, and hair which remind us of a bird. We will later learn that he is disguised and is actually Judex.

Similarly, the villainess, Marie Verdier (Francine Bergé) is a bundle of disguises. First of all, she works as a governess for Favraux's granddaughter, but is out to scam him. Furthermore, she has two names (her other being Diana Monti). When she takes on the villainess role, she abandons her normal dress and wears a tight black body suit, as does her lover and fellow criminal Morales (Théo Sarapo). Furthermore, at one point in the film, she camouflages herself with a nun's habit.

There are other elements of the film that remind us of Magritte aside from the presence of birds (caged or free flying): the use of a keyhole matte (when a detective that Favraux has hired peers at some maids in the house—suggesting Magritte's *The Spy* (1928)), and quotations from *Alice in Wonderland.* Magritte, of course, titled one of his paintings after Lewis Carroll's famous book. In it, a tree impersonates a person and seems to wear a mask formed by foliage that circles its "eyes."

Furthermore, there is a Magrittian confusion of life and death in *Judex.* M. Favraux dies only to be revived by Judex who imprisons him; similarly, Favraux's daughter Jacqueline (Edith Scob) is tossed off a bridge and floats in the water, presumably dead, only to be rejuvenated. Here, we recall Magritte's painting *The Musings of a Solitary Walker* (1926) which depicts a corpse by a river and has been seen to invoke the drowning of his mother.

But, of course, the piece de resistance of disguise in the film is the masquerade party that M. Favraux throws in honor of his twenty-year banking history as well as his daughter's engagement. Unbeknownst to him, Judex attends wearing a mask and proceeds to do a series of incredible magic tricks that involve doves appearing from scarves. Here we think ofMagritte's love of prestidigitation and the cinema of Méliès.

But the type of mask that Judex wears is important—specifically a bird hood (*Cf.* Figure 5).

Franju dramatically introduces it in a shot that begins at Judex's feet and slowly pans up to his head, accompanied by dramatic music. Rather than a beautiful bird, it is that of a rather threatening eagle whose feathers trail down Judex's back. As for the other resonances of Judex's costume, Franju once said that a hood "equals horror" (*Georges Franju Visionary*, 1987).

Some of the other guests wear bird heads as well—either full sculpted hoods or more delicate half masks with protruding beaks. Alternately, some women wear dragonfly masks with gossamer wings protruding from their heads. The point is that the masquerade creates unsettling human/animal hybrids, evoking another theme in Magritte's work. Here we might consider such composite beings that appear in *Good Chance* (1945) or in *Collective Invention* (1934). Furthermore, immediately in front of the Favraux mansion is a statue of a mythical create with a human head and animal legs.

Interestingly, in an interview, Franju speaks of his Surrealist roots and his love of painters like Max Ernst and Georgio de Chirico (*Geroges Franju Visionary*, 1987). He does not mention Magritte, but in the two artists' focus on magic, mystery, and masks—we cannot help but think them as profoundly related.

As I hope to have shown, it is profitable to consider the work of Magritte within the frame of cinema and vice-versa. As Magritte, himself, once admitted-- his paintings were less about pure aesthetics than about ideas, and the conceptual universe that he created is one hospitable to the motion picture and has profound implications for it.

In *Eyes Without a Face*, the surgical process for which Dr. Génessier is known is called a *heterograft*—ostensibly the merging of one type of material with another. In a sense, we can see this dynamic at work in Magritte's career as well--as images move from the cinema to his canvas and back again to the screen.

Lucy FISCHER
University of Pittsburgh

FIG. 1 – René Magritte, *The Sirens' Song* (*Le chant des sirènes*), 1952,
Oil on canvas, 46.4 x 36.2 cm, © The Menil Collection –
C. Herscovici / Artists Rights Society (ARS), New York.

FIG. 2 – René Magritte, *Baucis's Landscape* (*Le paysage de Baucis*), 1966,
Oil on canvas, 55.6 x 45.7 cm ©Th Menil Collection –
C. Herscovici / Artists Rights Society (ARS), New York.

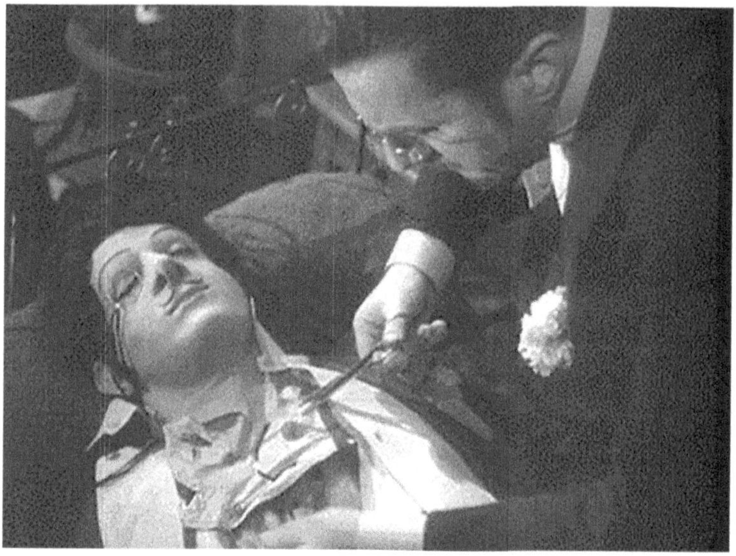

FIG. 3 – A doctor cuts the mask off Monsieur Ambroise's face, revealing that he is an old man.

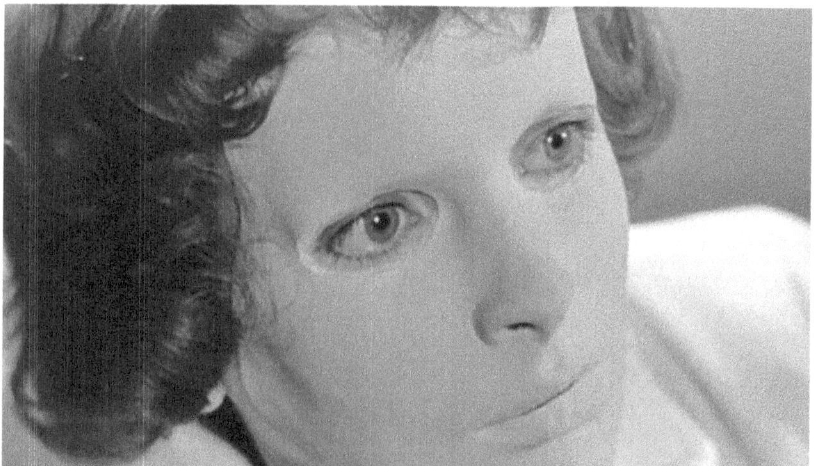

FIG. 4 – Christiane wearing her white mask.

FIG. 5 – Judex wearing an eagle mask to attend M. Favraux's party.

VERNIR À CINECITTÀ

Le studio comme industrie parallèle de l'art

L'AUTRE CINECITTÀ

À sa sortie italienne en 1969, *Femina ridens* scandalise l'opinion, après avoir brièvement essuyé les foudres de la censure. Le film de Piero Schivazappa, jeune réalisateur de télévision novice en cinéma, est frappé d'anathème pour sa prétendue pornographie. Philippe Leroy, teint en blond platine, y incarne le docteur Sayer, un psychopathe misogyne qui séquestre à domicile la journaliste féministe Maria alors qu'elle préparait un article sur la stérilisation masculine. Maria est jouée par Dagmar Lassander, actrice allemande à la peau blanche et nacrée, proclamée muse des Italiens du cinéma bis après ce film. Elle subit les supplices de Sayer dans une villa james bondienne ; d'insoutenables scénarios de torture mentale déclinés d'une porte coulissante à une autre, comme une manière de présentation du design.

Sur le plan thématique, *Femina ridens* a exactement sa place entre deux opus : *Quand l'embryon part braconner* de Kōji Wakamatsu et *La Prisonnière* d'Henri-Georges Clouzot. Le premier, japonais, de 1966, ficelle le scénario dans l'art du bondage, ceinture et lame de rasoir à l'appui. Le second, de 1968, partage les valeurs de traitement de *Femina ridens* : érotisme sale et propreté formelle, ironie sur la sentimentalité mais empathie. Toutefois, celui-là creuse un sillon qui n'empiète ni sur le pink japonais ni sur le sex-appeal à la française : le giallo, auquel il doit la première partie de son italianité.

Le giallo est un genre littéraire né en 1929, avec les éditions Mondadori, sous forme de polars à la couverture jaune. Au seuil des années 1960, le cinéma bis lui cède une place d'honneur entre le policier et l'horreur. Mâtiné d'érotisme, il apparaît sous un langage défini : meurtres à l'arme blanche, tueur ganté, catharsis familiale, sexualité sadomasochiste. Si le giallo de Schivazappa est dépouillé de recherche policière, il reste centré sur les codes et les névroses du genre ; poignard lustré, transgression de tabous, et délectation salace du crime. C'est dans un cercle aussi marginal que s'inscrit sa seconde italianité : « l'autre Cinecittà ». Par ce néologisme, il faut considérer toute une communauté du cinéma de production romaine. Un tableau suffit à comprendre : imaginons un réalisateur qui, après avoir passé la journée en studio, à la lisière de la ville, Cinecittà, De Paolis, De Laurentiis, viendrait comme à son habitude se désaltérer le soir au Café Rosati sur la Piazza del Popolo, ou dans n'importe quel autre bar à proximité, là où se mêle le tout Rome artiste, d'Alberto Moravia à Plinio de Martiis, directeur de La Tartaruga, la galerie des pop italiens. L'autre Cinecittà n'est pas une école, sauf à être celle de la rue, mais une tendance de l'après-guerre dotée d'ambitions esthétiques qu'on a dites pop par facilité, alors que s'y rencontrent l'op art, l'action painting, le happening, l'arte povera. L'autre, car bien qu'il s'agisse de productions commerciales de studio – en huis clos, à caisson fermé –, elle en extrapole les conventions pour expérimenter « autre » chose : une certaine idée de la modernité picturale.

L'histoire, ici, résiste au bloc, n'étant que traversée ; des histoires de cafés, de bons moments au bon endroit. Un cinéaste confirmé ou débutant poussant la porte vitrée d'une galerie, et se voyant séduit par une sculpture, une toile peinte, au point de l'intégrer dans son film via le décor ou la mise en scène. Ainsi Elio Petri avait-il fini par prêter le crayon des idées à Davide Boriani, artiste du Gruppo T qu'il découvre en 1965 à la galerie L'Obelisco[1]. La collaboration est bien souvent officieuse, non créditée. Trois cas de figure se dégagent. Il y a les auteurs de gialli, Mario Bava, Dario Argento, esthètes cultivant pour la chair affolée le même goût que pour les statues baroques et la géométrie *hard edge*. Il y a les cinéastes de l'amitié, Marco Ferreri ou Petri, autour desquels gravitent Mario Schifano et d'autres Warhol romains. *La Decima vittima* tente le kitsch comme le Diable pour rendre compte d'un réel désormais pénétré d'art moderne, gorgé de couleurs contre-nature. C'est qu'à l'ère du boom économique, la publicité annihile l'effet délavé des pierres de l'Antiquité.

1 Voir Mari, Pauline, *Le Voyeur et l'Halluciné. Au cinéma avec l'op art*, Rennes, Presses universitaires de Rennes, coll. « Le Spectaculaire », 2018.

Enfin, sous cette sensibilité, toujours, il y a les néophytes. Piero Zuffi, chef décorateur de formation, familier de la Rome qui s'américanise, tourne *Colpo rovente* dans l'East Village à Manhattan. Zuffi, et bien sûr, Schivazappa. *Femina ridens*[2] illustre l'un des phénomènes les plus ténus mais significatifs du transfert physique de l'avant-garde artistique au cinéma : le vernissage en studio. (*Cf.* Figure 1 *Femina ridens*)

LE LIEU DU CRIME

L'agent d'un pareil transfert est particulier. Il s'agit d'un dispositif d'art furieusement à la mode à cette époque : l'ambiente. Le studio allait se trouver en mesure de déclasser la galerie – grâce à l'ambiente. Parce qu'il lui offre des circonstances idéales pour se réaliser, parce qu'il se confond avec ses termes fondamentaux ; spatialité, éclairage exaspéré, claustration, quand la galerie se contente d'être un réceptacle mal adapté.

Apparu après-guerre, l'ambiente signe une conquête radicale de l'émancipation des formes[3]. Le terme peut se traduire par « environnement », mais il perd le charme enveloppant du sens italien. Toute l'Europe des années 1960 a vu fleurir des ambienti. Nombre d'artistes, plutôt que de faire des objets, préfèrent intervenir à l'échelle du lieu d'exposition. Ils créent une « ambiance » mentale, car les spectateurs sont conditionnés par des jeux de lumière à l'action psychophysiologique. L'Italie a vu naître l'ambiente. En 1949, à Milan, Lucio Fontana remplit la galerie del Naviglio d'un gros tubercule de papier mâché recouvert de peinture fluorescente qu'il plonge dans le noir et éclaire à la lampe de Wood. Le public déambule dans cette grotte, incontestablement proche du studio.

Vingt ans plus tard, Boriani réalise *Ambiente stroboscopico 4*, un sas rigoureusement tapissé aux murs de miroirs, au sol, de rayures vertes

2 *Femina ridens* est produit par Cemo Film, une jeune compagnie qui finance des films extravertis axés sur la révolution de mœurs. Le succès inattendu de *Escalation* avec Claudine Auger venait d'enrichir la compagnie.

3 L'histoire de l'art accorde au *Merzbau* de Kurt Schwitters un statut d'antécédent. Au début des années 1920, l'artiste dadaïste accumule à son domicile de Hanovre d'inquiétants volumes et objets.

et rouges, et au plafond, de tubes de néon à l'éclairage stroboscopique et intermittent. Les ambienti, désormais, cherchent à déstabiliser. Halluciner, faire réagir à tout prix la perception, secouer les sens… Dans un ambiente, le visiteur devient à la galerie ce que la victime dans un giallo est au lieu du crime. Les deux sont pris d'assaut, aveuglés, soumis au vertige, à l'éparpillement de leurs repères. C'est qu'il est fréquent, dans un giallo, de mourir sous des spots pétaradants – pensons à *I tre volti della paura* de Bava (1963) où des éclairs bleus et roses foudroient des antres médiévaux.

Loin de nous l'envie de céder au « démon de l'analogie ». Mais l'ambiente, dans l'œil du giallo, nous ramène à un moment inédit de la conjoncture. Dans les années 1960, à Rome, le cinéma a fait un peu plus que copier l'art. Il a réinventé une industrie en marge de son marché officiel. Tout en ayant des antennes mondaines, les cinéastes de Rome sont des électrons libres. Ils profitent sans obligation d'engagement de l'axe tout tracé qui relie les galeries du centre-ville aux studios de la périphérie.

L'ORIGINE D'UN MONDE

Femina ridens accueille un ambiente. Aux deux tiers du film, Maria triomphe de Sayer en le médusant avec les outils de son genre : un vagin dévorateur. Ce monstre, double mimétique de Maria, apparaît dans la tête de Sayer. Il s'agit d'un fantasme. Et ce fantasme s'apparente à une sculpture, qui, nous verrons, sera changée en ambiente sous les propriétés conjuguées du giallo et du studio. Visuellement, c'est une sculpture peinte monumentale : *Hon* de Niki de Saint-Phalle. Ou plus exactement, sa copie. L'original fut exposé en 1966 au Moderna Museet à Stockholm. Il renfermait à l'intérieur un genre d'environnement. Schivazappa ne le montre pas, seule la coque est reproduite. (*Cf.* Figure 2 : Niki de Saint-Phalle et Jean Tinguely devant *Hon*).

En 1966, Niki de Saint-Phalle s'était fait un nom grâce à ses positions féministes radicales, et un art de la vendetta au sein du groupe des Nouveaux Réalistes à Paris. En 1962, la belle tire « contre son père » à la carabine sur des reliefs remplis de peinture. Ses *Nanas* en papier mâché ont des proportions démesurées. *Hon* est de cette série. Il s'agit de l'entrejambe d'une femme enceinte, avec un ventre gonflé pour terminaison, lointaine caricature de *L'Origine du monde* de Courbet. Vingt mètres de longueur, neuf de large, six de hauteur. Le public entre par le vagin, et découvre un milk-bar, un planétarium, un aquarium et diverses attractions menant une vie autonome. Dans un des bras est projeté le premier court-métrage que tourna Greta Garbo. Le propos est sans équivoque. Par cet accouchement à l'envers, la femme, avaleuse d'hommes, mante religieuse et mère sacrée, est la détentrice exclusive de la création, naturelle et artistique.

Hon et *Femina ridens* sont complices. La stérilisation mâle défendue par Maria trahit un désir de castration et d'interventionnisme dans le cours créateur. Schivazappa le comprit tout de suite. En 1966, il a un synopsis : « la rencontre d'un Marquis de Sade qui débouche sur une espèce de jeu puis sur un massacre entre les sexes[4] ». Il regrette de ne pas trouver une clé ironique, fantastique, qui assure d'ouvrir d'autres portes que celle, enfoncée, du réalisme petit-bourgeois. « Je n'arrivais pas à visualiser une image de départ assez forte pour faire tout tenir debout ». Parti à Stockholm pour un tournage de télévision, le cinéaste visite pour le plaisir le Moderna Museet. *Hon* n'attend que lui. Schivazappa tient son coup d'envoi. Si le rôle de l'art est d'enfanter des visions, si celui du cinéma est de leur donner vie, c'est bien l'origine d'un monde qui s'entrevoit.

Le scénario fin prêt, Schivazappa commande une reproduction à l'identique de *Hon*. Le chef décorateur Francesco Cuppini donne les directives aux techniciens[5]. Les Italiens, il est vrai, ont depuis l'âge

4 Schivazappa, Piero, entretien avec Pierpaolo De Sanctis dans Stefano Della Casa et Edoardo Dario Viganò (dir.), *Pop film Art : Visual culture, moda e design nel cinema italiano anni'60 e '70*, Rome, Centro Sperimentale di Cinematografia, Cinecittà Luce, Sabinae, 2012, p. 214-215. Les autres citations de Schivazappa proviennent de la même source. Toutes sont traduites par nos soins.

5 L'autre Cinecittà est *aperta*, ouverte sur l'étranger. *Femina ridens* fut d'ailleurs tourné au Centro sperimentale di Cinematografia, école de cinéma cosmopolite. La même année, Roberto Faenza, diplômé du Centro, tourne, pour son deuxième film *H2S*, quelques plans d'extérieur à Londres. Son chef décorateur Gianni Polidori est marqué par *Cybernetic Serendipity*, une exposition sur l'art des robots à l'Institute of Contemporary Arts. Le budget de la Paramount permit d'en faire une vertigineuse réplique. Tout fut repris à l'identique, dans la limite des plans choisis, comme pour *Hon*.

baroque le goût du trompe-l'œil. La raison est aussi trivialement financière. Tourner *in situ* n'est pas interdit. En revanche, le déplacement de l'équipe aurait été dispendieux. Schivazappa prend des photos, et la bête est érigée d'après maquettes. Ainsi en avait-il été de l'original. Jean Tinguely avait construit la carcasse de fer à vue d'œil. Puis, son épouse Niki de Saint-Phalle et Per Olof Ultvedt, le troisième bras, l'avaient garni de tissu et de colle animale. On peignit les jambes et la panse, selon un dessin noir légèrement psychédélique, par aplats rose magnolia, bleu outremer, orange, jaune, vert de chrome et rouge de garance. Contactée par la production du film, Niki de Saint-Phalle autorise la copie. *Hon* est crédité au générique de fin, ainsi que d'autres emprunts. Les titres d'ouverture, eux, sont composés de plans serrés de la sculpture copiée. Un plan d'ensemble révèle des messieurs, bien sous tous rapports, en file indienne depuis l'entrée du vagin.

RÉATTRIBUTION

Plus qu'une copie, c'est une réattribution. La sculpture s'autoproclame *mama* italienne dans la lignée des exubérantes créatures felliniennes. Déplacement donc, du néo-réalisme, vers un cinéma qui défoule les refoulés. Schivazappa offre un contexte à cette idée : « cette invitation joyeuse et colorée, quasi carnavalesque, dissimulait un piège ». En effet, puisque la gent masculine veut voir l'horreur défendue de l'anatomie féminine, il lui faut une bonne leçon. Schivazappa fait ajouter un « porte-sexe [*sic*] », une monture aux mâchoires dentées prêtes à broyer, à séquestrer le visiteur – la revanche de Maria. Graphiquement, ce motif contamine les décors du film. Les dents du vagin deviennent la raison d'être des *Tagli* de Fontana. Le peintre rendu célèbre pour ses lacérations de toiles au cutter inspire la chambre de Sayer. Un tableau entaillé à sa manière, bleu roi, ascétique, occupe les lieux peints du même bleu. Sayer se frictionne torse nu, arborant un profil hygiéniste d'athlète mussolinien (la guerre des sexes est déjà politique). Mais ce bleu roi offre surtout une expérience de dilution spatiale. La clé de *Hon*, le sens de la réattribution, semble résider dans l'ambiente.

Ainsi fonctionne l'entière villa. Tentant une évasion, Maria traverse le séjour, passe devant une toile de la série *Superficie* de Giuseppe Capogrossi – à nouveau, un faux. On eut besoin que d'assortir le mur à sa palette, elle-même tirée du vert et jaune de *Hon*, pour obtenir un ambiente. Quant au motif de poinçon denté, il était pour Schivazappa tout trouvé : « ses peintures, parce qu'abstraites, avaient une force figurative gigantesque », en phase avec le sadisme de Sayer, tels des « instruments de torture ». Une sculpture à fil de barbelé, dans le *living*, enfonce encore le clou. Partout, l'objet d'art s'indexe sur un principe ambientisant. Au moyen du *all-over*, donc, et de la lumière ; là une immense baie jaune derrière un moulage de corps, la bouche bâillonnée. Là, un éclairage fuchsia entourant Maria ligotée. De l'aveu du cinéaste, la villa s'inspire de *La Decima vittima* de Petri, mêlant cloisons rétroéclairées et artefacts du pop art. Quelle étrange maison, tout de même – si solidaire des ambienti faisant alors fureur. Se peut-il que le regard de Schivazappa ait été préparé ? À quel moment le studio a-t-il détrôné la galerie, dans sa fonction avant-gardiste ?

DE VRAIES FAUSSES GALERIES

Fait intriguant, le premier ambiente au cinéma est historiquement apparu avec le premier giallo. *La Ragazza che sapeva troppo* date de 1963. Mario Bava confie à Letícia Román le rôle d'une Américaine en voyage à Rome, lectrice de gialli. Sur la piazza di Spagna, Nora Davis subit à répétition des épisodes sidérants lors d'une nuit d'orage qui inscrit le genre ; foudroiements déchirants, imper vinyle, corps poignardés. Le lendemain, au même endroit, une dame lui remet les clés de son appartement, en précisant que c'est un ancien atelier de sculpteur. Le terrain est prêt pour un ambiente. Une nuit, Nora, craignant l'arrivée du meurtrier, barricade le séjour avec de la ficelle. Elle le fait vingt ans après *Sixteen Miles of String* de Marcel Duchamp, deux kilomètres de fils qui obstruaient une salle d'exposition à New York. Bava ignore avoir quatre ans d'avance sur le *Spazio elastico* de Gianni Colombo, un ambiente récompensé en 1968 du grand prix de peinture, à la Biennale de Venise. Il consistait en une pièce cubique dans le noir, entravée par des fils élastiques lumineux, lesquels fléchissaient à angle droit sous une action motorisée. De toute façon, ce geste inaugural est confisqué à l'art moderne. La voix off nous apprend que l'idée de Nora vient de *L'Orribile filo d'Arianna* : un giallo. En somme, le cinéma accouche de l'ambiente, tel *Hon* dans *Femina ridens* – tout prêt à ravaler sa progéniture.

Avant *Femina ridens*, Clouzot avait établi un troublant rapport d'équivalence entre le studio et la galerie. *La Prisonnière*, de coproduction italienne, n'est pas qu'un ancêtre de genre. En amont du tournage, les mondains reçurent une invitation : « Henri-Georges Clouzot vous prie de lui faire le plaisir d'assister au vernissage de la galerie Hassler dont il a confié le rôle de directeur à Laurent Terzieff. C'est une séquence du film "La Prisonnière" qui sera tournée sous vos yeux… et avec votre participation[6] ». On vernit *Structures et mouvement* le 14 novembre 1967 sur le plateau F des studios de Boulogne-Billancourt. Il faut un instant s'arrêter sur ce film, œuvre d'emprunt majeur à l'art cinétique. Si les techniciens ne figurent pas dans la séquence, la présence, dans la diégèse, d'opérateurs de l'ORTF, entretient l'illusion d'un métafilm[7]. Les invités, Charles Vanel, Michel Piccoli, Joanna Shimkus, etc., jouent leur propre rôle, tout comme les plasticiens. Yaacov Agam et Jean-Pierre Yvaral donnent même la réplique. Studio et galerie se dédoublent parfaitement.

La narration renforce cette équivalence. Le galeriste, esthète impuissant maltraitant les femmes, est un double de Clouzot, donc un double de cinéaste. Le voilà qu'il dirige un opérateur télé devant la *Sphère-Trame* de François Morellet. Au micro d'un autre, il se vante de l'édition de multiples : « Je lance le supermarché artistique. Je ne stocke pas, je solde ! » Clouzot questionne là son propre métier. La réplique rappelle le Jack Palance du *Mépris*, quand le producteur véreux annonce au ciel qu'il va « transformer Cinecittà en Prisunic ! » Forcer l'analogie du studio et de la galerie, c'est souligner la proximité grandissante de deux industries. L'art menacé par l'argent, l'hégémonie des financiers, la recherche gratuite du scandale.

---

6 Le film de vernissage est un tropisme de l'époque. Citons le reportage de Brian De Palma *The Responsive Eye* filmé en 1965 à l'exposition éponyme du Museum of Modern Art à New York.

7 Sur le métafilm, lire Marc Cerisuelo, *Hollywood à l'écran. Essai de poétique historique des films : l'exemple des métafilms américains*, Paris, Presses Sorbonne nouvelle, coll. « L'œil vivant », 2000.

Clouzot profite de deux revirements en cours. À l'époque, la mode des galeries est à la transparence. Vitrines puissamment éclairées et *white cube*, comme chez Iris Clert à Paris. Mais sous la poussée des ambienti, la galerie tend à plus de secrets. *La Prisonnière* s'engouffre dans la brèche : « la galerie de Stan Hassler ouvre sur la rue du Bac ou, plutôt, elle se ferme[8] ». L'« immense glace de la vitrine » est remplacée par des caissons opaques avec lames d'inox. La seconde ambiguïté que tranche Clouzot a trait à l'accrochage. En architecture d'intérieur, c'est l'ère du tout intégré. Il n'y a donc plus qu'à regarder les œuvres d'art comme de l'intégré, comme pur décor de cinéma. Le vernissage est un prétexte : la foule discute en paquets devant les sculptures et les peintures. « Récupérez-moi des gens pour meubler[9] ! », ira même jusqu'à dire Clouzot en tournage. Dans *Femina ridens*, c'est l'ambientisation qui change chaque œuvre en décor. Le tout fermé, le tout intégré, et le tour est joué : le studio supplante la galerie.

HYPERESTHÉSIE

Nous l'avons vu, ambiente et giallo peuvent créer la panique. C'est presque une hyperesthésie en art, c'en est tout à fait une au cinéma. La perception de la victime se déforme à force de chocs psychophysiologiques. Dans cette idée, semble-t-il, *La Prisonnière* devait compter un autre vernissage, d'une toute autre nature : « Une issue s'ouvre devant José. C'est l'entrée du labyrinthe, l'entrée étroite dans le monde de la nuit », écrit Clouzot à propos d'un cocktail dans un musée. L'actrice entre ainsi dans un ambiente. Une syncope se déclenche : « Soumise à ces jeux tournoyants, les traits de José se tordent, ses lèvres immobiles s'animent, ses dents semblent claquer. » Le giallo survient : « [...] la fuite est coupée. Elle recule deux, trois pas... c'est pour affronter un panneau gigantesque du cobalt le plus dur, du vermillon le plus brutal. Les horizontales et les verticales se croisent, glissent l'une sur l'autre [...].

8 *La Prisonnière*, Collection des Scénarios, Paris, archive de la Bibliothèque du film.

9 « Clouzot tourne », reportage réalisé par Jacques Brissot et diffusé le 14 janvier 1968 sur la deuxième chaîne de l'ORTF, archive de l'Ina.

Elle chancelle… elle tombe bouche ouverte, œil révulsé sans que rien ne vienne interrompre le manège intolérable de la lumière. » Bouche ouverte et œil révulsé ; c'est bien une scène de giallo que voulait filmer Clouzot.

Le studio aurait donc détrôné la galerie le jour où il trouva une forme normative pour l'incarner : l'horreur. L'hallucination que peut générer l'ambiente en galerie est légère. Au cinéma, les grands sentiments, la peur, la terreur, provoquent la sidération. Le cinéaste peut bien rater l'empathie. Qu'importe, seul lui peut convertir les objets d'art en instruments de torture. C'est le cas chez Schivazappa, et bientôt, chez Dario Argento.

L'Uccello dalle piume di cristallo fut tourné par Argento à Rome, au studio De Paolis. Dans ce giallo de 1970, Tony Musante, alias Sam Dalmas, est témoin d'une agonie dans une galerie d'art entièrement pensée par Argento. Un homme y poignarde une femme parmi des sculptures. Toute la galerie, rez-de-chaussée, mezzanine, murs, sols, plafond, est immergée dans une lumière surexposante. C'est un ambiente blanc, immaculé, aveuglant, lancinant. La chose n'est pas étrangère à l'obsession du blanc qui nettoie alors en Italie la peinture de sa crasse expressionniste. En 1966, L'Obelisco programme *Bianco su Bianco*, où plus de trente artistes, essentiellement transalpins, démontrent des qualités haptiques du blanc. Sam se précipite dans le sas de la galerie. Aussitôt, l'entrée automatisée se bloque, et le force à un spectacle cruel.

Initialement, Argento avait imaginé pour sa galerie de l'art d'avant-garde : collages de pop art, manifestes, photographies[10]. Ce seront *in fine* des sculptures animalières en bronze, sans doute en prévision de l'hyperesthésie, réservée au dénouement. Le meurtrier jettera sur Sam depuis la mezzanine un « panneau de bronze » avec « d'horribles pointes en fer et en aluminium, comme des couteaux[11] ». Le cinéma veut bien faire dans l'art moderne à condition qu'il le lui rende… D'ailleurs, ce panneau à poignards ne fait que traduire une hyperesthésie survenue bien avant : c'est la lumière qui a empalé Sam. La sculpture est un modeste symptôme post-traumatique. Voilà que le studio s'attribue la paternité du syndrome de Stendhal.

---

10 D'après le scénario rédigé par Argento.

11 *L'Uccello dalle piume di cristallo*, scénario, SCENEG 00 02059, Rome, Centro Sperimentale di Cinematografia ; traduit par nos soins. L'objet rappelle les surfaces cloutées de Günther Uecker, sculpteur lié à la scène italienne.

Revenons à *Femina ridens*. Le temps est venu de regarder la séquence avec *Hon*. Sayer est de plus en plus tenté par Maria, la beauté vénéneuse. La baigneuse lui fait des œillades dans la piscine. Sayer résiste à se jeter à l'eau. Le vertige soudain lui prend, et la vision de *Hon* surgit. Il va plonger. Le voilà filmé dans son fantasme, en plan moyen et selon une contre-plongée qui révèle – le détail est important – de gros projecteurs au plafond, aveuglants. En contre-champ, la femme-vagin exerce son hypnose. Sayer avance, décidé à entrer dans la sculpture. C'est un choc, c'est un piège. Les mâchoires dentées se referment puis se réouvrent, expulsant un squelette brinquebalant s'écroulant en morceaux. La sculpture est l'arme du crime. Encore, comme chez Argento, le cinéma s'attribue l'hyperesthésie : les projecteurs au plafond, Méduse machinique, l'ont dramatiquement précédée, donc provoquée.

LE STUDIO SANS LUI

Ambiente est un terme de cinéma. L'expression revient sous la plume de Schivazappa : « *è un ambiente spazioso* », « *l'ambiente è grande, azzurro*[12] ». Pourtant, les cinéastes revendiquent leur propre admiration de l'art moderne. Schivazappa pensait même faire dire à Maria : « c'est une vraie statue, exposée au Musée d'art moderne de Stockholm. Elle est longue de 27 mètres et haute de 7[13] », à propos d'une carte illustrant *Hon*. Bel hommage, mais la scène n'est pas là. Comme si le film d'arrivée ne collait plus avec l'imaginaire du musée.

Ce choix s'explique peut-être par un impensé du scénario. À cause de l'échelle, on dut reconstruire *Hon* à Salaria, dans un studio un peu à part : un vaste hangar. Les plans de la piscine seront filmés dans une villa abandonnée, près d'un abri antimissile. *Femina ridens* réinvestit donc des fiefs underground, comme le fait l'avant-garde artistique. Ces lieux alternatifs toujours architecturalement proches du studio l'arrachent un peu plus aux galeries, et au marché. Car un studio ne vend rien, on jette les décors quand s'achève un tournage.

12 *Femina ridens*, scénario, SCENEG 00 00845, Rome, Centro Sperimentale di Cinematografia.

13 *Ibid.* ; traduit par nos soins.

Ainsi mué en concept, le studio pouvait paradoxalement se passer de lui-même. *L'Uomo dei cinque palloni* sorti en 1965 participe de ce constat. Marco Ferreri fait jouer à Marcello Mastroianni un obsédé tragique du ballon de baudruche. Mario sombre dans la folie. Il souffle, gonfle, cherche l'acmé, indéfiniment. Le film ne cède la couleur qu'à une séquence, l'épicentre de la névrose. Mario nage dans un ambiente de grands ballons d'hélium, entre le happening et l'exposition-spectacle. Or la scène ne fut pas tournée en studio, mais dans une discothèque de l'EUR, ancien quartier fasciste de Rome à l'architecture moderniste. Certes le film n'est pas un giallo, mais la démence latente de Mario, et l'enfermement anxiogène font le lien. Depuis *La Dolce vita* de Fellini, il s'est passé quelque chose. Se promenant dans l'autre Cinecittà, Ferreri filme la fête dans les proportions de l'art d'avant-garde. Après la légèreté des sorties de scène dans les plumes, le ballon, symbole de l'enfer maternel, impose un ambiente underground – tel *Hon*, mama filmée dans un hangar.

On a bel et bien verni à Cinecittà. *Femina ridens* est typique d'un cinéma commercial auquel on refusa le statut d'art mais qui sut le récupérer en vampirisant les autres arts. Des arts inconsciemment déclassés au rang de décor. L'ambiente aura rencontré au cinéma son double émancipé. Le giallo libère les fantasmes. Mieux, il s'autorise à n'être que ça : de purs fantasmes. Les endroits n'existent jamais. Si on y entrait, on ne verrait que des projecteurs et des câbles. L'autre Cinecittà nous y fait entrer. Un pied dans le métafilm, le second dans la diégèse. Le studio, jouissant de conditions idéales, tenait enfin sa revanche sur le tournage de rue, lequel criait partout son avant-gardisme. Un genre cinématographique impur est parvenu à épurer l'art jusqu'au formalisme ; dans un lieu bâtard, « parallèle ».

Pauline MARI
Centre André Chastel

FIG. 1 – Femina ridens.

FIG. 2 – Niki de Saint-Phalle et Jean Tinguely devant Hon.

LE BIOPIC OU LE DÉFI DE L'ART

Est communément nommé « biopic » un film biographique de fiction dont le récit est centré sur la vie d'une personnalité existant ou ayant existée et dont l'action a le plus souvent eu un impact au sein de la sphère publique[1]. Les deux types de personnalités les plus biographiées à l'écran sont les hommes et femmes de pouvoir[2] (présidents, rois, reines, empereurs, etc.) et les artistes. Parmi ces derniers, les écrivains et les peintres sont, avec les musiciens et chanteurs, les plus convoqués, bien plus que ne le sont les architectes et les sculpteurs[3]. Deux exemples témoignent de cette orientation. En 1965, lorsque Carol Reed s'empare de Michel-Ange dans son film *L'Extase et l'agonie*, c'est le peintre du plafond de la chapelle Sixtine qu'il privilégie et non le sculpteur ou l'architecte florentin. De la même façon, dans *Alberti Giacometti, The Final Portrait* (2017), le réalisateur Stanley Tucci focalise son récit sur le dernier portrait que l'artiste suisse réalisa en 1964, quelques mois avant sa mort. Certes, ce type de choix relève d'abord de certaines stratégies

---

1 Notons toutefois que quelques films s'intéressent à des personnalités pas ou peu connues du grand public (par exemple, Eugene Allen, majordome à la Maison Blanche – *Le Majordome*, Lee Daniels, 2013, ou *Erin Brockovich* que Steven Soderbergh va révéler en 2000).

2 Je me permets de citer l'ouvrage que j'ai codirigé et consacré aux biopics centrés une quinzaine de figures historiques, d'Alexandre le Grand à Abraham Lincoln. Barnier, Martin et Fontanel, Rémi (dir.), *Les Biopics du pouvoir politique de l'antiquité au XIXe siècle. Hommes et femmes de pouvoir à l'écran*, Lyon, Aléas, coll. Cinéma, 2010.

3 Comme fictions consacrées à des sculpteurs et sculptrices, je pense aux films sur Camille Claudel incarnée par Isabelle Adjani et Juliette Binoche dans les films de Bruno Nuytten (*Camille Claudel*, 1988) et de Bruno Dumont (*Camille Claudel 1915*, 2013). S'agissant d'Auguste Rodin (certes présent et interprété par Gérard Depardieu dans le film de Nuytten), il n'existe à ma connaissance qu'un seul film de fiction (*Rodin*) réalisé par Jacques Doillon en 2017 avec Vincent Lindon dans le rôle-titre (Izïa Higelin y interprète Camille Claudel). Quant à Benvenuto Cellini, célèbre orfèvre et sculpteur florentin de la Renaissance, il est le sculpteur le plus biographié au cinéma avec au moins quatre fictions réalisées par Alberto Capellani (*Benvenuto Cellini*, 1909), Louis Feuillade et Étienne Arnaud (*Benvenuto Cellini*, 1910), Gregory La Cava (*The Affairs of Cellini*, 1934), Giacomo Battiato (*Cellini, una vita scellerata*, 1990).

de production mais, dans de nombreux cas, la richesse des liens de type migratoire entre peinture et cinéma explique également cet intérêt porté au peintre et à son travail.

Aussi, je souhaiterais étudier les rapports qu'un art (le cinéma), entretient avec un autre (la peinture) dans le contexte particulier de la biographie ; étudier en somme ce qui relève d'une « relation[4] » et d'un « pari[5] » dont l'un des enjeux poétiques majeurs concerne la place et la fonction de l'œuvre picturale au sein du récit de vie. Comment le cinéaste négocie-t-il le rôle de l'art (le processus artistique et l'œuvre qui en résulte) au sein de l'histoire qu'il met en images ? Quel est l'apport de la création artistique au sein d'un film biographique qui voudrait se définir au nom de l'art ? De telles questions impliquent de considérer les modèles esthétiques proposés par le film biographique de l'artiste-peintre ; des modèles qui engagent un certain nombre de relations entre l'œuvre et la vie, l'existence et l'art et qui tissent des liens divers entre deux démarches créatives, deux créations et deux créateurs – le cinéaste (le biographe, le « bio-cinémato-graphe ») et le peintre (le biographié). C'est là l'un des défis qui s'impose au cinéma et à sa capacité d'invention face aux enjeux narratifs et aux programmes axiomatiques du genre biographique lorsqu'il s'intéresse à l'artiste en général et au peintre en particulier.

En 110 ans (1908-2018), on répertorie un peu plus d'une centaine de films biographiques de peintres dont la moitié a été réalisé entre 1990 et aujourd'hui.

Le recensement filmographique d'Anne-Sylvie Bonaud[6] est à ce titre très précieux tant il permet de dégager quelques aspects qu'il faut toutefois

4 Cette « relation » est au cœur d'un processus que Martine Boyer-Weinmann a étudié dans le cadre de son travail consacré à la biographie littéraire dont je veux souligner ici l'importance. Boyer-Weinmann, Martine, *La Relation biographique : enjeux contemporains*, Seyssel, Champ Vallon, coll. Détours, 2005.

5 Pour François Dosse, l'écriture biographique relève d'un « pari » en ce sens qu'elle suscite toujours une suspicion voire un mépris lié à la « part accordée à l'émotif et à l'intensification de l'implication subjective ». Oscillant entre un improbable discours scientifique et un désir de fiction, elle « suscite le mélange, l'hybridité et manifeste ainsi les tensions et les connivences à l'œuvre entre littérature et sciences humaines. » Dosse, François, *Le Pari biographique. Écrire une vie*, Paris, La Découverte, coll. Poches Sciences, 2005 (4e de couverture pour les citations précédentes).

6 Bonaud, Anne-Sylvie, « Pour une filmographie des biographies de peintres à l'écran », *in* revue *LIGEIA*, n° 77-78-79-80, « Peinture et cinéma » (dir. Thivat, Patricia-Laure),

considérer avec prudence étant donné l'existence de films (notamment asiatiques) qui restent inconnus ou inaccessibles. De cet inventaire, il faut tout d'abord noter que les personnalités et les époques retenues par la biographie filmée témoignent d'une grande diversité : Léonard de Vinci, Raphaël, Le Caravage, Le Greco, Artemisia Gentileschi, Rembrandt van Rijn, Vincent Van Gogh, Henri de Toulouse Lautrec, Paul Gauguin, Niko Pirosmani, Pablo Picasso, Gustav Klimt, Jackson Pollock – pour ne citer qu'eux – ont tous fait l'objet d'au moins un film biographique.

Outre le film sur Alberto Giacometti mentionné précédemment, ce sont par exemple Egon Schiele[7] (*Egon Schiele* de Dieter Berner, 2016), Paula Becker (*Paula* de Christian Schwochow, 2017) ou Maud Lewis (*Maudie* de Aisling Walsh, 2018) qui ont été récemment biographiés au cinéma, signe que l'artiste-peintre continue à susciter un certain intérêt dans un contexte de production qui a, ces dernières années, davantage privilégié les personnalités issues des mondes du spectacle (chanteurs, etc.), de l'entreprise (inventeurs, etc.) et de la finance (courtiers, etc.).

Le film d'Alberto Capellani consacré au maniériste florentin Benvenutto Cellini est le plus ancien recensé à ce jour (1908) ; et Vincent Van Gogh est l'artiste le plus représenté avec sept films dont ceux d'Akira Kurosawa et du duo Dorota Kobiela et Hugh Welchman (2017) qui sont deux cas particuliers comme je l'exposerai plus loin.

J'ai pu également relever cinq films sur Rembrandt Van Rijn, Francisco de Goya et Paul Gauguin, quatre sur Le Caravage et trois sur Benvenutto Cellini, Kitagawa Utamaro, Henri de Toulouse Lautrec et Amadéo Modigliani. Et je note enfin qu'il existe à ma connaissance deux films de fiction sur Léonard de Vinci, un seul sur Pierre-Auguste Renoir (*Renoir*, Gilles Bourdos, 2013), Salvador Dali (*Dalí*, Antoni Ribas, 1991) et Paul Cézanne (*Cézanne et moi*, Danièle Thompson, 2016) et aucun sur Nicolas Poussin, Pierre Paul Rubens, Gustave Courbet, Eugène Delacroix, Edgar Degas, Édouard Manet ou Claude Monet, même si certains font des apparitions au sein de films consacrés à leurs contemporains. L'absence ou le faible nombre de films consacrés à certains peintres peut s'expliquer par diverses raisons dont certaines tiennent à

juillet-décembre 2007, p. 267-283.

7 Il existe deux films consacrés au peintre autrichien qui par ailleurs apparaît logiquement dans le film que Raoul Ruiz consacre à Gustav Klimt en 2006 : *Egon Schiele. Enfer et passion*, de Herbert Vesely (1980) et *Egon Schiele*, de John Goldshmidt (réalisé pour la télévision en 1980).

des aspects contextuels qui, selon les époques et les cinématographies, peuvent conditionner le développement d'un projet en particulier ; par exemple, le film de Robert Altman sur Vincent Van Gogh sort en 1990, année du centenaire de la mort du peintre. Idem pour le film de Jacques Doillon sur Auguste Rodin sorti en 2017. De plus, le choix de l'artiste doit également répondre à des exigences d'ordre poétique car comme l'explique Patricia Laure-Thivat,

> le peintre au cinéma est un personnage emblématique de la figure de l'artiste. (…) [Il est] à même de représenter l'image du « génial démiurge » à l'apogée de son art, et/ou la figure du « peintre maudit », en proie à une souffrance physique ou existentielle. Des peintres à l'existence tranquille comme Degas, Manet ou Cézanne ne semblent pas avoir suscité le même intérêt. Leurs biographies respectives ne paraissent pas correspondre aux nécessités cinématographiques de l'archétype[8].

Dans le contexte d'une biographie qui implique la translation d'une vie en récit[9], ces « nécessités cinématographiques » offrent une multitude de possibilités thématiques et d'inflexions dramaturgiques qui reposent sur les rapports que l'artiste entretient avec son environnement religieux et/ou politique (*Andreï Roublev*, Andreï Tarkovski, 1969 ; *Goya*, Nino Quevedo, 1970, etc.), artistique (*Lautrec*, Roger Planchon, 1998 ; *Modigliani*, Mick Davis, 2004, etc.) et familial (*Munch*, Peter Watkins, 1974 ; *Vincent et Théo*, Robert Altman, 1991, etc.). Plus ou moins marqués selon les films, les traits narratifs qui nourrissent le drame sont multiples : racisme, dépendances à l'alcool, à la drogue, handicap physique ou troubles psychiques, tourments sentimentaux, etc. Ils participent à « ressusciter le mythe ou au contraire tenter une démystification[10] » et

8 Thivat, Patricia-Laure (dir.), *Biographies de peintres à l'écran*, Rennes, Presses universitaires de Rennes, coll. « Le Spectaculaire », 2011, p. 10-11. De même que pour Pierre Eisenreich, « la biographie cinématographique de l'artiste plasticien trouve d'abord son intérêt dans la dramaturgie tirée du vécu du personnage. » Eisenreich, Pierre, « Sortie de la toile. La vie des peintres », *in* dossier spécial « La biographie filmée », *Positif*, n° 540, février 2006, p. 94.

9 Une translation qui relèverait d'une « illusion » pour Pierre Bourdieu, car « produire une histoire de vie, traiter la vie comme une histoire, c'est-à-dire comme le récit cohérent d'une séquence signifiante et orientée d'événements, c'est sacrifier à une illusion rhétorique, à une représentation commune de l'existence que toute une tradition littéraire n'a cessé et ne cesse de renforcer. » Bourdieu, Pierre, « L'illusion biographique », in *Actes de la recherche en sciences sociales*. Vol. 62-63, juin 1986, p. 69.

10 *Ibid.*, p. 11.

entretiennent l'idée que l'artiste est aussi et surtout un homme dont l'œuvre constitue la plupart du temps le témoignage. Aussi, l'un des enjeux qui traversent le biopic de peintre est l'articulation de ces deux dimensions que constituent la vie et l'œuvre. Comme l'a développé Julien Guieu, il s'agit là d'une tension constitutive du biopic de peintre.

> D'un côté, des thèmes récurrents, à caractère purement biographique : problèmes d'argent, déboires sentimentaux, alcoolisme... De l'autre, le peintre au travail et ses œuvres achevées. Entre ces deux pôles, chaque film effectue un arbitrage selon des modalités qui sont les siennes. Rares sont ceux qui penchent du côté de l'œuvre[11].

Affirmer que les biopics de peintre qui penchent du côté de l'œuvre plutôt que du côté de la vie sont minoritaires, ne signifie pas que le genre en oublie pour autant la peinture. En effet, les tableaux sont généralement bien présents et lorsqu'ils ne le sont pas, l'art du peintre est abordé à travers divers procédés cinématographiques comme dans *Van Gogh* (Maurice Pialat, 1991) ou *Klimt* (Raoul Ruiz, 2005), j'y reviendrai. Derrière ce constat, réside plutôt l'idée que l'œuvre n'est pas, en règle générale, le point de départ du récit et qu'elle n'est donc pas le moyen privilégié de l'investigation biographique, comme c'est le cas par exemple pour *La Ronde de nuit* de Peter Greenaway (2007) qui reste un cas isolé. En ce sens, la position de Marcel Proust qui s'oppose à celle du critique littéraire Charles-Augustin Sainte-Beuve s'avère éclairante tant elle permet de comprendre plus précisément ce qui se joue au sein du biopic de peintre. En effet, la biographie filmée ne différencie pas l'artiste de l'homme, le créateur de l'individu socialement situé. Le plus souvent, elle traite le « moi social » et le « moi créateur » sans distinction aucune ; de manière réciproque, l'un se dissout sans cesse dans l'autre, faisant de l'œuvre le lieu d'une représentation identitaire totalisée. Or, c'est bien cette idée qui est au cœur de la réflexion « proustienne » dans sa charge contre Sainte-Beuve. Si celle-ci ne discrédite pas l'intérêt qu'il y a à questionner la nature de la relation entre l'homme et son œuvre, elle pose surtout l'enjeu du « moi créateur » et de son importance au sein du processus artistique. José-Luis Diaz[12] indique que Marcel Proust

11 Guieu, Julien, « Les biographies de peintres : un genre cinématographique ? », *in* revue *LIGEIA*, *op. cit.*, p. 253.

12 Diaz, José-Luis, *L'Homme et l'œuvre. Contribution à une histoire de la critique*, Paris, Presses universitaires de France, coll. Les littéraires, 2011.

s'élève contre « la focalisation du "moi social" sur le "moi profond" » ; aussi, il ne s'agit pas tant pour lui de séparer la personne de son œuvre, que de remettre l'artiste au cœur du problème biographique en lui octroyant une place particulière du fait qu'une création artistique est « le produit d'un autre moi que celui que nous manifestons dans nos habitudes, dans la société, dans nos vices[13]. ». Or, pour Sainte-Beuve, saisir l'œuvre d'un artiste oblige à se saisir de sa vie ; celle-ci est alors envisagée comme la clé qui permet d'accéder au sens de la création éclairée par un travail d'enquêtes, des entretiens, des analyses psychologiques et comportementales y compris sur les aspects les plus familiers du biographié[14]. Aussi, si le biopic de peintre n'a pas pour habitude de distinguer l'artiste de l'homme c'est en partie parce que l'œuvre peint, même s'il est le plus souvent présent, est rarement mobilisé comme le levier du récit biographique ; parfois il l'est et dans ce cas, comme je l'aborderai dans la troisième partie de ce texte, son traitement s'accorde davantage à la pensée de Marcel Proust car c'est en privilégiant la question de l'art que le récit peut faire la distinction entre l'homme et l'artiste dont la position se voit ainsi rehaussée. Pour autant, dans la majorité des cas, le film biographique aborde la vie comme la matière première du récit et comme le moyen privilégié d'accéder à l'œuvre (et parfois plus largement à l'art et à ses relations à la société, au religieux et/ou au politique qui enrichissent par ailleurs aussi le récit de l'existence). Et le renversement opéré par rapport au débat littéraire ne fait finalement que renforcer cette idée. En effet, en s'emparant d'abord de la vie – là où Sainte-Beuve et Proust envisagent l'interprétation de l'œuvre comme le point de départ de leurs réflexions respectives –, le biopic reprend à son compte et amplifie finalement l'argumentation « beuvienne » qui accorde à la vie un pouvoir d'élucidation de l'œuvre. La présence des tableaux pourra être minorée, voire même écartée, puisque seule la vie du peintre est déclarée nécessaire pour accéder à l'œuvre. Doit-on pour autant dire qu'en choisissant Sainte-Beuve contre Proust le cinéma a manqué l'artiste ? Ou doit-on plutôt admettre qu'il a ranimé une vieille

13 Proust, Marcel, *Contre Sainte-Beuve*, Paris, Gallimard, coll. Folio Essais, 1987 (1954), p. 127.

14 Hyppolyte Taine qualifie le travail de Sainte-Beuve « d'analyse botanique pratiquée sur les êtres humains qui rapproche les sciences sociales des sciences positives [applicable] aux peuples, aux époques, aux races pour lui faire porter ses fruits. » Hyppolyte Taine cité par Marcel Proust in *Contre Sainte-Beuve*, *op. cit.*, p. 123-124.

théorie de l'art que l'on croyait sinon disparue, du moins suffisamment affaiblie pour qu'elle n'y soit pas aussi représentée ? S'il n'est pas de biopic qui ne s'accompagne d'une théorie de l'art au nom de laquelle quelque chose d'une œuvre ou d'un artiste peut être dit, et si la théorie de Sainte-Beuve a trouvé dans le cinéma une nouvelle jeunesse, il est néanmoins nécessaire d'observer de plus près les formes que le biopic se donne lorsqu'il lui faut dialectiser l'homme et l'artiste.

Il est donc temps de s'intéresser de près à la manière dont des cinéastes ont mobilisé des œuvres d'art pour tenter d'écrire et filmer une vie d'artiste. Les analyses qui vont suivre sont autant de propositions sur le rôle qu'elles ont joué au sein du récit biographique.

1 – L'œuvre est représenté à travers des tableaux disséminés dans les plans et séquences. Ils font partie du décor et sont des éléments qui contextualisent, qui donnent une information sur la pratique du peintre ou sur un moment de sa vie.

Dans *Frida* (Julie Taymor, 2002) par exemple, juste après avoir découvert que son mari Diego Riviera entretenait une relation avec sa sœur Cristina, Frida Khalo parle d'un tableau situé derrière elle (*Unos Cuantos Piquetitos*, 1935). Inspirée d'un fait divers (l'assassinat d'une femme par son époux qui lui infligea vingt-deux coups de couteaux qu'il considérait n'être que « quelques petites piqûres »), cette œuvre fait évidemment référence à son histoire personnelle (les commentaires de l'artiste sur son tableau vont dans ce sens). Dans *Rembrandt* (Charles Matton, 1999), le peintre s'inscrit dans une temporalité douloureuse (rythmée par les décès successifs de ses enfants et de son épouse Saskia) dont les marqueurs sont ses créations (les portraits de l'être aimé ornent les murs de sa demeure). L'une des scènes d'atelier est d'ailleurs construite à partir d'un travelling circulaire qui permet ainsi d'exprimer le passage du temps. En effet, le peintre est au travail en train de réaliser ce qui deviendra *Danaé* (1636-1643). Son fils Titus est à ses côtés et réalise son portrait[15]. Dans le même mouvement et quelques secondes après, on découvre son tableau *Suzanne et les vieillards* (1647) (le peintre n'a pas la même tenue vestimentaire ;

15 Ce qui est une erreur si l'on en juge l'âge du jeune garçon. Titus naît en effet en 1641 soit deux ans avant la fin de la création historiquement datée en 1643. Or, dans la scène en question l'enfant est bien plus âgé (8-10 ans) qu'il n'est censé l'être en réalité.

l'acteur s'est changé lorsque la caméra est passée derrière le chevalet). Le trajet se termine sur le *Portrait de Saskia* (1633) accroché à un mur. Ce procédé permet de décrire l'écoulement du temps sans que le souvenir de Saskia ne se soit estompé. Sa défunte épouse est encore présente dans l'esprit de l'homme inconsolable et ce tableau qui clôt ce plan-séquence rappelle combien elle était au cœur de son inspiration artistique.

2 – L'œuvre est représenté par des tableaux qui sont davantage mis en valeur que dans le premier cas ; ils sont « plein écran » et s'imposent comme un « spectacle » à part entière.

Je pense par exemple aux séquences finales des films *Andreï Roublev* et *Cinq femmes autour d'Utamaro* (Kenji Mizoguchi, 1946) qui montrent des œuvres qui semblent concentrer l'existence de leur créateur qui vient d'être narrée ; je pense également à *Séraphine* (Martin Provost, 2008) et plus particulièrement à la scène durant laquelle l'artiste présente son travail à ses proches. La scénographie est très théâtrale et offre un moment de contemplation ; le temps est suspendu et c'est une véritable rencontre avec l'univers de l'artiste qui est mise en scène. Avec *La Vie passionnée de Vincent Van Gogh* (1956), Vincente Minnelli va plus loin. Il fait le choix du plein écran, de plans parfois mobiles, souvent au plus près de la toile, ce qui permet d'isoler des parties du tableau, de mettre en évidence à la fois un style particulier et des motifs précis. Ces plans très rapprochés ainsi que le montage *cut* et rapide qui les associe, créent une sorte d'effet loupe imposant et ouvre à une interprétation de l'œuvre dans la mesure où elle apparaît comme une projection directe de l'artiste. Par exemple, *La Nuit étoilée* – tableau réalisé en mai 1889 lors de son séjour au sein de l'asile du monastère Saint-Paul-de-Mausole à Saint-Rémy-de-Provence –, devient le miroir de son rapport existentiel au monde (nourri en outre par les correspondances épistolaires et le genre du mélodrame). En effet, le cinéaste insiste sur les détails du ciel composé de tourbillons rappelant des nébuleuses. Les halos, la lune jaune et l'aspect des nuages qui se faufilent entre les étoiles surgissent comme des flashs et sont montés en alternance avec les plans du peintre en train de se contorsionner de douleur (le médecin écrira par la suite à Théo Van Gogh qu'il s'agissait d'une nouvelle « crise »). La peinture apparaît dans ce cas comme l'incarnation d'un mal-être. Les tableaux sont les révélateurs d'une âme torturée, d'une douleur intérieure dont les causes sont impossibles à cerner (dans le film *Van Gogh* de Maurice Pialat – 1991, le Docteur Gachet évoquera une « grande fatigue », un « surmenage » dus à un excès de travail). Ce lien si étroit entre la vie et l'œuvre fut au cœur des débats lorsque Vincente Minnelli se vit refuser l'accès aux toiles par le neveu du peintre. Ce dernier fut soutenu par divers professionnels dont l'auteur du catalogue raisonné de Vincent Van Gogh qui confia alors à la presse les raisons d'une telle position.

> La vie de Van Gogh est révélée dans son œuvre. Ses autoportraits sont des autobiographies. Nous y apercevons la marche du destin de cette vie passionnée. Le drame de sa vie se réfléchit dans le drame de son art. Nul film ne pourra jamais nous révéler autant la figure de Van Gogh que son art brûlant de vie intense. Sa passion et son amour, sa souffrance et son bonheur, tout est contenu dans son œuvre[16].

Pour Jean-Baptiste de la Faille, l'auteur de ces mots, la vie de Vincent Van Gogh ne se raconte pas, du moins à l'écran, car le cinéma ne serait pas capable de se hisser à la hauteur de cette vie toute entière contenue dans son œuvre ; comme si cet œuvre avait finalement pleinement absorbé la vie, que celle-ci était désormais hors d'elle-même, c'est-à-dire dans un rapport existentiel à la peinture et uniquement à celle-ci. Le cinéma, art du récit, ne serait donc pas en mesure de raconter une vie qu'il faudrait aller chercher dans la production picturale et uniquement dans celle-ci… Cette position qui remet en question la pertinence même d'un film biographique sur Vincent Van Gogh soulève le rôle de la dimension autobiographique de l'œuvre qui, dans de nombreux cas, s'impose comme le principal articulateur du récit. Dans *La Gloire de Van Gogh*, Nathalie Heinich rappelle que cette association de l'œuvre et de la vie dans la postérité est permise par la personnalité artistique de Van Gogh dont de nombreux traits ont été mentionnés par diverses analyses (notamment des biographies écrites) ouvrant à un imaginaire avec ou contre lequel le biopic doit travailler. Elle relève un faisceau d'éléments biographiques et artistiques qui nourrissent la perception d'une assimilation entre l'homme, l'artiste et son œuvre. Les nombreux autoportraits évidemment qui en sont l'expression évidente tout comme l'est,

16 *Paris Presse*, 29 septembre 1955. Voir également Quet, François, « Deux corps imaginaires de Vincent Van Gogh. Remarques sur l'image de l'artiste au cinéma », in *Les Imaginaires du corps*, tome 2 (dir. Claude Fintz), Paris, L'Harmattan, coll. Critiques Littéraires, 2000.

> l'extrême particularisation de sa touche, aisément reconnaissable qui contribue à la personnification de l'œuvre par l'association spontanée entre la forme du coup de pinceau et le nom de l'auteur [il signait ses toiles « Vincent » et non « Van Gogh »]. (…) Information biographique et perception esthétique se rejoignent ainsi, dans cette exceptionnelle corrélation entre célébration des œuvres et culte de la personne qu'incarne, depuis quelques générations, le cas Van Gogh[17].

De la même manière, dans son film *Frida*, Julie Taymor va jusqu'à animer les autoportraits de Frida Khalo qui prennent vie sous nos yeux. Face à son miroir, la femme submergée par le désespoir, s'est coupée les cheveux. Son mouvement de tête engage celui de la caméra qui révèle son *Autoportrait au cheveux coupés* (1940) positionné près du miroir (le lien entre les deux ne peut pas être plus explicite). Lorsque l'artiste quitte le champ, le tableau s'anime montrant son sujet s'effondrer sur sa chaise. Dans ce cas, la toile qui prend vie semble vouloir dire plus que ce qu'elle ne montre en réalité (elle s'autofictionnalise), comme si ce mouvement du corps devenait l'expression manifeste d'un état psychologique que seul l'art serait capable de traduire et plus encore, d'inventer.

3 – Les créations sont reconstituées par la mise en scène. Les plans font référence à des tableaux respectant plus ou moins le référent pictural. Ce cas de figure est présent dans le film de Charles Matton déjà cité : *La Leçon d'anatomie du docteur Tulp*, 1632 et *Le Fils prodigue à la taverne*, 1635 sont deux exemples de tableaux reconstitués par le travail de la mise en scène. Ces plans s'inscrivent de façon plus ou moins de manifeste dans le cours du récit et jouent plusieurs rôles. Ils sont des repères temporels car ils sont un moyen de mettre en relation une période de la vie du peintre et l'une de ses célèbres créations.

Dans le cas particulier du « plan-tableau », cette « synchronisation » entre la peinture et le cinéma repose sur une diversité « des relations intertextuelles qui se font entre le film et le tableau[18] ». Dans *Goya*, Nino Quevedo « traite les peintures de Francisco José de Goya comme des tableaux vivants qui s'animent et entraînent le spectateur[19] ». Dans le film qu'il consacre au Caravage (*Caravaggio* – 1986), Derek Jarman donne une place équivalente sinon plus importante à la mise en scène

17 Heinich, Nathalie, *La Gloire de Van Gogh*, Paris, éditions de Minuit, coll. « Critique », 1991, p. 107-108.

18 Vancheri, Luc, *Cinéma et peinture*, Paris, Paris, Armand Colin, coll. Cinéma, 2007, p. 25-26.

19 Bonaud, Anne-Sylvie, *op. cit.*, p. 272.

qui inspire la création, du moins qui est censé l'inspirer car comme l'analyse Julien Guieu, ces plans qui s'apparentent à des tableaux sont aussi et surtout réalisés dans le but de mettre à l'épreuve le lien de causalité entre le modèle et l'œuvre. Avec les moyens que lui offre le cinéma, Derek Jarman met en avant l'impossible transposition qui voudrait qu'un tableau soit la reproduction fidèle d'une scène soigneusement préparée au sein de l'atelier. Lorsque le peintre réalise *L'Amour victorieux* (1602), le cinéaste, par des champs/contre-champs, s'emploie à marquer l'écart entre le modèle (une jeune femme androgyne) et le sujet du tableau (un Cupidon). On ne peut que constater le décalage entre les deux et prendre acte de l'interprétation qui s'est opérée et qui conserve tout son mystère (le regard du peintre assis devant sa création soutient ce sentiment).

> Le coup de génie de Jarman, c'est justement de nous montrer ensuite dans le même plan (en permettant donc la « comparaison »), le tableau et le modèle, la chair et l'huile, dans ce qui ressemble à un split-screen : le tableau occupe la moitié gauche de l'image (son bord droit vient ainsi couper le cadre en deux) ; la moitié droite de l'image est occupée par le modèle. Split-screen particulièrement problématique puisque sa moitié gauche montre une surface et sa moitié droite un espace « cinématographique ». Ici, Jarman intègre le cut dans le tableau et vise à souligner la différence de nature entre l'œuvre et le modèle, semblant signifier l'échec de toute tentative pour percer le secret de la création et l'exposer au grand jour, sur pellicule[20].

Ce plan, par son montage interne, est donc l'opérateur critique d'une réflexion commune au cinéma et à la peinture, portant sur la relation qui s'établit entre l'artiste et son œuvre dans le contexte du processus créatif. Ce processus créatif est au cœur du projet mené par Dorota Kobiela et Hugh Welchman. En effet, chacun des plans de leur film d'animation *La Passion Van Gogh* (2017) est le résultat d'un tournage effectué avec des acteurs dans des décors réels ; chaque plan fut ensuite entièrement peint à la main par quelques 90 artistes professionnels ayant fait la preuve qu'ils pouvaient imiter le style du peintre. L'histoire est celle d'Armand Rolin dont le père le charge d'aller à la rencontre de Théo Van Gogh afin de lui remettre la dernière lettre que son frère Vincent souhaitait lui adresser juste avant sa mort. Dans son voyage, le garçon rencontre celles et ceux qui ont fréquenté le peintre. C'est ainsi qu'on

20 Guieu, Julien, *op. cit.*, p. 257-258.

entre dans sa vie. Les images en couleur sont celle de l'enquête menée et s'inspirent de certains tableaux (pour certains reproduits « à l'identique ») et plus largement du style du peintre. Les images en noir et blanc sont celles des flash-backs qui mettent en scène le peintre avant sa mort. Le film fait ainsi le pari d'une fabrication d'images élaborées à même leur surface et au rythme d'un pinceau virtuel au travail. Chaque image du film fait référence aux thèmes, aux motifs et au style (« la touche ») de l'œuvre. Cette forme de présence de la peinture *dans* le cinéma qui « condui[t] à faire de l'image filmique un champ d'expérience des figurations humaines ou des formes de la peinture[21] » offre un quatrième cas de figure qui revêt pleinement l'idée qu'il n'y a pas, comme l'écrit Jean-Michel Durafour, « de traduction possible du tableau à l'écran, du pinceau à la caméra et que c'est *comme cinéma* que le cinéma stimule chez le spectateur la pensée de la peinture[22]. »

4 – Le dernier cas de figure ne concerne plus le tableau à proprement parler mais l'œuvre, c'est-à-dire des thèmes, un univers, un style que le cinéma va s'approprier avec les moyens qui sont les siens (ceux de la mise en scène et du montage). Ainsi, filmer « comme » un peintre peint, c'est vouloir approcher l'œuvre à travers la reformulation cinématographique d'un geste pictural. La réussite de *Rembrandt Fecit 1669* (Jos Stelling, 1977) tient notamment aux soins accordés aux décors et au travail de l'éclairage naturel (à la bougie) qui traduit cinématographiquement la technique picturale du clair-obscur. Dans *Klimt*, la mise en scène de Raoul Ruiz traduit l'esthétique de l'Art Nouveau à travers différents procédés : l'utilisation des couleurs, la distorsion spatiale, la présence des mouvements de caméras sophistiqués. Comme Lucy Fischer le note, « l'image, supervisée par Ricardo Aronovich, se compose continuellement de mouvements circulaires (parfois à 360°) – imitant les implacables courbes de l'Art Nouveau, à la manière d'une valse, de préférence viennoise[23]. »

---

21 Vancheri, Luc, *op. cit.*, p. 14.

22 Durafour, Jean-Michel, « *Cinq femmes autour d'Utamaro* de Mizoguchi. Filmer à l'entour de la peinture », *in* revue *LIGEIA*, *ibid.*, p. 120.

23 "(...) the cinematography, supervised by Ricardo Aronovich, continually traces circular (and even 360-degree) arcs–imitating the relentless curves of Art Nouveau, as well as the shape of the waltz, a Viennese favorite." [Ma traduction]. Fischer, Lucy, *Cinema by Design. Art Nouveau, Modernism & Film History*, New York (USA), Columbia University Press, Film and Culture Serie, 2017, p. 198.

De la même manière, dans *Van Gogh* de Maurice Pialat – film au sein duquel les tableaux sont peu présents –, la mise en scène permet de convoquer la peinture comme par exemple dans la séquence du portrait de Marguerite au piano qui comporte un certain nombre de surcadrages (qui concernent d'ailleurs davantage le peintre que son modèle). Le montage serait également le moyen d'une reformulation cinématographique comme l'expose une scène en particulier. Gilbert, un peintre qui vit également au sein de l'auberge Ravoux, se permet de retoucher et de critiquer une toile que Vincent est en train de réaliser (*Les Bords de l'Oise à Auvers* (1890)). Il lui reproche son manque de fluidité, la trop grande densité de son style. Il dénonce l'épaisseur de sa peinture, l'absence de glacis, l'accumulation de « touches » mises les unes au-dessus des autres : « ce sont des épaisseurs les unes à côté des autres. Des touches, des touches, des touches, des touches. Rien n'est aéré. », lui lance-t-il. Ces mots entrent en résonnance avec le cinéma de Maurice Pialat qui cherche à interpréter un geste pictural en le redoublant cinématographiquement grâce au montage de ses plans. Le premier plan du film renforce cette idée. Une main, un pinceau travaillent la matière. La caméra est au plus près de la toile et le ralenti apporte de « l'épaisseur » au mouvement. La main en question est celle du cinéaste et confirme la rencontre artistique, la « scénographie[24] » auto.biographique qui met en partage deux éthos.

Dans *Pollock* (2000) et principalement dans la scène durant laquelle l'artiste réalise l'immense peinture murale (« Mural ») commandée par Peggy Guggenheim, Ed Harris privilégie un montage heurté, vif et explosif (à partir de plans courts, de *jump cut*, de mouvements rapides) qui restitue l'énergie de la technique de l'« Action painting » du peintre américain.

---

24 Cette main est comme l'expression d'une « scénographie auctoriale », à considérer comme la forme esthétique d'un éthos qui ne renvoie plus à l'auteur « réel » ou « textuel » mais à un auteur imaginaire présent au sein l'œuvre. Voir Amossy, Ruth et Maingueneau, Dominique, « Autour des "scénographies auctoriales" : entretien avec José-Luis Diaz, auteur de *L'Écrivain imaginaire* (2007) », *Argumentation et Analyse du Discours* [En ligne], 3 | 2009. URL : http://journals.openedition.org/aad/678 (Consulté le 31 août 2018). Au sujet de *Caravaggio* de Derek Jarman, le processus créatif et les enjeux esthétiques qu'il mobilise, sont, tout comme le sont les thèmes abordés au sein du récit, les éléments « scénographiques » d'une dimension autobiographique qui nourrit la biographie du peintre. Voir Landy, Marcia, « Auto/biography. Cinematic Displacement of the Self in the Virtual Life of the "Author" », *in* Fontanel, Rémi, Pettersen, David, Rotival, Aurel et Vancheri, Luc (dir.), *Écrans*, n° 6 (2016 – 2), « Politique des auteurs/Auteur theory. Lectures contemporaines », Paris, Classiques Garnier, 2017, p. 79-97.

S'agissant du film *Munch* (Peter Watkins), Michèle Lagny parle d'un « essai biographique[25] » tant la recherche du cinéaste s'accorde avec celle du peintre ; pour elle, le cinéaste en appelle à l'équivalence de certains procédés mis au service de matières filmiques qui « griffent le canevas du récit comme brosses et burins griffaient la toile du peintre ou le matériau du graveur[26]. » En ce sens, le montage auquel il incombe d'organiser ces matières, a une importance majeure. Le montage s'impose comme la relation privilégiée à l'art pictural et à son statut au sein du processus biographique. Il rend compte d'un style pictural certes, mais il permet surtout de concilier dans un seul mouvement et à travers la vision du cinéaste, l'expérience sensible du spectateur et celle existentielle du peintre. En d'autres termes, le montage réunit dans une seule et même sphère l'œuvre et la vie, l'art et l'existence, l'histoire et la mémoire. Il créé une relation de réciprocité entre la vie et l'art qui se jettent perpétuellement l'un dans l'autre, révélant la part autobiographique d'une recherche artistique vouée à une vaste quête existentielle. Par la multiplication des points de vue, le jeu des répétitions et des écarts que le montage élabore de loin en loin, le récit s'organise donc à partir d'un ensemble de situations, de regards, de gestes, de motifs plastiques et de matières sonores, d'indices historiques que l'entrelacement des temporalités ne fixe jamais. Peter Watkins fusionne, entrelace les matières visuelles et sonores, défait les images de leur « cadre temporel ». Comme le souligne François Niney, le film est composé d'un « entrelacs de tableaux ou saynètes avec des récurrences les rappelant comme des motifs, des souvenirs ou des images mentales[27]. » Qu'il s'agisse de « souvenirs » ou « d'images mentales », un autre défi concerne l'intérêt porté au processus créatif qui parfois, positionne l'œuvre comme le principal pivot biographique du récit.

En tant qu'argument de la biographie et du travail d'investigation qui l'accompagne, l'œuvre peut donc ne plus être exclusivement l'illustration

25 Lagny, Michèle, Edvard Munch *de Peter Watkins*, Lyon, Aléas, coll. Le vif du sujet, 2011, p. 43.

26 *Idid.*, p. 92.

27 Niney, François, « *Edvard Munch*, ou l'anti-biopic », *in* Denis, Sébastien et Bertin-Maghit, Jean-Pierre (dir.), *L'Insurrection médiatique. Médias, histoire et documentaire dans le cinéma de Peter Watkins*, Bordeaux, Presses universitaires de Bordeaux, coll. Cinéma(s), 2010, p. 129.

d'un propos ou d'une situation existentielle, ni forcément la possible motivation stylistique du projet cinématographique.

Comme j'ai eu l'occasion de le mentionner précédemment, dans *Klimt*, l'art du peintre – sa technique et son style – est une source d'inspiration pour la mise en scène de Raoul Ruiz. Par ailleurs, les tableaux sont certes présents mais ne fonctionnent pas comme des marqueurs temporels du récit : *La Philosophie* (1899), *La Médecine* (1900), les portraits de Serenea Lederer (1902) et Emilie Flöge (1908), *Les Amantes* (1916) et *La Mort et vie* (1916) apparaissent comme des éléments décoratifs et convoqués de manière désordonnée sur le plan chronologique. D'autres œuvres ont en revanche un tout autre statut. En effet, elles sont traitées comme les indices, comme les traces d'une en.quête existentielle dont la restitution repose sur une forme de transfiguration psychique. Ainsi, comme le souligne Jean-Luc Lacuve[28], « le film de Ruiz est bien une biographie filmée couvrant les vingt dernières années du peintre » dont la structure narrative repose sur « un flash-back mental au seuil de la mort ». Ce dispositif narratif justifie ainsi une manipulation de la réalité (de sa perception) jusqu'à l'élaboration d'un univers « fantasmagorique[29] », selon le terme employé par le cinéaste lui-même qui ajoute au sujet de son personnage qu'au

> moment de mourir il revoit toute sa vie. Sauf que lui, la vie qu'il revoit n'est pas forcément celle qu'il a vécue. C'est une vie à côté, une vie en puissance qui reprend tous les éléments de sa vraie vie, mais différemment. (…) Le scénario nous dispensait de nous soucier de la chronologie […] puisque dans sa tête tout se mélange. […] C'est par les associations d'images que la majeure partie du film fonctionne[30].

La narration fonctionne donc telle une projection mentale qui plonge le spectateur dans une série de visions (des songes, des réminiscences et des fantasmes). Le cinéaste précisera cette intention et le lien qu'il souhaita mettre en place avec le peintre en indiquant qu'il s'agissait pour lui de se « mettre dans la tête d'un Klimt improbable qui aurait eu la possibilité de tourner des films[31]. » Cette impression d'être dans

28 Lacuve, Jean-Luc, « *Klimt* », in *Ciné-club de Caen*. https://www.cineclubdecaen.com/realisat/ruiz/klimt.htm (Consulté le 24 octobre 2018).

29 Voir Fischer, Lucy, *op. cit.*, p. 193.

30 Hubert Niogret et Philippe Rouyer, « Entretien avec Raoul Ruiz. Dans la tête d'un Klimt improbable », in *Positif*, n° 542, avril 2006, p. 11 et p. 13.

31 *Ibid.*

la tête de l'artiste est soutenue par la présence de l'artiste que l'on suit d'un lieu à l'autre, qui se dédouble grâce à des effets de reflets et qui erre dans sa peinture au milieu des motifs plastiques qui la caractérise. Par des choix de mise en scène et de montage élaborés, l'existence du peintre se trouve être intimement liée à son art dont l'expérience de la perception ouvre à cet espace poétique du « moi profond » mis en avant par Marcel Proust. Dans l'une de ses analyses, Valentine Robert a rappelé cet intérêt du cinéaste chilien pour la peinture qui ouvre la voie à différentes expérimentations perceptives, mobilisant chez le spectateur un travail psychique qui voudrait s'accorder à celui du « rêve vécu en focalisation interne par un Klimt délirant, en train de mourir sur son lit d'hôpital[32] ». Comme elle le note, la scène des retrouvailles entre le peintre et le baron Herzog en est un bon exemple. Klimt découvre le dispositif voyeuriste du baron. Il s'agit d'un petit salon composé de miroirs sans tain qui lui a permis de l'observer et de le manipuler dans ses moments les plus intimes (qui intègrent ceux de la création). Des paravents structurent les lieux et en arrière-plan, derrière une vitre, comme enchâssées dans l'espace du plan, deux modèles prennent la pose (on reconnaît Léa de Castro, amie du baron). Statiques, ils s'embrassent à la manière des deux figures du célèbre tableau *Le Baiser* (1909).

> Immobiles jusqu'à ce que retentisse un carillon, ils se raniment alors et viennent saluer leur « public ». Nous assistons donc bien à un tableau vivant, où la pose est donnée à voir comme un spectacle autonome. (…) Il ne s'agit pas d'une reconstitution de la pose préparatoire du tableau : Klimt n'est ni en train de peindre ni même vraiment en train de regarder, pris dans la discussion avec son voyeur et dans le vertige des trompe-l'œil de la pièce. D'ailleurs le spectateur lui-même a du mal à distinguer le tableau vivant. (…) Il est presque dissimulé dans l'image, relégué dans la profondeur indistincte de l'arrière-plan et « fondu » dans les reflets de la vitre sans tain[33].

Mais il faut préciser que bien avant, une scène avait posé les jalons de ce double dénouement (narratif et pictural). Lors de sa première visite chez le baron Herzog, Klimt retrouve Léa de Castro qui le regarde dans les bras d'une autre femme se faisant passer pour elle. Le baiser échangé est

32 Robert, Valentine, « Le tableau vivant chez Raoul Ruiz : l'extension de la perception », in *Décadrages*, n° 15, 2009 [En ligne]. URL : http://journals.openedition.org/decadrages/88 ; DOI : 10.4000/decadrages.88 (Consulté le 25 octobre 2018).

33 *Ibid.*

langoureux, déjà situé dans la profondeur du double espace créé par la présence du miroir. Le peintre est interrompu par la véritable Léa de Castro qui le rejoint et qui prend la place de sa « copie ». Elle s'allonge après lui avoir commandé deux tableaux, après quoi Klimt la rejoint sur le tapis. Leur visage se rapprochent et les deux personnages s'embrassent dans un plan serré dont la scénographie renvoie à nouveau au célèbre tableau qui se révélera donc « pleinement » plus tard. L'art de Klimt se décline à travers la présence de motifs distillés au fil des scènes dont la richesse des associations (à distance) comme la composition plastique des plans, démontrent « combien l'image cinématographique peut rejouer, dans sa forme, les vertiges visuels des tableaux peints, (…) permettant au spectateur d'entrer dans l'œil du peintre, d'adopter la même "manière de voir"[34] ».

Dans *Love is the Devil* (1998), John Maybury fait le choix de distorsions permises par des objets (verres, etc.) à travers lesquels Francis Bacon et son entourage sont filmés (l'une des premières scènes qui se déroule dans un bar en est l'exemple le plus manifeste). De même et comme le promet sa présentation promotionnelle, le film *The Eyes of Van Gogh* d'Alexander Barnett (2005) souhaite faire pénétrer le spectateur au sein des images et l'impliquer psychologiquement dans l'action du film[35]. Anne-Sylvie Bonaud indique pour sa part que le réalisateur souhaite « nous faire pénétrer de l'intérieur dans l'univers du peintre, incapable de se libérer de ses angoisses profondes[36] ». L'enjeu est exactement le même dans cet autre film consacré au peintre hollandais et intitulé *Vincent : the Life and Death of Vincent Van Gogh* (Paul Cox, 1987).

> Le film repose sur un entremêlement de plusieurs reproductions de tableaux peints par Van Gogh et d'images-animations de paysages, de natures mortes, de villes et de personnages connus du peintre. Paul Cox y utilise les personnages « réels », nimbés dans une sorte de flou, comme si le spectateur, presque aux confins du film était en train de vivre en direct le rêve de l'artiste[37].

Ainsi, dans certains cas, la tentation d'une expérience perceptive – que le cinéma se charge de médiatiser à travers sa relation à l'art

---

34 *Ibid.*

35 "The purpose of *The Eyes of van Gogh* is not for the audience merely to be a witness, but rather for them to live within the image and to participate psychologically in the action of the film." URL : http://www.theeyesofvangogh.com (Consulté le 25 octobre 2018).

36 Bonaud, Anne-Sylvie, *op. cit.*, p. 282.

37 *Ibid.*, p. 276.

pictural –, s'impose comme le champ esthétique privilégié de la démarche biographique.

Même si le procédé diffère, *Dreams* d'Akira Kurosawa (1990) et plus précisément son segment intitulé « Les Corbeaux » repose sur la même idée. Le film est consacré à la rencontre entre un spectateur de musée et Van Gogh (par le biais de sa peinture). Il s'agit ici de partir d'une œuvre pour aller à la rencontre de la vie. Le jeune Akira (spectateur lui-aussi mais au musée) s'introduit dans la peinture de Vincent Van Gogh par le biais d'un tableau. Comme l'analyse Luc Vancheri, « le jeune Akira n'assiste pas au tableau en train de se peindre mais au tableau en train de se faire dans l'esprit du peintre à l'occasion de cette traversée. Akira voit se lever ce qu'aura éprouvé Van Gogh. (…) Kurosawa refait le chemin qui va de l'œil au cerveau, de la sensation à l'œuvre[38] » Ce chemin de l'œil au cerveau et du cerveau à l'œil est au cœur du film *A Bigger Splash* (1973) de Jack Hazan, sur et avec David Hockney dans son propre rôle. Cet autobiopic est à la fois une fiction documentaire et un documentaire fictionnel, fiction et documentaire à la fois. Ce film biographique se dissout dans l'œuvre autobiographique de David Hockney et se recompose à travers l'exploration du processus artistique du peintre, moyen de questionner les relations entre la vie et l'art. Jack Hazan convie les proches de l'artiste, et notamment son ex-amant Peter Schlesinger, à participer au projet. Un jeu de miroir se met en place entre la vie et l'art, le passé et le présent, la réalité et la fiction, le peintre et le cinéaste. Ce dernier expliquera qu'il souhaitait saisir « l'angoisse que représente son acte de création d'une toile[39] » Pour cela, il s'appuie sur l'élaboration d'une œuvre en particulier : *Portrait of An Artist (Pool with Two Figures)* (1972), résultat d'une association de deux photographies, celle d'une piscine avec un nageur et celle d'un homme debout qui n'est autre que Peter Schlesinger. Ces deux photographies sont au cœur de la démarche artistique et autofictionnelle de Hockney et deviennent la matière de l'investigation biographique du cinéaste. Cette relation du cinéma à la peinture, entre la biographie et l'autofiction engagent des configurations qui mettent en crise un ordre textuel et discursif par

38 Vancheri, Luc, *Cinéma et peinture*, *op. cit.*, p. 163.

39 Entretien de Jack Hazan réalisé par Jacques Grant : « Jack Hazan (*A Bigger Splash*) ». « Le cinéma procède de techniques totalement spécifiques », in *Cinéma 74*, nº 193, décembre 1974, p. 94.

des choix de mise en scène et de montage capables de complexifier le visible sans jamais l'abstraire. Parmi les nombreux exemples qu'on peut relever au sein de ce biopic de la vision, le rêve est convoqué comme le possible espace-temps, flottant et énigmatique, d'un imaginaire créatif. Dans une scène, on voit le peintre en train de dormir. La suite montre un homme dans une piscine, en train de nager sous l'eau, dans le silence de la nuit. Le plan qui suit révèle qu'il s'agit en fait de Peter Schlesinger en personne ; il sort du bassin et se dirige vers une grande maison où il est accueilli par une femme vêtue d'une robe de couleur rose. Ce moment fait référence au tableau *Beverly Hills Housewife* (1967) qui est présent sur un mur du salon (on l'aperçoit dans la profondeur du plan), ce qui a pour effet de redoubler le dispositif spéculaire. Si dans le tableau qui a inspiré cette scène, Schlesinger était un spectateur au bord de la piscine (il ne fait alors plus partie de la vie du peintre), dans le rêve qu'invente le cinéma, il n'est plus à l'extérieur. Il est ce nageur nu qui en sort, rappelant qu'il fut l'origine d'un désir… celui qui aura, durant cinq années, façonné les relations entre la vie et l'art de David Hockney. Pour Jean-Paul Torok,

> l'ambition de Jack Hazan est de s'approprier la vision du peintre pour s'y dissoudre et s'y recomposer et finalement peut-être devenir David Hockney. S'il s'attache à faire pénétrer physiquement Hockney à l'intérieur de sa propre peinture, comme pour un self-portrait, dans une scène sous la douche qui cite textuellement le tableau A Shower in Beverly Hill, c'est pour faire siens ses rêves, ses fantasmes, son univers (…)[40].

Le film que Jack Hazan consacre à David Hockney met en lumière les nombreux enjeux auxquels est confronté le biopic de peintre : nature des rapports entre la vie et les œuvres, entre deux processus créatifs (pictural et cinématographique), entre deux artistes (le peintre et le cinéaste). Lorsque l'œuvre et l'art sont mobilisés comme la ligne de fond du traitement biographique, le processus créatif s'impose alors généralement comme la matrice du récit de vie.

L'un des défis posés au biopic de peintre concerne la manière dont le cinéaste s'approprie la création au sein du récit de vie qu'il met en

40 Torok, Jean-Paul, « La peinture moderne et la photographie », in *Positif*, n° 164, décembre 1974, p. 64.

images et en sons. L'enjeu est d'autant plus déterminant que le biopic de peintre a le plus souvent tendance à ne pas distinguer l'homme de l'artiste. Aussi, lorsque l'art est abordé – et il l'est toujours d'une manière ou d'une autre –, il l'est le plus souvent par le biais des tableaux convoqués dont le lien avec l'existence du peintre est fréquemment relevé. Par ailleurs, l'œuvre dans son ensemble peut également être mobilisé. Dans ce cas, le cinéma prend toute sa part dans cette entreprise qui vise à rendre compte d'un univers, d'une technique et d'un style. Plus rares enfin sont les films qui s'intéressent pleinement au processus créatif en partant d'une œuvre ou plus largement d'un univers artistique afin de sonder l'intériorité d'un être (et à travers elle, l'origine d'une « vision », d'une imagination, d'une inspiration en lien plus moins étroit avec le récit d'une existence). Quoi qu'il en soit, le biopic de peintre est travaillé par des mouvements poétiques engagés par de nombreuses circulations et translations du tableau à l'œuvre et de l'œuvre à l'art. C'est là l'un des enjeux qui traverse tout projet biographique consacré à un peintre dont le défi serait celui de l'art dès lors qu'il n'est plus seulement la variable d'ajustement de l'identité générique du récit mais la raison de son invention à l'écran.

Rémi FONTANEL
Université Lyon 2

DEUXIÈME PARTIE

RÉSISTANCES CINÉMATOGRAPHIQUES

DES AVANT-GARDES À L'*ENTERTAINMENT*

DE QUELQUES DÉBATS SUR L'AVANT-GARDE DANS LA CRITIQUE FRANÇAISE DES ANNÉES 1920 AUX ANNÉES 1940

Ou comment Belphégor devient rhétoricien

De récentes recherches ont montré que s'opère en France, des années 1920 aux années 1940, un véritable renversement de la signification accordée à la notion d'avant-garde[1]. Mais les modalités concrètes de ce renversement demeurent mal connues, me semble-t-il, faute d'avoir démêlé l'ensemble des fils qui relient très concrètement les débats sur l'avant-garde dans les années 1920 et ceux des années 1940. Cette contribution se propose donc de montrer dans un premier temps tout ce que peut engager la notion d'avant-garde, dans le champ cinématographique français, au mitan des années 1920, à travers l'étude d'une passe d'armes discursive, puis dans un deuxième temps la place qu'occupent certaines réflexions empruntées à la critique littéraire, de Julien Benda à Jean Paulhan, dans le retournement systématique qui est opéré après-guerre, lequel sera abordé dans un troisième temps. Il s'agit en un sens de montrer que ce qui est nommé avant-garde en cinéma, durant cette période, relève tout d'autant d'une construction discursive que de la description de pratiques existantes (sur lesquelles ce texte ne s'arrêtera pas)[2], ou, pour paraphraser Deleuze dans son *Abécédaire*[3],

1 Voir notamment Albera, François, *L'Avant-garde au cinéma*, Paris, Armand Colin « Cinéma », 2005.

2 Le long article de Brunius, Jacques B., « Experimental Film in France » (dans Roger Manvell, ed., *Experiment in the Film*, Londres, The Gray Walls Press Limited, 1949) est un bon exemple de cet entremêlement peu explicite de construction discursive et des descriptions de pratiques. L'auteur découpe le champ en quatre avant-gardes, qu'il ne définit et ne justifie pas vraiment, et c'est par sa description des pratiques que prend corps l'idée d'une véritable avant-garde qui serait liée au surréalisme. Brunius est reparti de cet article pour son livre *En marge du cinéma français* publié en 1954 dans la collection « Ombres blanches » des éditions Arcanes.

3 *L'Abécédaire de Gilles Deleuze* (Pierre-André Boutang, 1988), DVD édité par les Éditions Montparnasse, entrée « Histoire de la philosophie ».

que l'émergence puis la ré-émergence d'un concept comme l'avant-garde visent toujours à résoudre un problème et que pour comprendre le concept il faut donc identifier le problème.

LE DÉBUT SUR L'AVANT-GARDE 1924-1927 : PORTE/DULAC *VS* FESCOURT/BOUQUET

Il ne saurait s'agir, dans le cadre de cette contribution, de proposer une synthèse de tous les discours français sur l'avant-garde dans les années 1920, d'autant que cela a déjà été partiellement fait[4]. J'ai choisi de m'arrêter plus particulièrement sur le cas de Pierre Porte, parce que, comme l'a observé Richard Abel (qui cite Porte mais est loin d'évoquer tous ses articles), il est « peut-être celui, plus qu'aucun autre critique, qui a récusé l'argument de Fescourt et Bouquet [*contre l'avant-garde*] avec une défense modeste mais toujours limpide du "cinéma pur"[5] ». Plus encore, il me semble que lorsque l'on traverse la bonne vingtaine d'articles théoriques que publie Pierre Porte dans *Cinéa-Ciné pour tous* entre 1924 et 1927[6], la conception que l'on pouvait avoir alors de l'avant-garde apparaît comme un véritable système dans lequel s'agencent des considérations aussi bien esthétiques, techniques qu'économiques. En effet, il ne s'agit pas juste de défendre le « cinéma pur » ou « le cinéma abstrait » ; l'enjeu est plus largement de définir ce que peut le cinéma, pris autant comme un moyen d'expression

4 On consultera avec profit Ghali, Noureddine, *L'Avant-garde cinématographique en France dans les années vingt. Idées, conceptions, théories*, Paris, Éditions Paris Expérimental, coll. « Classiques de l'avant-garde », 1995, mais aussi Hagener, Malte, *Moving Forward, Looking Back : The European Avant-Garde and the Invention of Film Culture, 1919-1939*, Amsterdam, Amsterdam University Press, 2007 et Wilde, Jennifer, *The Parisian Avant-Garde in the Age of Cinema, 1900-1923*, Oakland, University of California Press, 2015. À noter toutefois que les deux dernières, à la différence du premier, n'évoquent pas la polémique qui m'intéresse ici.

5 Abel, Richard, *French Film Theory and Criticism, vol. 1 : 1907-1929*, Princeton University Press, 1993, p. 331 (ma traduction). Sur Pierre Porte, voir l'entrée qui lui consacre Champomier, Emmanuelle dans DE Baecque, Antoine et Chevallier, Philippe (dir.), *Dictionnaire de la pensée du cinéma*, Paris, Quadrige/PUF, 2012.

6 Sur cette revue, voir le mémoire de Master d'Emmanuelle Champomier, *La perception du cinéma des années 1920 à travers la presse spécialisée française. Étude des revues* Le Cinéopse, Mon Ciné *et* Cinéa-Ciné pour tous, Université Paris X – Nanterre, 2010.

que comme une industrie, de penser l'esthétique du cinéma (en s'adossant à de solides références philosophiques : Porte cite, souvent avec précision, Hegel, Croce, Bergson) à l'aune du dispositif (parce qu'articulant économie, technique, social, esthétique) qu'il est nécessairement.

Il y a, au fondement de la position de Porte, la conviction, partagée par beaucoup de ses congénères, que le cinéma doit dépasser la fonction qu'il avait au moment de son invention, c'est-à-dire « l'enregistrement passif de faits vécus[7] ». L'opérateur de ce dépassement est, selon Porte, la photogénie. Sur ce point, semble-t-il, rien de très nouveau, à ceci près que Porte entreprend de définir précisément cette notion que d'autres, à la même époque, disent « impondérable » ou « indéfinissable[8] », et pour ce faire la subdivise en deux possibilités. La première, proche de l'usage de la notion chez Delluc, est une « photogénie des formes » dite aussi « photogénie plastique », qui engage notamment un travail sur la lumière et sur la captation du mouvement. La seconde, moins courante, est ce qu'il appelle « une photogénie des états », qui se construit dans la relation entre « les images qui précèdent et suivent l'image envisagée[9] ». En d'autres termes, elle relève de ce que l'on ne dénomme encore que marginalement le « montage[10] ».

Pierre Porte développe donc, comme d'autres théoriciens de l'époque, une conception de l'histoire et de l'évolution du cinéma consistant à le voir progressivement s'affranchir de sa détermination initiale (un moyen d'enregistrement) par le montage. Car, comme Porte l'ajoute dans un autre article, les enregistrements cinématographiques,

> (...) on peut les scinder, n'en montrer qu'un fragment, les ordonner les uns à la suite des autres, les intercaler. Ce sont des fragments de vie. (...) Et la

7 Porte, Pierre, « Une loi du cinéma », *Cinéa-Ciné pour tous*, n° 8, 1er mars 1924, p. 9.

8 Voir notamment Jean Epstein, « L'Élément photogénique » (conférence de 1924), dans *Écrits sur le cinéma*, tome 1, Paris, Seghers, « Cinémaclub », 1974, p. 145.

9 Toutes ces citations sont tirées de Porte, Pierre, « L'Idée de photogénie », *Cinéa-Ciné pour tous*, n° 17, 15 juillet 1924, p. 14-15. Cette distinction n'est pas sans lien avec une autre, faite par Moussinac, entre deux formes de rythme, intérieur (plastique) et extérieur (succession des plans). Voir Moussinac, Léon, « Le Cinéma au Salon d'automne », *Gazette des sept arts*, n° 9, 1er novembre 1923, p. 11.

10 Au sujet de la phase d'assemblage des éléments tournés, dénommée progressivement « montage », voir Le Forestier, Laurent, « Une autre histoire du montage dans le cinéma français des années 1920 : les cas Pathé », dans Stéphanie Salmon et Jacques Malthête (dir.), *Recherches et innovations dans l'industrie du cinéma. Les cahiers des ingénieurs Pathé (1906-1927)*, Paris, Fondation Jérôme Seydoux – Pathé, 2017, p. 95-113.

> combinaison de ces fragments de vie que l'homme, grâce à Lumière, peut doser à sa guise, est un nouveau mode d'expression. (...) le cinéma (...) permet à l'homme de moduler l'expression de sa pensée dans une succession d'images animés. (...) Et ainsi, nous pouvons dire que le cinéma – le théorique, le vrai, le pur cinéma – qui ne doit être que strictement lui-même, doit utiliser – ou tout au moins essayer – toutes les ressources que lui offre les diverses combinaisons par lesquelles peuvent s'entremêler les images vivantes[11].

Ce faisant, Porte met donc l'accent sur la technique – au sens où le montage est avant tout une technique de mise en relation des images – mais tout en précisant qu'à ses yeux « la technique n'est pas une fin, elle n'est qu'un moyen[12] ». Plus encore, la technique est ce qui permet possiblement d'atteindre ce qu'il appelle un « idéal » – à savoir la mise en pratique d'un principe propre au cinéma, « intégralement nouveau en esthétique » : « *exprimer par l'harmonie et la mélodie du mouvement plastique*[13] », mélodie et harmonie désignant sans doute respectivement la photogénie des états et la photogénie des formes, soit d'un côté des choix syntagmatiques, et de l'autre des choix paradigmatiques.

La conjonction de ces deux photogénies doit permettre la production, puis le ressenti, d'une « sensation visuelle », par le recours à des plans caractérisés par « des flous, des déformations, des superpositions[14] », ces plans subjectifs devant être assemblés à des plans objectifs, car « pour exprimer un sentiment, (*le cinéma*) procède en l'analysant aussi bien qu'en le synthétisant[15] ».

Mais si la technique permet potentiellement d'atteindre « un idéal », elle est simultanément ce qui amène cet idéal à devoir faire face à « une réalité », qui tend à la maintenir en tant qu'idéal, ou « utopie », à ne pas lui donner la possibilité de devenir justement une autre réalité. Cette « réalité » qui s'affronte à l'idée d'avant-garde, c'est la « matérialité »

11 Porte, Pierre, « À la recherche d'un fil d'Ariane. Un idéal », *Cinéa-Ciné pour tous*, n° 41, 15 juillet 1925, p. 9.

12 Porte, Pierre, « La forme et le fond », *Cinéa-Ciné pour tous*, n° 22, 1er octobre 1924, p. 7.

13 Porte, Pierre, « Le cinéma pur », *Cinéa-Ciné pour tous*, n° 52, 1er janvier 1926, p. 13. Il revient sur cette idée dans « Une sensation nouvelle », *Cinéa-Ciné pour tous*, n° 64, 1er juillet 1926, p. 27.

14 Porte, Pierre, « Inventaire du cinéma. Cinéma intellectuel ou affectif ? », *Cinéa-Ciné pour tous*, n° 61, 15 mai 1926, p. 9.

15 Porte, Pierre, « Inventaire du cinéma VIII. Recherche d'une prévision », *Cinéa-Ciné pour tous*, n° 98, 1er décembre 1927, p. 11. Porte parle ici de « sentiment », ce qui est assez rare sous sa plume. Il évoque plus régulièrement les « sensations », et la distinction entre les deux sera au cœur de la polémique avec Fescourt et Bouquet.

du cinéma, sa « lamentable organisation financière », qui s'incarne notamment dans « le devoir qu'a un film de rapporter de l'argent[16] ».

L'avant-garde selon Porte se définit donc *hic* et *nunc*, contre une organisation technique, contre un mode de production des films, pour lequel « certains, en France, veulent ériger en principe théorique que la division du travail doit être la base de toute l'organisation du travail intellectuel créateur de nos films ». Porte précise :

> On fait développer l'action par un scénariste et, ensuite, découper (…) par un vrai spécialiste. (…) D'autres se contenteraient de pousser moins loin la division des tâches et voudraient seulement qu'un scénariste quelconque décharge le réalisateur de tout travail d'invention, de rédaction et de découpage. (…) Il vaudrait mieux que se crée une classe distincte : celles d'auteurs cinégraphiques qui ne seraient ni romanciers, ni hommes de théâtre. (…) Pourquoi, au lieu de faire traduire par un autre sa pensée en images, ne pas directement s'exprimer soi-même en images ? La réalisation est le prolongement de l'élaboration du scénario. Il faut que les cinéastes ne soient pas seulement des techniciens, mais aussi de vrais et intenses penseurs[17].

On voit déjà combien cette proposition consonne avec la future caméra-stylo d'Astruc. Mais il faut observer surtout qu'elle s'oppose, clairement et fermement, aux appels corporatifs en faveur d'une sorte de taylorisation de la création cinématographique française, et en particulier d'une véritable professionnalisation, à l'instar de ce qui existe dans le cinéma américain, de la fonction de découpeur[18].

Être d'avant-garde, en France, autour de 1925, ce serait aussi nécessairement revendiquer de contrôler toutes les étapes du processus de création… et même justement le montage, exécuté alors le plus souvent par de simples ouvrières. Toutefois cette revendication n'est pas propre

---

16 Toutes ces citations sont tirées de Porte, Pierre, « À la recherche d'un fil d'Ariane V. Une réalité », *Cinéa-Ciné pour tous*, n° 44, 1er septembre 1925, p. 22.

17 Ces deux citations sont tirées de Porte, Pierre, « De la pensée à son expression », *Cinéa-Ciné pour tous*, n° 25, 15 novembre 1924, p. 22-23.

18 Voir par exemple Coissac, G.-Michel qui, dans *Les Coulisses du cinéma* (Paris, les Éditions pittoresques, 1929) écrit, p. 54 : « On peut regretter que le *découpeur* spécialisé n'existe pas en France, alors qu'en Amérique il est considéré comme un rouage important de la machine cinématographique ». Cette question est développée dans Laurent Le Forestier « Ar-chaos-logie du découpage », dans Amiel, Vincent, Moure, José, Mouëllic, Gilles (dir.), *Le Découpage au cinéma*, PUR, coll. Le Spectaculaire, 2016. Le découpeur est bien sûr celui qui produit le découpage, soit la préparation minutieuse du film achevé, tel qu'il devrait être après tournage et assemblage. L'importance accordée au découpage et au découpeur tend donc à minimiser le rôle du montage et du monteur.

à l'avant-garde : quelques metteurs en scène travaillant non en marge mais au sein de l'industrie cinématographique s'en saisissent également[19]. Mais ce contrôle est, aux yeux de Porte, le préalable indispensable à ce que puisse se développer un véritable cinéma d'avant-garde, ce qui nécessiterait que l'industrie tolère ces manières singulières de faire des films. Et ce, alors même que le montage prôné et pratiqué par certains cinéastes d'avant-garde, à commencer par *la Roue* qui en fut l'un des modèles, pose des problèmes matériels à l'industrie cinématographique – cette dernière tend donc à en limiter l'usage, le nombre incommensurable de collures sur les positifs d'exploitation provoquant de récurrentes ruptures de bande lors des projections[20]. En d'autres termes, par la technique (entendue ici comme l'organisation du travail) que nécessite son esthétique, l'avant-garde selon Porte n'aurait d'autres choix que de se positionner contre l'industrie telle qu'elle fonctionne.

Les propositions de Porte rejoignent largement la position de Germaine Dulac, qu'il cite d'ailleurs plusieurs fois, et que l'on peut résumer ainsi : le cinéma, « art de la vie intérieure et de la sensation », « expression nouvelle donnée à la pensée » permet de « visualiser les moindres nuances de l'âme[21] ». Si la proximité est donc patente, la distinction s'opère dans la nécessité de prendre en compte, selon Dulac, la réception des œuvres par le public. « Sans le public, nous ne pouvons rien[22] », dit-elle, ajoutant même, dans un autre article : « soumis hélas au régime de l'argent nous devons faire taire notre personnalité pour plaire avant tout au public[23] ». Dans les années 1920, Dulac croit donc encore qu'il est possible de

19 Ainsi Raymond Bernard déclare-t-il : « Pour moi, les principales opérations de la mise en film résident dans la préparation. Le découpage de l'action a une importance énorme, ainsi que le choix des angles de prises de vues, l'emploi des lumières. D'autre part, une fois toutes les vues prises, le montage de la bande ne saurait être fait avec trop de soin. Il faut que l'animateur du film fasse tout son montage lui-même et qu'il ne s'en remette pas, comme il arrive trop souvent, à une ouvrière monteuse qui, si intelligente, si expérimentée et consciencieuse qu'elle soit, ne peut jamais le remplacer. C'est là que réside une des plus importantes parties de son art. » (dans Charles Torquet, « Nos metteurs en scène. Raymond Bernard », *Mon Ciné*, n° 40, 23 novembre 1922, p. 8.

20 Cet aspect est développé dans Laurent Le Forestier, « Une autre histoire du montage dans le cinéma français des années 1920 : les cas Pathé », art. cité.

21 Ces citations proviennent de l'entretien de Germaine Dulac avec Paul Desclaux (*Mon Ciné*, 25 octobre 1923), reproduit dans Dulac, Germaine, *Écrits sur le cinéma (1919-1937)*, textes réunis et présentés par Prosper Hillairet, Paris, Paris Expérimental, 1994, p. 27.

22 Dulac, Germaine, « Défense et attaque du cinéma » (*Paris*, 25 avril 1925), reproduit dans *ibid.*, p. 55.

23 Dulac, Germaine, « Difficultés » (*Indépendance belge*, 1er mai 1926), reproduit dans *ibid.*, p. 71.

penser l'avant-garde à l'intérieur de l'industrie, pourvu qu'elle se soucie de séduire un tant soit peu le public (sa position en la matière changera un peu plus tard).

Pierre Porte, de son côté, paraît ne pas croire que l'industrie, en l'état, puisse laisser coexister le cinéma d'avant-garde. Car outre que le système de production français, enclin à une forme de taylorisation, rend difficile la fabrication de films d'avant-garde, la vénalité et l'incurie des directeurs de salles, qu'il stigmatise régulièrement, dissuadent presque tout effort de distribution de ces films d'avant-garde[24]. De ce point de vue, c'est en toute logique qu'il participe à l'aventure de *Cinéa*, une revue dirigée par le directeur (Jean Tedesco) d'une salle très particulière, le Vieux-Colombier, qui entend se spécialiser dans la défense du cinéma d'avant-garde. *Cinéa* et Porte n'articulent donc pas leur plaidoyer pour l'avant-garde à un rejet de l'industrie, mais leur position est sous-tendue par un autre modèle : celui d'une *industrie avant-gardiste*, avec son organisation non taylorisée, ses modes potentiellement particuliers de financements (par exemple le mécénat), et surtout ses circuits propres de diffusion.

Cette distinction tenant à la prise en compte ou non du public n'est pas insignifiante en ce qu'elle fonde la polémique, dans les colonnes de *Cinéa-Ciné pour tous* et dans celles de *Comoedia*, entre Pierre Porte et le tandem Fescourt-Bouquet, qui œuvrent tous deux au sein de l'industrie (Fescourt ayant par exemple tourné en 1925 une version en 4 épisodes des *Misérables* pour la société des Cinéromans). Fescourt et Bouquet publient à cette époque un ouvrage en trois fascicules, intitulée *l'Idée et l'Écran* (Paris, Haberschill et Sergent, 1925), dans lequel ils rejettent au nom du public, justement, les films sans intrigue ou réduisant le scénario à quelques anecdotes. Ils défendent donc un cinéma pleinement narratif (contrairement à Porte), qui s'adresserait à l'intelligence des spectateurs, non pas en créant des sensations, mais en exprimant des sentiments. Plus précisément, se référant à Jacques Feyder, ils prônent un autre idéal : « des IMAGES-IDÉES qui, s'animant, se transformant, s'associant, sauront, non seulement charmer l'œil, mais faire naître, par le jeu des sentiments, la divine Émotion[25] ! »

24 Plusieurs de ses articles sont consacrés aux dysfonctionnements dans l'exploitation : par exemple « Quelques-uns d'entre eux », *Cinéa-Ciné pour tous*, n° 29, 15 janvier 1925, p. 25-26 et « N'importe quoi… », *Cinéa-Ciné pour tous*, n° 43, 1er octobre 1925, p. 12-13.

25 Fescourt, Henri et Bouquet, Jean-Louis, « Sensations ou sentiments ? (suite et fin) », *Cinéa-Ciné pour tous*, n° 69, 15 septembre 1926, p. 16. Cet article est publié deux semaines après un texte de Porte, « Musique plastique », lui-même écrit en réponse à un article des deux

DE JULIEN BENDA À JEAN PAULHAN : BELPHÉGORISME, TERREUR ET RHÉTORIQUE

Fescourt et Bouquet renvoient donc, sans le citer explicitement, à un texte de Feyder, intitulé « Transposition visuelle[26] ». Conclure leur réponse à Porte sur une telle référence relève probablement de la stratégie délibérée, car le texte de Feyder s'ouvre en fait sur une prévision très proche de l'idéal de Porte : « Bientôt nous serons en droit de réclamer du cinéma qu'il soit avant tout cinématographique ». Mais Feyder s'empresse d'ajouter que, « dans l'état actuel de l'art et de la technique visuels », « il paraît (...) préférable de filmer des adaptations, pourvu qu'elles soient parfaitement visuelles » – ce qui, cette fois, peut entretenir une forme de proximité avec le consensus raisonnable prôné par Dulac : compte tenu de ce qu'est l'industrie du cinéma, il n'y aurait d'autre issue que d'aller dans son sens, d'accepter son fonctionnement, tout en tentant de tirer les commandes des producteurs vers des préoccupations esthétiques un peu plus avant-gardistes. Feyder, bien qu'en accord dans l'absolu avec Porte, prônerait ainsi une position finalement comparable à celle de Fescourt et Bouquet, délaissant l'idéalisme face à l'état socio-économique du cinéma. Il conclut toutefois son texte en revenant au devenir idéal du cinéma : « Il est possible de tirer un film attachant et humain aussi bien du dixième chapitre de *l'Esprit des lois* de Montesquieu que d'une page de *la Physiologie du Mariage*, que d'un paragraphe du *Zarathoustra* de Nietzsche (...)[27]. » Bref, le texte de Feyder est un éloge du pragmatisme en matière de production cinématographique, renvoyant les ambitions de l'avant-garde, et en particulier la possibilité de tout exprimer par l'image, à des lendemains plus enchantés.

Mais si Fescourt et Bouquet usent de cette stratégie, c'est peut-être parce que dans le numéro précédent de *Cinéa-Ciné pour tous*, Porte avait

---

auteurs, paru dans la même revue le 31 juillet 1926 (et donc déjà intitulé « Sensations ou sentiments ? »). Entretemps, le polémique s'est donc propagée dans les colonnes de *Comoedia*, avec les mêmes protagonistes.

26 Publié en 1925 dans *les Cahiers du mois*, n° 16-17, p. 67-71. Toutes les citations qui suivent sont tirées de cet article (merci à Karine Abadie).

27 On se souvient que dans son célèbre article, « Naissance d'une nouvelle avant-garde : la caméra-stylo », Alexandre Astruc fait référence à cette hypothèse de Feyder selon laquelle on pourrait faire un film de *l'Esprit des lois* (*L'Écran français*, n° 144, 30 mars 1948, n.p.).

eu recours à un stratagème comparable, convoquant un champion de l'anti-modernité et donc de l'anti-avant-garde, Julien Benda[28], afin de montrer qu'il était en fait plus ouvert à la modernité que ses deux rivaux[29]. Il est vrai qu'il était sans doute pertinent d'en passer, dans cette opposition entre sensations et sentiments au cinéma, par le contempteur du belphégorisme, c'est-à-dire un culte de la littérature pure qui répondrait à la soif de sensation de la société – et l'on sait que l'attaque de Benda visait la littérature moderne, pour ne pas dire d'avant-garde à l'instar des surréalistes. Le *Belphégor* de Benda, qui entend stigmatiser autant un état de la société qu'une partie du public demandant « aux œuvres d'art qu'elles lui fassent éprouver des émotions et des sensations » au détriment du « plaisir intellectuel[30] », participe d'un vaste débat posant justement la valeur des sentiments en art, qui serait bien supérieure à celle des sensations. Ainsi, le critique littéraire André Chaumeix, alors très connu (il entrera à l'Académie française en 1930), affirme-t-il, dans son compte rendu du *Belphégor* de Benda : « Les sentiments sont plus riches, ce sont des sensations déjà organisées avec des idées[31] ». Et l'on comprend ainsi un peu mieux l'opposition défendue par Bouquet et Fescourt contre Pierre Porte, valorisant les sentiments, qui seraient inhérents aux fictions cinématographiques reposant sur un récit structuré, contre les sensations, qui seraient davantage recherchées par les films d'avant-garde, volontiers non narratifs, au moins ponctuellement. Cependant, pour certains intellectuels cinéphobes du début des années 1920, le cinéma tout entier incarnerait cette prééminence de l'émotion, associée à la sensation. Le même Chaumeix ne dit d'ailleurs pas autre chose dans la suite de son compte rendu, en envisageant le possible remplacement

28 Sur ce sujet, voir par exemple Pietra, Régine, « Julien Benda ou l'éternelle arrière-garde », dans William Marx (dir.), *Les Arrière-gardes au XXe siècle*, Paris, Presses Universitaires de France, coll. « Quadrige », 2008, p. 145-155.

29 « Julien Benda (…) en son si complexe *Belphégor* (…) prend part contre la moderne tendance de préférer les sens à l'intelligence. Mais jamais, il n'est aussi péremptoire que MM. Fescourt et Bouquet (…). » (Pierre Porte, « Musique plastique », *Cinéa-Ciné pour tous*, n° 68, 1er septembre 1926, p. 23). À noter que Porte s'était déjà référer explicitement à Benda et *Belphégor* dans « Trois cinéphiles et *L'Inhumaine* », *Cinéa-Ciné pour tous*, n° 27, 15 décembre 1924, p. 20.

30 Benda, Julien, *Belphégor, essai sur l'esthétique de la société française*, Paris, Émile-Paul Frères éditeurs, 1924 [1918], p. 1 (pour ces deux citations). Plus loin, Benda récuse une esthétique qui entend « substituer la *sensation* à la *perception* » (p. 27, les italiques sont de Benda).

31 Chaumeix, André, « Le goût classique et la société d'aujourd'hui » (compte rendu du *Belphégor* de J. Benda), *La Revue hebdomadaire*, mars 1919, p. 388.

progressif du théâtre par le cinéma – le premier étant plutôt du côté du sentiment et le second de l'émotion – comme la preuve de la validité de l'hypothèse de Benda sur le primat de la sensation dans l'expérience esthétique de la majeure partie de la société française : « Mais le cinéma qui montre beaucoup plus de choses en moins de temps que le théâtre est en train de le remplacer, ce qui est bien explicable, puisqu'il ne s'agit plus de comprendre mais de s'émouvoir[32] » – en quoi il s'approprie et développe une idée émise par Benda dans sa conclusion, condamnant une société à venir « qui ne se passionnera plus que pour des gestes de comédiens[33] » (ce qui peut renvoyer à la mutité du cinéma, et moins au théâtre, sauf dans des moments particuliers de mise en scène, que dénonce d'ailleurs Benda). De ce point de vue, il est possible de voir aussi la position de Fescourt et Bouquet comme une tentative, contre Porte et les défenseurs de l'avant-garde, de ramener le cinéma du côté des sentiments, espérant sans doute ainsi donner des gages, voire convaincre ces intellectuels réfractaires.

Toutefois cette passe d'armes ne doit pas laisser croire que Benda a constitué durablement une référence importante, positive autant que négative, pour la critique cinématographique française, et en particulier dans son rapport à l'avant-garde. Il paraît en effet être peu cité par la critique cinématographique d'après-guerre (bien que Bazin l'ait croisé en 1948 aux Rencontres Internationales de Genève consacrées à l'art contemporain). Mais il en est tout autrement pour son ami-ennemi Jean Paulhan[34], qui, avec *les Fleurs de Tarbes* (1943, mais dont la rédaction débute justement en 1925) puis *Clefs pour la poésie* (1944) prolonge les attaques de Benda contre le belphégorisme, qu'il baptise « Terreur ». Il voit en effet la littérature comme partagée entre deux tendances : d'un côté, les terroristes, qui se défient du caractère trop commun du langage et de la rhétorique, empreints de lieux justement communs, et prônent donc une littérature qui relève alors plutôt du sensible ; de l'autre les rhétoriciens qui acceptent à l'inverse ce qu'il y a de commun dans le langage, sur lequel ils portent toute leur attention, et revendiquent

32 *Ibid.*, p. 384.

33 Benda, Julien, *op. cit.*, p. 178.

34 Sur le revirement de l'amitié Benda-Paulhan, voir notamment Engel, Pascal, « Julien Benda et le culte de l'universel », *Le Philosophoire*, n° 31, 2009/1, p. 143-160, et, plus largement, du même auteur, *Les Lois de l'esprit. Julien Benda ou la raison*, Paris, Ithaque éditions, 2012.

ainsi une littérature qui relève plutôt de l'intellectualité. Plus précisément, pour les terroristes, « le langage procède de l'inspiration » (et ce sont encore et toujours les surréalistes et les avant-gardes qui sont visés), tandis que pour les rhétoriciens « la pensée ne peut naître que d'une combinaison de mots et de sons ». Cette opposition entre un écrivain « appareil enregistreur » du perçu et du ressenti et un écrivain constructeur d'une représentation par le langage prolonge donc bel et bien l'opposition entre belphégorisme et classicisme chez Benda, à ceci près que si terrorisme et belphégorisme sont assez proches, le rhétoricisme défendu par Paulhan n'est pas forcément un classicisme. Une partie de la critique française de cinéma, qui ferraille après-guerre autour de la notion d'avant-garde, saura s'en souvenir.

Il existe en tout cas un réel intérêt pour Paulhan au sein de la critique cinématographique de cette époque. Pour preuve, les citations précédentes ne sont tirées d'aucun des deux livres de Paulhan mais d'un compte-rendu rédigé par un critique et praticien de cinéma, Denis Marion (qui fut aussi l'assistant de Malraux sur *Espoir*)[35]. Et il n'est pas insignifiant que celui-ci ait par ailleurs repris le titre exact de cette recension pour un autre article, commentant la réception de *Citizen Kane*[36], film vu comme l'un des parangons de la nouvelle avant-garde (parce qu'affirmant un nouveau style, clairement rhétoricien) par la jeune critique cinématographique française d'après-guerre. Marion inaugure ainsi un intérêt durable de la critique de cinéma pour Paulhan[37], que l'on retrouve cité comme une sorte de modèle dans beaucoup d'autres articles. Bien après Marion, on sait que Serge Daney ambitionna un temps de faire une thèse sur Paulhan, que Rivette, dans un article que Daney considérait justement comme canonique, s'y réfère[38], tout comme ses congénères Rohmer et Chabrol

35 Marion, Denis, « La critique au défi », *Les Lettres françaises*, n° 40, 27 janvier 1945, p. 5.

36 Marion, Denis, « La critique au défi », *Paris-cinéma*, n° 44, 3e année, 6 août 1946, p. 9.

37 Un travail reste à faire pour mesurer l'influence de Paulhan sur Denis Marion, mais on sait par exemple qu'il proposa une lecture paulhanienne du *Silence est d'or* : « C'est tout le problème des rapports du langage avec la pensée, du fameux problème qui préoccupe tant Jean Paulhan et qui lui a fait écrire *Les Fleurs de Tarbes* sans arriver encore à une conclusion bien nette. Mais au lieu d'être présenté sous une forme théorique et abstraite et qui n'est accessible qu'aux initiés, le voilà rendu clair et évident pour les esprits les plus simples et en outre dramatiquement émouvant. » (« Un chef-d'œuvre de René Clair », *L'Écran français*, n° 99, 20 mai 1947, p. 3)

38 Rivette, Jacques, « De l'abjection », *Cahiers du cinéma*, n° 120, juin 1961 : « Autre chose : on a beaucoup cité, à gauche et à droite, et le plus souvent assez sottement, une phrase

au sujet d'Hitchcock[39]. Cette lignée trouve sans doute son origine, avant même Marion, dans un article écrit en 1942 par un jeune critique qui jouera un rôle fondamental dans la réflexion sur la nouvelle avant-garde, après la Seconde Guerre mondiale : Alexandre Astruc, dont le premier texte publié est justement un compte rendu des *Fleurs de Tarbes*, présenté dans des termes comparables à ceux de Marion, plus tard[40]. Or Astruc et Marion vont être justement deux acteurs importants dans l'association entre le rhétoricisme paulhanien et la notion d'avant-garde.

Cependant, l'autre protagoniste principal de cette re-polarisation de la notion d'avant-garde après-guerre, André Bazin, paraît ne jamais avoir cité Paulhan, et l'on aurait donc peut-être tort d'émettre l'hypothèse que certains des grands débats français sur l'avant-garde cinématographique se sont élaborés partiellement à partir de la lignée Benda-Paulhan. Mais les apparences peuvent être trompeuses, surtout avec ce braconnier intellectuel sauvage qu'était Bazin. De fait, le premier grand texte théorique de Bazin, pierre angulaire de son système de pensée (« Ontologie de l'image photographique »), contient bien une reprise non avouée d'une idée de Paulhan. Il s'agit d'une citation tirée de quelques lignes de Paulhan parues dans le même numéro des *Cahiers du mois* que le texte de Feyder, en 1925 : Paulhan émet l'hypothèse, à partir du cas du cinéma, que « les arts s'aident bien moins par ce qu'ils apportent que par ce qu'ils s'enlèvent les uns aux autres » (p. 167). De son côté, Bazin affirme que « la photographie, en achevant le baroque, a libéré les arts plastiques de leur obsession de la ressemblance[41] ». La référence peut sembler lointaine et la phrase de Paulhan un peu sibylline, mais tout cela s'éclaire davantage lorsqu'on ajoute ce qui la précède :

> Il me semble que le cinéma a débarrassé la littérature de plusieurs soucis absurdes, tels que : mouvements, rapidités, poursuites et coups de théâtre,

---

de Moullet : *la morale est affaire de travellings* (ou la version de Godard : *les travellings sont affaire de morale*) ; on a voulu y voir le comble du formalisme, alors qu'on en pourrait plutôt critiquer l'excès "terroriste", pour reprendre la terminologie paulhanienne » (p. 54).

39 Voir en particulier le chapitre intitulé « Fleurs de rhétorique. *To Catch a Thief* » (qui renvoie bien sûr aux rhétoriciens tels qu'envisagés dans *les Fleurs de Tarbes*), dans Éric Rohmer et Claude Chabrol, *Hitchcock*, Paris, Éditions universitaires, 1957, p. 132.

40 Astruc, Alexandre, « À propos de la terreur dans les Lettres ». L'article est paru dans la revue *Messages* ; il est reproduit dans Alexandre Astruc, *Du stylo à la caméra… et de la caméra au stylo. Écrits (1942-1984)*, Paris, L'Archipel, 1992, p. 43-45.

41 Bazin, André, « Ontologie de l'image photographique », dans Gaston Diehl (dir.), *Les Problèmes de la peinture*, Lyon, Confluences, 1945, p. 407.

comme la photographie avait heureusement guéri la peinture du soin de « faire ressemblant[42] ».

L'idée que développe ici Paulhan à sa manière – idée fondamentale autant pour Bazin que pour Porte et bien d'autres, même si Bazin et Porte la développent différemment –, c'est que la rencontre entre les arts contribue à révéler à chaque art les moyens qui lui sont propres – question qui est par ailleurs souvent au cœur de la réflexion des avant-gardes. L'idée devient certes commune dès les années 1920, au point d'avoir été reprise ensuite par quantité d'autres auteurs, dont certains ont été lus également par Bazin (comme Malraux), mais il n'en reste pas moins que la formulation de Bazin consonne étrangement avec la phrase de Paulhan, publiée dans un ouvrage qui fit date et sur lequel revinrent donc de nombreux critiques de cinéma, même si le plus souvent ce fut davantage pour citer l'article de Feyder qui voisine avec celui de Paulhan.

Ce trop rapide jeu de l'oie des références conduit à émettre l'hypothèse que la jeune critique française d'après-guerre, baignant dans la critique littéraire et ses diverses prises de position, réagit autant contre les débats des années 1920, et surtout celui entre Porte et Fescourt-Bouquet[43], que contre l'anti-avant-gardisme (notamment celui initié par Benda et repris par d'autres) et contre d'autres nouvelles acceptions possibles de la notion d'avant-garde, lorsqu'elle fait le choix de re-polariser cette notion à des fins de bataille discursive.

---

42 Les quelques lignes de Paulhan n'ont pas de titre. Il s'agit d'une réponse à l'enquête « Les lettres / la pensée moderne et le cinéma » lancée par les *Cahiers du mois* (p. 167). Merci à Bernard Baillaud qui a retrouvé la trace de cette citation.

43 On sait qu'André Bazin a été un lecteur assidu de *Cinéa-Ciné pour tous* : « (...) je dois dire pour avoir lu attentivement la collection complète de la meilleure publication de cinéma de l'époque, à savoir *Cinéa-Ciné*, que si la valeur de la réflexion s'y révèle toujours estimable et intéressante, la platitude de la rédaction ne serait plus admise aujourd'hui. » (« Réflexions sur la critique », *Cinéma 58*, n° 32, décembre 1958, p. 93). Tout laisse à penser que cette lecture de la critique des années 1920 par Bazin remonte à la période de la guerre, ou à celle de la Libération. Il évoque en tout cas cette critique dès 1949 : « [...] l'école critique française, à quelques exceptions près, a perdu entre les années 28 et 30 le système de valeurs qu'elle avait solidement élaboré. Jusqu'à la Seconde Guerre mondiale, la France a eu quelques bons critiques de cinéma, intelligents perspicaces, sincères, on ne saurait dire qu'elle a eu "une" vraie critique. » (André Bazin, « Misère, servitude et grandeur de la critique de films », *Revue internationale du cinéma*, n° 2, [1er mai] 1949, p. 20). Il est donc possible que Bazin ait lu également ce numéro des *Cahiers du mois* de 1925.

En d'autres termes, il me semble qu'au plan méthodologique on gagnerait à envisager ces discours sur une nouvelle avant-garde comme pas uniquement tournés vers l'avenir – car ils sont aussi tournés vers le passé – et comme ne dialoguant pas seulement avec les discours défendant la notion d'avant-garde – car ils dialoguent tout autant avec les discours anti-avant-gardistes.

LE DÉBAT SUR L'AVANT-GARDE 1945-1949 : ASTRUC/BAZIN *VS* DAQUIN/SADOUL

Dans l'immédiat après-guerre, la jeune critique de cinéma, comme une part de la critique littéraire, paraît prendre acte de la disparition de l'avant-garde[44]. Certes, le nº 6 de *l'Écran français* tente bien de mettre en scène une nouvelle bataille autour de cette notion, sans doute dans l'après-coup de la parution, au sein du numéro précédent, d'une critique acerbe de Jean-Paul Sartre à l'encontre de *Citizen Kane*. Le philosophe dénonce en effet « l'écriture artiste » dont ferait montre le film, et le relie en cela à « Lherbier [*sic*], Epstein, Gance, Dullac [re-*sic*], Delluc[45] ». Si l'avant-garde n'est pas nommée en tant que telle, elle est en revanche placée sur le banc des accusés. Et c'est bien à ce procès, présenté comme mettant face-à-face anciens et modernes, auquel Louis Daquin et Alexandre Astruc sont invités à participer[46] : le premier défend, contre Sartre (mais sans le nommer), les expérimentations de l'avant-garde française et d'autres films des années 1920 (notamment *Le Cuirassé Potemkine*, *La Fin de Saint-Pétersbourg*), tandis que le second les voit comme révolues et obsolètes. Cependant, au-delà de ce différend, tous deux, peut-être sans le savoir, se rejoignent autour de ce qui fut la position de Fescourt et Bouquet en faveur du film à narration, opposé au film d'avant-garde tel que le défendait Pierre Porte, entre autres. Ainsi, Astruc affirme péremptoirement que « le temps du cinéma pur

44 Voir par exemple Justin Saget, « Il n'y a plus d'avant-garde », *Combat*, 4 octobre 1946.
45 Sartre, Jean-Paul, « Quand Hollywood veut faire penser… *Citizen Kane*, film d'Orson Welles », *L'Écran français*, nº 5, 1er août 1945, p. 15.
46 « Une nouvelle querelle des anciens et des modernes ? », *L'Écran français*, nº 6, 8 août 1945, p. 6-7.

n'est plus », cinéma pur qu'il synthétise en une sorte d'archétype : « une suite anodine d'images réalisée en 1925 où viennent se mêler des cubes de verre et des plantes sous-marines ». C'est donc bien le cinéma non narratif des années 1920 qui est sa principale cible et sa défense d'un cinéma « classique » (presque au sens de Benda, c'est-à-dire non avant-gardiste), le seul à ne pas lui apparaître insupportablement vieilli, l'amène à affirmer son goût du cinéma américain :

> Presque tous les films qui ont résisté au temps sont d'ailleurs de provenance américaine. Car les Américains dans leur mépris de tout esthétisme, dans leur volonté de considérer le cinéma comme un art, dans leur recherche d'une technique invisible se sont toujours rapprochés du film à histoire : Il n'y a jamais eu d'avant-garde chez eux[47].

Quant à Daquin, sa défense d'une *certaine* avant-garde passe par une rhétorique étrangement comparable à celle de Fescourt et Bouquet, elle-même proche de celle de Benda. Il promeut en effet « des images qui provoquent des sensations qui engendrent des sentiments, des sentiments qui font naître des idées… Voilà le Cinéma ! ». De fait, Astruc et Daquin rejettent tous deux l'avant-garde telle que l'envisageait Pierre Porte. Mais c'est de cette avant-garde *hic* et *nunc* (cette avant-garde-là, avec ces principes esthétiques-là, basés sur la prééminence de la sensation) dont se défie Astruc, et non de la notion d'avant-garde. Et ce même si en février 1948, son éloge passionné d'Orson Welles s'ouvre sur une phrase qui parait montrer son peu d'intérêt pour la notion : « Il est impossible à propos d'Orson Welles de parler d'avant-garde[48] ». Deux mois plus tard, Astruc publie pourtant un article destiné à devenir célèbre, qui s'empare goulûment de la notion, dès son titre : « Naissance d'une nouvelle avant-garde : la caméra stylo », en exergue duquel il place une citation d'Orson Welles (« Ce qui m'intéresse au cinéma, c'est l'abstraction »). Comprendre un tel revirement au sujet de notion d'avant-garde nécessite de le replacer dans un contexte plus large.

47 Astruc, Alexandre, « Prisonniers du passé », *L'Écran français*, n° 6, 8 août 1945, p. 6. L'article de Louis Daquin qui lui fait face, p. 7, est intitulé « Seuls les anges ont des ailes », et c'est donc la double page qui est couronnée par le titre général suivant : « Une nouvelle querelle des anciens et des modernes ? ».

48 Astruc, Alexandre, « Notes sur Orson Welles », *la Table Ronde*, n° 2, février 1948, reproduit dans *op. cit.*, p. 319-324.

En fait, depuis la passe d'armes entre Astruc et Daquin, les joutes critiques autour de l'avant-garde se sont amplifiées, et notamment entre Sadoul et Bazin – elles se perpétueront jusqu'en 1949 et le « débat sur l'avant-garde au cinéma » à la Maison de la Pensée française[49]. Sadoul me paraît être en effet le premier à tenter de relancer sérieusement le concept dans une attaque contre les « recherches d'arrière-garde » de Cocteau pour *la Belle et la Bête*, et son esthétique qu'il voit comme périmée, à laquelle il oppose un trio, Clément, Lindtberg, Rossellini, incarnant justement une « nouvelle avant-garde », basée sur une forme de réalisme que Sadoul entend définir avec une apparente mais insistante précision : « Il me paraît indispensable de mettre l'accent sur cette tendance à *refaire* (et non pas à *enregistrer* ou même à *copier*) la réalité[50]. » On peut bien sûr voir cette précaution soulignée comme une réponse par avance aux discours considérant que le réalisme machinique est inconciliable avec une ambition artistique, mais il me semble que l'on peut tout autant l'entendre comme un écho à la définition par Benda de l'esthétique moderne, c'est-à-dire le belphégorisme honni, qui consisterait « à saisir la réalité *en dehors de toute expression, traduction ou représentation symbolique*[51] ». Ces trois cinéastes n'ambitionneraient donc pas de saisir la réalité mais plutôt de la reconstruire, en quoi ils seraient plutôt des classiques, au sens de Benda, mais un tel classicisme relèverait, en cinéma, d'une nouvelle avant-garde, à l'opposé d'une tendance formaliste dont Cocteau serait l'une des figures de proue : voilà l'hypothèse de Sadoul. La proximité de Sadoul avec le discours anti-moderne de Benda paraît plus patente encore dans la critique qu'il consacre deux semaines plus tard à *The Magnificent Ambersons* de Welles (encore !), puisqu'il dénigre « son don d'escamoter le contenu sous l'éclat formel », tandis que, dans la même revue, un an avant, Benda dénonçait la prégnance, dans les lettres, du « culte exclusif de la forme avec indifférence proclamée pour le fond[52] » : Plus encore,

49 Pour de plus amples détails sur ce débat et son contexte, voir Albera, François, *op. cit.*, p. 117-124.

50 Toutes ces citations proviennent de Sadoul, Georges, « Recherches d'arrière-garde », *Les Lettres françaises*, 22 novembre 1946, p. 8. C'est Sadoul qui souligne.

51 Benda cite ici celui qu'il désigne comme l'un des « apôtres » de « l'esthétique moderne », Tancrède de Visan, dans *L'Attitude du lyrisme contemporain* (*Belphégor*, *op. cit.*, p. 4). C'est Benda qui souligne.

52 Benda, Julien, « Critique des critiques », *Les Lettres françaises*, 24 novembre 1945, p. 3. Benda y revient sur les critiques, plutôt négatives, qui ont accueilli son nouveau livre, *La France byzantine ou Le triomphe de la littérature pure : Mallarmé, Gide, Proust, Valéry,*

Sadoul y compare le cinéaste américain à l'un des poètes symbolistes attaqués régulièrement par Benda, en l'occurrence Stéphane Mallarmé :

> De telles prouesses techniques, qui éblouissent quelques centaines de spécialistes, ont un prix. Certains vers de Mallarmé ont fini par se graver dans la mémoire de millions d'hommes, en raison de leur perfection technique. Mais tel qu'en lui-même enfin l'éternité le change ou le vierge, le vivace et le bel aujourd'hui valent autant par leur sens que par leur forme. On ne peut pas en dire autant des Amberson[53].

Les lecteurs les plus attentifs de Bazin auront reconnu dans cette citation un célèbre vers mallarméen dont l'auteur de *Qu'est-ce que le cinéma ?* tirera par la suite de multiples variations, au point que certains ont pu y voir un trait propre à l'écriture bazinienne[54]. On sait que l'appréciation de Welles fut au cœur d'une violente polémique entre Sadoul et Bazin, mais aussi entre ce dernier et Pierre Laroche[55], Bazin voyant en Welles un cinéaste d'avant-garde et même un « auteur » (à un moment où Astruc n'est pas encore sur cette ligne). Les articles se multiplient tout au long de l'année 1947, mais c'est dans un long article consacré paradoxalement à Wyler, en mars 1948, qu'apparaît, timidement d'abord, chez Bazin l'assimilation de Wyler et Welles à l'avant-garde, sous la forme du cinéma pur.

Postulant que « le cinéma pur existe tout autant en combinaison avec un drame larmoyant qu'avec les cubes colorés de Fischinger », Bazin voit dans les films de Wyler une des actualisations possibles de ce cinéma pur. La phrase où il l'énonce explicitement mérite d'être citée, en se rappelant le propos de Paulhan sur le rapport entre le cinéma et les autres arts : « Dans la mesure même où Wyler ne s'est jamais efforcé de dénaturer le caractère romanesque ou théâtral de la plupart de ses scénarios, il fait d'autant plus clairement apparaître le fait cinématographique dans

---

Alain, Giraudoux, Suarès, les Surréalistes. Essai d'une psychologie originelle du littérateur (Paris, Gallimard, 1945). Le byzantinisme est alors clairement une version réactualisée du belphégorisme.

53 Ces deux citations proviennent de Georges Sadoul, « Ombres noires », *Les Lettres françaises*, 27 décembre 1946, p. 8.

54 Voir Joubert-Laurencin, Hervé, *Le Sommeil paradoxal*, Montreuil, Éditions de l'œil, 2014, p. 153-158.

55 Pour plus détails, voir Laurent Le Forestier, Timothy Barnard et Frank Kessler, *Montage, Découpage, Mise en scène : Essays on Film Form*, Caboose/Rutgers University Press, à paraître en mars 2019.

toute sa pureté[56]. » En d'autres termes, le recours à une adaptation théâtrale, comme dans *La Vipère*, c'est-à-dire à un sujet induisant déjà en lui-même une mise en scène, amène Wyler à ne pas ajouter d'effet de mise en scène ostentatoire : « tout l'effort de la mise en scène tend à se supprimer elle-même ». Pour le dire en mêlant en un sens Bazin et Paulhan, la pureté cinématographique ne peut apparaître que lorsqu'il y a impureté – et on sait que cette notion d'impureté sera fondamentale chez Bazin. Plus précisément, le cinéma de Wyler se met ainsi en accord avec ce qu'est historiquement le cinéma : un œil enregistrant objectivement, en dehors de la subjectivité du regard humain.

L'esthétique du cinéma pur telle que l'envisage Bazin constitue en fait un refus du « subjectif » au profit de « l'objectif », et l'on a donc mal compris jusqu'à présent le sens de cette notion chez Bazin faute de l'avoir mise en relation avec l'usage qui en est fait dans les années 1920 – objectif ici renvoie moins à « objectivité » qu'il ne s'oppose au subjectif tel que le concevait quelqu'un comme Porte : cet objectif est en fait le non-subjectif. Le cinéma, selon Bazin, doit donner à voir, à suggérer et doit cantonner le spectateur à sa position d'observateur… ce qui réunirait des cinéastes comme Rossellini et Welles, comme Bazin s'évertuera ensuite à le montrer dans d'autres textes, mais aussi Cocteau :

> Quel que soit le point de vue que la caméra prend de l'action, il ne cesse d'être celui d'un témoin, c'est-à-dire d'un spectateur. Si l'on veut, les Parents terribles sont le contraire de la caméra pseudo-subjective de Lady in the Lake. Dans tout film, en effet, le metteur en scène nous traite tantôt comme un spectateur, tantôt comme un des personnages du drame, il nous demande tantôt de regarder, tantôt de participer […]. Or l'un des caractères essentiels du théâtre n'est-il pas précisément que nous ne saurions y être autre chose que spectateur[57] ?

Ce faisant, Bazin repart donc à la fois de Porte, semble-t-il, mais aussi de Sadoul, retournant ses choix et donnant une assise théorique plus forte que chez ce dernier à la reconceptualisation de l'avant-garde, d'autant que Bazin associe stratégiquement un cinéaste discuté (Welles) à un autre unanimement admiré (Rossellini).

---

56 Ces trois citations, ainsi que la suivante, sont tirées de Bazin, André, « William Wyler, ou le janséniste de la mise en scène », *La Revue du cinéma*, n° 11, mars 1948, p. 53-63.

57 Bazin, André, « *Les Parents terribles* : du théâtre transformé par la magie blanche et noire en pur cinéma », *L'Écran français*, n° 180, 7 décembre 1948, n. p.

Une fois ces jalons posés avec l'article sur Wyler, qui évoque déjà Welles, Bazin reçoit donc l'appui d'Astruc… qui envisage cette bataille critique justement sur un mode très paulhanien. En effet, dans l'article publié juste après sa « caméra-stylo », décrivant la singularité technique de Welles, qu'il associe finalement à l'avant-garde, Astruc écrit :

> Je sais bien qu'il n'y a rien de plus suspect dans le domaine du cinéma que de parler de technique. Un phénomène analogue à celui que Jean Paulhan a dénoncé dans le monde des Lettres sous le nom de Terreur est observable ici, fait d'une hantise de l'innocence et d'une croyance romantique et naïve à une sorte de primat de l'intuition sur les moyens du cinéma[58].

La volonté d'Astruc paraît assez claire : ne pas associer Welles à une sorte de réalisme dont on feindrait de croire qu'il relèverait de l'enregistrement, et donc de la terreur ou du belphégorisme, mais montrer, à la suite de Bazin, que cette forme d'« objectivité » est en fait une construction recourant à tout un arsenal technique : s'il y a belphégorisme, alors c'est un belphégorisme rhétoricien. Car cette esthétique « objective », en ce qu'elle mime un enregistrement, n'est pas un adieu au langage, si je puis dire, elle instaure un autre langage, un langage proprement cinématographique – en quoi elle est pleinement d'avant-garde.

En effet, ce que vont s'attacher à montrer Astruc et Bazin, c'est que Wyler, Rossellini et Welles substituent au cinéma du montage un cinéma du découpage, donc à un cinéma jouant sur les points de vue (et notamment subjectifs), un cinéma préférant le plus souvent un seul point de vue, extérieur à la scène. Et Welles serait celui poussant le plus loin ce principe, par l'invention d'une nouvelle figure du langage cinématographique, qui nécessite d'ailleurs, pour être désignée, la création d'un nouveau syntagme, oxymorique : le plan-séquence, notion inventée par Bazin pour singulariser Welles.

Ainsi, s'établit autour de la notion d'avant-garde un nouveau système, diamétralement opposé à celui de Porte :

– en effet, cette nouvelle avant-garde s'adosse à une autre vision de l'invention et de l'évolution du cinéma : le cinéma est et doit rester une machine à enregistrer, même s'il peut s'agir de singer l'enregistrement ;

58 Astruc, Alexandre, « l'Avenir du cinéma », *la Nef*, n° 48, novembre 1948, reproduit dans *op. cit.*, p. 333-334.

- partant de là, il n'y a pas lieu de développer une esthétique du montage, comme le prônait Porte et d'autres, mais à l'inverse une esthétique du découpage ;
- comme cette esthétique ne rompt pas avec le langage et avec ce qui caractérise le cinéma dominant (son rapport au récit) mais le renouvelle, elle peut et doit demeurer au sein de l'industrie – *cette avant-garde doit rester industrielle*, ce qui peut par ailleurs lui permettre de toucher le public.

On a vu que cette question du public était centrale dans les discours autour de l'avant-garde, de Dulac à Sadoul, alors que, de son côté, Porte expliquait le divorce entre l'avant-garde et le public par la responsabilité des directeurs de salle. Afin de résoudre ce possible problème d'une avant-garde ne rencontrant pas le public, Bazin met alors en place une véritable pédagogie de l'avant-garde, allant jusqu'à reproduire trois fois le même article à ce sujet (pratique inédite chez lui)[59] et contribuant à créer une manifestation publique en faveur de cette avant-garde. Ce sera le festival du film maudit de Biarritz, durant l'été 1949, à l'occasion duquel il publie pour la première fois ce fameux article. Cette manifestation mettra au tout premier plan la défense de Welles en cinéaste d'avant-garde : il est en effet le seul metteur en scène dont les propos occupent une page dans la plaquette de présentation… Ainsi Bazin et Astruc auront achevé de retourner la notion d'avant-garde, en prenant soin de faire entrer cette conception de la modernité cinématographique dans le cadre contraignant de la critique de cette modernité par certains critiques littéraires. Désormais, et contre toute attente, Belphégor est devenu rhétoricien.

Laurent Le Forestier
Université de Lausanne

59 « L'avant-garde nouvelle », *Plaquette de présentation du Festival du Film Maudit de Biarritz 29 juillet – 5 août 1949* ; « Nous autres chevaliers de l'avant-garde », *Combat*, n° 1565, 16 juillet 1949 ; « L'avant-garde nouvelle » *Cahiers du cinéma*, n° 10, mars 1952.

ESTHÉTIQUE DE LA VIOLENCE ET HYBRIDITÉ DU GENRE DANS *UN PROPHÈTE* DE JACQUES AUDIARD

Le film *Un Prophète* de Jacques Audiard sorti en 2009 instaure un équilibre entre film de genre et cinéma d'art à travers l'esthétique de la violence présente dans certaines scènes. Allier la violence à une recherche de l'esthétisme ou à une vision artistique est loin d'être un concept inexistant dans le cinéma français, mais on ne peut pas non plus parler de tradition. L'industrie du cinéma français reste souvent divisée entre films de genre à succès au box-office et films d'art ou d'auteurs prisés uniquement en milieux critiques et festivaliers. L'intérêt du film d'Audiard est de créer une passerelle entre les deux rives, en puisant sa spécificité dans un environnement carcéral où la brutalité est intrinsèque, pour ensuite la doubler d'un parti pris, non seulement esthétique mais aussi psychologique, plus profond.

Après avoir agressé un policier, Malik, jeune arabe illettré, se retrouve en prison, où le leader du gang corse, César Luciani, profite de sa faiblesse et de son isolation pour mettre à exécution son projet : tuer Reyeb qui s'apprête à témoigner contre les Corses. Bouc-émissaire idéal, victime du « tu le tues, ou c'est moi qui te tue », Malik se voit forcé d'obéir. Après son meurtre extrêmement graphique à coups de lame de rasoir, Reyeb n'a de cesse de revenir hanter le jeune homme dans un total de sept scènes (huit si on compte une scène coupée).

Si le sujet du film s'inscrit dans le réalisme de l'univers carcéral, les scènes du fantôme de Reyeb sont souvent qualifiées par les critiques et journalistes de « surréalistes » ou « oniriques », mais rarement suivies de justifications. Après avoir réfléchi dans un premier temps à la nature de ces scènes, je m'attarderai ensuite sur leur contribution au développement du personnage principal à la manière d'un bildungsroman. Le meurtre de Reyeb fonctionne comme un tremplin pour Malik qui, entre culpabilité et gratitude, parviendra à jouer sur deux tableaux entre les Corses et les Arabes afin de se forger sa propre identité. Cette quête de liberté alliée à l'omniprésence de Reyeb sera aussi l'occasion de s'interroger sur l'identité même du prophète. Sans pour autant y voir l'unique origine du succès du film, j'avancerai enfin que la dimension intérieure et spirituelle amenée par le personnage de Reyeb à un film autrement basé sur l'extériorité et la brutalité physique offrent une double perspective à une œuvre qui a autant su convaincre le grand public que les critiques et jurés des festivals, une chose non négligeable dans l'industrie d'aujourd'hui.

LE CHOIX DU SURNATUREL

"Realism could show contemporary social life at its immediacy and topicality, particularly the urban environment and the hardships of working people" (« Le réalisme pourrait montrer la vie sociale dans son immédiateté et sa factualité, l'environnement urbain et les difficultés des travailleurs ») : cette définition du réalisme dans le *French Cinema Book* traduit l'influence de l'environnement dans le développement d'un personnage, où espace et identité s'entremêlent[1]. Dans son livre *Social Realism*, David Forrest explique que *"the words 'gritty' and 'raw' tend to embrace both the thematic elements of the films – which often confront the troublesome relationship between deprived environmental conditions and human psychology*[2]*"* (« les mots "granuleux" et "bruts" tendent à caractériser les éléments thématiques des films – qui souvent figurent la relation problématique entre les conditions environnementales défavorables et la psychologie humaine »). Les films réalistes exposent le contexte historique et/ou politique d'une époque, comme dans le cas *d'Un Prophète* où la prison fonctionne comme un microcosme de la société contemporaine française, avec sa violence, sa corruption, ses minorités et son communautarisme. Dans certains entretiens, notamment avec Ginette Vincendeau, se défendant pourtant d'avoir voulu faire un film documentaire sur la réalité des prisons ou des

1 Temple, Michael, Witt, Michael, *The French cinema book* (London : BFI Pub, 2004), p. 173.

2 Forrest, David, *Social Realism : Art, Nationhood and Politics* ;, Newcastle-upon-Tyne : Cambridge Scholars Publishing, 2013, p. 3.

minorités en France, Jacques Audiard ne cache pas son désir de réalisme qui se ressent ici à travers son choix d'acteurs non professionnels, de vrais prisonniers, de reconstruction du décor ou encore de sons préenregistrés, sans oublier la diversité des communautés ethniques représentées[3]. Ce réalisme se voit pourtant interrompu par les séquences d'apparitions de Reyeb, des interruptions d'autant plus significatives qu'elles prennent place presque toutes les vingt minutes.

On peut d'abord s'interroger sur la nature même de ces multiples scènes avec le fantôme de Reyeb. Ce dernier réapparait pour la première fois une flamme au bout du doigt, telle une bougie, en chantant « joyeux anniversaire » en arabe pour célébrer le premier anniversaire de sa mort. C'est la seule scène où Malik est dans son lit ; il est éveillé dans les six scènes d'apparition qui suivront. Tour à tour, on voit Reyeb la gorge tranchée qui laisse échapper de la fumée, ou le haut du corps en feu, prédisant ce qui va se passer dans la cour de la prison, ou encore en pleine récitation du Coran.

Une première approche serait le fantastique. Todorov définit le fantastique comme la présence d'un élément surnaturel qui n'obéit pas aux lois du quotidien. Le fantastique est ce moment d'hésitation où le personnage ne sait pas si ce qu'il voit est réel ou créé de toutes pièces par son imagination[4]. Si aucune explication rationnelle ne peut être donnée, alors on bascule dans le merveilleux, où l'entité surnaturelle a son propre univers. La présence de Reyeb est surnaturelle puisque le spectateur a assisté à sa mort, d'autant plus vérifiée qu'elle est explicitement montrée dans une scène des plus sanglantes. Cependant, Reyeb n'appartient pas au merveilleux, car l'univers où il évolue est bien réel, celui de la cellule de Malik dont il ne sort pas. C'est plutôt le spectateur qui hésite quant à la nature de Reyeb ; Malik, lui, ne semble pas se poser la question et prend sa présence pour acquis.

Étant donné la première apparition dans le cadre d'un rêve de Malik, on pourrait aussi se pencher sur la possible représentation surréaliste, qualification répandue dans les articles publiés sur le film. Dans *The French Cinema Book*, Ian Christie parle du surréalisme comme l'insertion du rêve dans un film, accompagné d'effets stylistiques, pour dévoiler des sensations et états d'esprit subjectifs, tels que des souvenirs, des rêves, ou

3 Vincendeau, Ginette, "Within a Closed World", *Sight & Sound* 19, n° 11 2009, p. 20.
4 Todorov, Tzvetan, *Introduction à la littérature fantastique*, Paris : Seuil, 2013, p. 29.

traiter de l'imagination en général[5]. Cependant, il ajoute que la définition des surréalistes veut que *"from a surrealist perspective, dream is real, and cinema should not seek to muffle its subversive impact by introducing stylistic dream effects*[6]*"* (« D'un point de vue surréaliste, le rêve est réel, et le cinéma ne doit pas chercher à étouffer son impact subversif en introduisant des marqueurs stylistiques du rêve »). Dans son livre *Surrealism and Cinema*, Richardson explique en effet que le cinéma et l'acte de visionnage en lui-même sont surréalistes : *"It lies in its power to disclose what lies dormant within the collective consciousness, making manifest what is latent without destroying the mystery or its latency*[7]*"* (« Il est de son pouvoir de révéler ce qui sommeille dans la conscience collective, en rendant manifeste ce qui est latent sans détruire le mystère ou sa latence »). Si les apparitions de Reyeb fonctionnent comme un reflet de la conscience de Malik et qu'elles ne sont pas inscrites dans une temporalité fixe – autre marque du surréalisme –, elles restent quand même très éloignées du surréalisme pur où la spontanéité et l'illogisme sont d'habitude privilégiés. Elles restent ancrées dans la réalité quotidienne de Malik au sein de la prison, et se rattachent presque toutes au meurtre initial de Reyeb. La qualification surréaliste se voit souvent à tort attribuée à tout ce qui parait étrange ou sorti de l'ordinaire, fruit d'une mauvaise compréhension du mouvement surréaliste originel.

Si Reyeb a pu être qualifié d'« onirique » dans certaines critiques journalistiques du film, j'avance qu'il est bien plus incarné physiquement qu'un simple rêve. Agissant plutôt comme une hallucination récurrente, le spectateur est témoin d'un retour de la victime à la fois coupable et rassurant. Il faut garder en tête que ces apparitions découlent d'un acte de violence particulièrement extrême, un tranchage de gorge dans un bain de sang. Par conséquent, si les scènes de Reyeb font momentanément sortir de la réalité brutale de la prison, elles gardent quand même une identité imposante, voire menaçante au premier abord, en témoignent sa gorge qui fume ou son corps en feu. Selon Audiard, « il nous permet de passer à un niveau de fantaisie qui nous aide à libérer le récit[8] ». Il est évident que la présence de Reyeb permet de donner une dimension

---

5 Christie, Ian, "Forms : The Shifting Boundaries of Art and Industry", *The French cinema book*, p. 62.

6 *Ibid.*

7 Richardson, Michael, *Surrealism and Cinema*, Bloomsbury Publishing, 2006, p. 1.

8 Entretien de Jacques Audiard sur Allociné. http://www.allocine.fr/film/fichefilm-110268/secrets-tournage/.

intérieure au personnage de Malik peu bavard quant à ses émotions. Audiard avance également l'évocation du soufisme et des derviches, à travers le personnage de Reyeb, pour « amener une autre dimension scénaristique[9] ». Le soufisme représente la dimension spirituelle de l'Islam, et les derviches sont une confrérie mystique musulmane prônant la pauvreté matérielle. Ces associations sont visibles dans deux scènes en particulier : celle où Reyeb récite un passage du Coran et demande à Malik de réciter après lui, et celle où il tourne sur lui-même les bras en l'air en disant « Allah[10] ».

Cette association à la spiritualité amène alors la question du titre du film et de l'identité du prophète. S'agit-il de Malik ou de Reyeb ? Lors de sa troisième apparition, Reyeb prédit les actions des prisonniers dans la cour, tandis que Malik en vérifie la véracité en regardant par la fenêtre. Peu après, Malik semble avoir des visions de son futur voyage à Marseille où il est censé parler affaire avec Brahim Lattrache pour le compte de César. Enfin, les visions entremêlant paysages et cerfs sur la route se révèlent à leur tour bien réelles quand, une fois à Marseille, la voiture où se trouve Malik manque de percuter un cerf. Quelques secondes avant la collision, Malik prévient le conducteur : « Attention, il va y avoir des animaux ». Ce qui est intéressant ici, c'est ce qui déclenche cette prédiction. Au moment des faits, Brahim Lattrache pointait son pistolet sur la tempe de Malik en lui demandant ce qui était arrivé à son ami Reyeb. C'est bien la mention de Reyeb qui provoque la prédiction de Malik. Quand, après l'accident, Brahim dit à Malik « T'es un prophète ou quoi ? », il serait facile de croire qu'en effet le jeune homme est le prophète du titre du film, mais c'est pourtant Reyeb qui semble au cœur de l'action à chaque fois qu'une vision ou prédiction a lieu. De plus, un prophète n'est pas seulement celui qui prédit, mais aussi celui qui porte la parole divine. Or, encore une fois, les scènes où Reyeb récite le Coran ou tourne sur lui-même indiqueraient plutôt que c'est lui le prophète à la base, renforçant ainsi son importance dans le film.

Néanmoins, la façon dont Reyeb est filmé et cadré dans la plupart de ses apparitions tend à brouiller les pistes. En effet, dans de nombreux plans, Reyeb est filmé symétriquement ou parallèlement à Malik : soit il est assis en face de lui, soit il se tient derrière lui. En plus de

---

9 *Ibid.*

10 Les derviches tourneurs adoptent précisément cette position lors de leur danse.

la position, les deux hommes sont toujours filmés au même niveau et affichent une coupe de cheveux et un t-shirt similaires. À plusieurs reprises, ils sont même interchangeables : par exemple quand Malik fume, la fumée s'échappe de la gorge de Reyeb, ou, plus évident encore, lors de la scène où Reyeb tourne sur lui-même les mains en l'air, les deux hommes échangent leur place inopinément. Plus qu'une simple hallucination qui le hante, Reyeb ne serait-il pas le miroir de Malik ? L'effet de dédoublement ressenti à chaque apparition de Reyeb à l'écran donne l'impression que les deux hommes ne sont qu'une seule et même personne. Il ne faut pas non plus oublier qu'avant de mourir Reyeb a donné des conseils utiles à Malik sur l'éducation et la lecture, des conseils précieux quand on sait que c'est l'apprentissage de la lecture, puis de la langue corse qui permettent à Malik d'anéantir le gang de César sans éveiller de soupçon[11]. En plus d'un capital monétaire, le jeune homme accumule un capital culturel et social, lui permettant ainsi d'accéder à une position d'autorité à plusieurs niveaux au sein de la prison[12]. Certes, Malik peut se sentir coupable d'avoir tué la seule personne qui semblait vouloir l'aider (malgré les avances sexuelles de Reyeb), mais la gratitude peut tout aussi bien être une caractéristique de ces apparitions incessantes. Malik continue de voir Reyeb dans sa cellule comme si ce dernier lui servait de guide, de présence rassurante et spirituelle malgré la violence ambiante.

De la même façon que Reyeb est au service du divin en tant que guide spirituel, Malik est au service de César pendant la majorité du film, avant de retourner la situation à son avantage et d'avoir la communauté musulmane à son service à la fin. L'idée que chaque personnage est en réalité au service d'un autre se confirme quand on sait qu'Audiard voulait initialement trouver un titre de film en référence à la chanson de Bob Dylan *You Gotta Serve Somebody*[13]. D'ailleurs, à la fin du film, quand Malik détruit le clan corse en révélant les combines de César et prend à son tour le pouvoir au sein de la prison, le fantôme de Reyeb n'apparait plus. En effet, plus Malik prend de l'assurance, moins Reyeb apparait ;

---

11 On verra aussi ici le parallèle avec le prophète Mohammed qui ne savait pas lire quand l'ange Gabriel lui est apparu dans la grotte.

12 Oscherwitz, Dayna, "Monnet changes everything ? Capitalism, currency and crisis in Jacques Becker's *Touchez pas au grisbi* (1954) and Jacques Audiard's *Un Prophète* (2009)", Studies in French Cinema, vol. 15, n° 3 2015, p. 269.

13 Vincendeau, Ginette, "Within a Closed World", *Sight & Sound* 19, n° 11, 2009.

les séquences deviennent plus rapides, les plans plus précis, rendant ainsi l'atmosphère surnaturelle moins évidente. Quand Malik lui demande « Tu es là ? » comme il le faisait avant, il n'obtient aucune réponse. On observe également un renversement de situation où César se retrouve seul dans la cour de la prison, tout comme Malik l'était au début du film. Maintenant que l'élève a surpassé le maitre, il n'a plus besoin de guide, donc Reyeb finit par disparaitre définitivement. Si Malik était évidemment l'élève de César, il était peut-être aussi de manière plus implicite l'élève de Reyeb, un disciple aux méthodes rusées, loin des leçons de violence de César.

Grâce au personnage de Reyeb, le film sort des codes usuels du film de prison ou du film de gangster pour momentanément entrer dans le surnaturel et rompre avec la réalité sordide de la prison, faisant ainsi de Malik un nouveau type de gangster plus avisé linguistiquement et spirituellement. Autant avec sa gorge tranchée qu'avec sa combustion, Reyeb garde la marque de l'acte de violence initial comme un rappel : la violence est bel et bien au centre du film, mais elle peut se décliner sous différentes formes, de manière explicite en suivant les méthodes de César, ou de manière plus subtile. C'est cette subtilité propre aux apparitions de Reyeb, autant dans sa valeur psychologique qu'esthétique, qui confère à *Un Prophète* la possibilité de jouer sur deux tableaux.

UNE PROPOSITION HYBRIDE

L'hybridité d'*Un Prophète* entre cinéma d'art et pur film de genre répondant à tous les codes du film de prison ou de gangster s'accompagne d'autres questions : comment expliquer le double succès de ce film en particulier, célébré en festivals, primé à Cannes, mais qui cumule aussi 1,3 millions d'entrées au box-office français[14] ? Que faire de l'identité de Jacques Audiard en tant qu'auteur qui ne veut pas vraiment l'être ? Autant de questions qui font la particularité d'*Un Prophète* et auxquelles cette seconde partie tentera de répondre.

Steve Neale donne une définition généraliste du film d'art :

14 Données recueillies sur jpbox-office.com.

> *Art films tend to be marked by a stress on visual style (an engagement of the look in terms of a marked individual point of view rather than in terms of institutionalized spectacle), by a suppression of action in the Hollywood sense, by a consequent stress on character rather than plot and by an interiorization of dramatic conflict*[15].
>
> « Les films d'art ont tendance à porter une attention particulière au style visuel (un privilege accordé à la forme comme signature d'un point de vue singulier plutôt que comme la conformité à un spectacle institutionnalisé), par la suppression de l'action au sens hollywoodien, pr un intérêt marqué pour le personage plutôt que pour l'intrigue, et par une forme d'intériorisation du drame. »

Les traits principaux du film d'art, à savoir son esthétique visuelle recherchée, sa lenteur, sa profondeur des personnages et son attachement à la perception, s'opposent au film de genre au montage souvent plus rapide, et de manière générale beaucoup plus codé. Il est pourtant impossible de dire que ces caractéristiques se trouvent uniquement et dans tous les films d'art, de même manière que chaque film d'art penche lui-même vers un genre. Dans leur livre *Global Art Cinema*, Galt et Schoonover s'entendent à dire que, si le film d'art est difficile à définir en lui-même, il n'est du moins ni expérimental ni grand public[16]. Bien que la frontière entre film de genre et film d'art soit souvent floue au niveau de la réalisation, la distinction devient beaucoup plus évidente dans l'industrie. Si l'industrie du cinéma français continue de financer et produire aussi bien des films de genre que des films d'art ou d'auteur, les deux sont pourtant distribués et appréciés de manière relativement différente.

Le box-office français parle de lui-même : les dix plus gros succès français de tous les temps sont tous des comédies (les quinze plus gros succès si on se concentre sur ces dix dernières années). *Bienvenue chez les Ch'tis* et *Intouchables* arrivent bien sûr en tête[17]. Grâce leur succès souvent assuré, de nombreuses comédies profitent d'un plus grand nombre de copies qui amènent à leur tour un plus large public. Les autres films de genre français, type action ou science-fiction, ne s'en sortent pas mal non plus, même si les comédies populaires dominent. Les films d'art ou

15 As cited in Forrest, David, *Social Realism : Art, Nationhood and Politics*, Newcastle-upon-Tyne : Cambridge Scholars Publishing, 2013, p. 4.

16 Galt, Rosalind, Schoonover, Karl, *Global Art Cinema : New Theories and Histories*, Oxford University Press, 2010, p. 6.

17 Données recueillies sur jpbox-office.com, leparisien.fr, et cnc.fr.

d'auteur, quant à eux, circulent en festivals mais peinent davantage à trouver leur public, se voyant déjà limités par un plus petit nombre de copies. Le cinéma d'art français a beau être célébré par les critiques et les spécialistes, notamment dans son alternative aux grosses productions hollywoodiennes – la fameuse exception culturelle française dont on ne sait parfois que faire – les films de genre ont toujours rencontré un succès plus conséquent auprès du grand public[18]. À titre d'exemple, les films primés au Festival de Cannes ne connaissent pas tous un succès assuré à leur sortie en salles. La question se pose même de savoir si la plupart ne font pas des flops, peinant à atteindre le niveau rentable par rapport à leur budget[19]. Une étude statistique de 2018 atteste que seulement 22 % des personnes interrogées sont susceptibles de regarder un film récompensé au Festival de Cannes, tandis que 39 % répondent clairement non[20].

Si la plupart des films de festivals ont un rendement limité, *Un Prophète* a su tirer son épingle du jeu en conquérant à la fois les critiques et le grand public. Audiard explique ainsi la genèse de son film : « C'était la proposition d'un film de genre contemporain, dans un décor peu ou pas traité, la prison, et emmené par un héros vraiment nouveau dans le cinéma[21]. » *Un Prophète* s'impose à la fois comme un film de prison où le but n'est pas l'évasion mais bel et bien la survie et l'intégration, mais aussi comme un film de gangster *made in* France, tout en jouant sur le tableau du surnaturel et du bildungsroman[22]. Quant au réalisateur, Audiard se qualifie lui-même de « transgenre » ou "*in-betweener*", partagé entre film de genre et vision artistique[23]. Audiard oscille en effet entre deux identités, reconnu comme auteur par excellence en France et à l'international, mais restant très proche des codes de genre.

La politique des auteurs lancée par Truffaut dans les *Cahiers du Cinéma* dans les années 50 s'intéressait au corpus entier du réalisateur, succès

18 Vincendeau, Ginette, "Within a Closed World," *Sight & Sound* 19, no. 11, November 2009, 20.

19 Plus de la moitié des films primés peinent à atteindre le million d'entrées. Les films français et américains s'en sortent évidemment le mieux. Données recueillies sur jpbox-office.com.

20 Étude réalisée par Statista dont les résultats sont disponibles sur fr.statista.com/themes/3557/le-festival-de-cannes/.

21 Entretien Allociné.

22 En opposition à des films de prison américains comme *La Grande Évasion* ou *L'Évadé d'Alcatraz*, ou au film français *Le Trou*.

23 Vincendeau, Ginette, "Between the Walls", *Sight & Sound* 20, n° 2 (février 2010) : p. 16-18.

et échecs inclus, avec une attention particulière à la mise en scène[24]. Forme de résistance à Hollywood, très politique dans les premiers temps et beaucoup moins maintenant, l'auteurisme s'oppose aux films à gros budgets, en étant souvent financé par des fonds privés et avec une meilleure circulation en festivals. On ne peut du reste nier que les réalisateurs sélectionnés en festivals sont souvent les mêmes (on pense par exemple aux frères Dardenne, à Michael Haneke ou à Ken Loach), les nominations et récompenses devenant au fil du temps un signe de prestige. Néanmoins, la mise en avant encore et toujours des mêmes réalisateurs et l'élargissement du terme « auteur » aux indépendants tout comme aux grands noms qui produisent en masse comme Spielberg ou Besson, ouvrent la porte à une "*auteurification without limit and the impulse to praise*[25]". L'identité « auteur » a perdu son caractère politique pour aujourd'hui s'appliquer à un plus large éventail de réalisateurs, empêchant une définition claire et précise, sans parler de la difficulté ajoutée par les nouveaux médias et technologies qui font de tous des « auteurs » de nos jours.

Si l'idée de rechercher des particularités de mise-en-scène, de styles et de thématiques pour reconnaitre un auteur est un peu réductrice, elle s'applique quand même assez bien au cas d'Audiard. Fils du réalisateur Michel Audiard aux côtés duquel il a travaillé en tant que scénariste, donc auteur au sens le plus littéral du terme, Jacques Audiard a su développer un style reconnaissable dans sa filmographie : le genre du film d'action ou thriller, au réalisme brut, dans une cinématographie souvent sombre, avec un héros (ou plutôt anti-héros) toujours masculin, et cherchant souvent à s'extraire d'une situation défavorable et d'un rapport de filiation conflictuel. Si ces caractéristiques s'appliquent à *Un Prophète* et au personnage de Malik, elles s'appliquent aussi à Vincent Cassel et *Sur mes lèvres* (2001), Romain Duris et *De battre mon cœur s'est arrêté* (2005), ou encore Antonythasan Jesuthasan et *Dheepan* (2015). Le réalisateur est un grand habitué du Festival de Cannes, sélectionné quatre fois en compétition officielle avec seulement sept films à son actif, récompensé trois fois, y compris d'une Palme d'Or pour *Dheepan* et d'un Prix du Jury pour *Un*

24 Pettersen, David in « Écrans 2016 – 2, n° 6 Politique des auteurs / *Auteur theory*. Lectures contemporaines », Paris, Classiques Garnier, 9 novembre 2017, p. 11.

25 De Baecque, Antoine in « Écrans 2016 – 2, n° 6 Politique des auteurs / *Auteur theory*. Lectures contemporaines », p. 34.

Prophète. Néanmoins, encore une fois la preuve que le milieu festivalier ne reflète pas l'appréciation générale, la Palme d'Or de *Dheepan* a non seulement surpris les critiques, mais le film a fait moitié moins d'entrées qu'*Un Prophète* au box-office ; en cause peut-être la langue tamoule, la représentation très peu flatteuse des cités, ou l'exagération de la violence qui, contrairement à *Un Prophète*, ne trouve pas sa justification dans le film.

Le choix de cet essai de concentrer l'attention sur le personnage de Reyeb s'explique par le fait que ce dernier n'est que rarement développé dans les écrits sur le film, se faisant souvent voler la vedette par Malik. Recentrer la discussion autour du fantôme de Reyeb permet de justifier son importance d'un point de vue scénaristique pour la construction identitaire de Malik et la compréhension même du titre *Un Prophète*, mais aussi d'un point de vue esthétique, avec entre autres sa dimension surnaturelle, ses rappels subtils de la violence initiale (la plaie à la gorge, les flammes, etc.) ou son cadrage. Si le succès considérable du film ne s'appuie bien évidemment pas seulement sur la présence de Reyeb, l'ouverture plus esthétique et spirituelle que Reyeb provoque contribue fortement au caractère hybride du film, d'un côté un film de genre codé, de l'autre un film d'art ou d'auteur étant donné le statut de Jacques Audiard. Succès domestique et international, en festivals comme en salles, la petite consécration d'*Un Prophète* est non négligeable quand on connait l'amour du public français pour la comédie, la réception populaire minime des films primés à Cannes, et la distribution en salles souvent difficile des films de genre français en dehors de l'Europe[26].

Emmanuelle BEN HADJ
University of Pittsburgh

---

26 *Un Prophète* a cumulé presque 18 millions de dollars de bénéfices au total, quand *Dheepan* en a à peine fait cinq millions. Chiffres disponibles sur jpbox-office.com. Si les productions Besson et EuropaCorp s'exportent toujours bien, les autres films de genre ne bénéficient pas toujours du même rayonnement international, du moins en salles (les ventes DVD ou VOD se portant mieux).

FEMALE-DRIVEN GENRE FESTIVALS AND THE "RE-DEFINITION" OF HORROR

INTRODUCTION

There is a tendency, in film criticism, to call horror by another name. Of great chagrin to genre scholars and fans is the frequent attempt of critics to "elevate" the horror genre by excluding certain films from the canon[1]; in a recent widely-circulated piece, for instance, the critic Lindsey Bahr claims that director Ari Aster does not consider his 2018 summer hit *Hereditary* "a horror film at all" but rather "a family tragedy," despite Aster's assertions to the film's place within the horror genre[2]. *Hereditary* is among many other titles named something—anything—else before a horror film, including Jordan Peele's *Get Out* (2017) and Guillermo del Toro's *The Shape of Water* (2017). "Horror" retains cultural baggage that leads many to eschew the term when films tackle serious issues, provide social commentary, or experiment formally, even as many—from scholars such as Isabel Pinedo and Adam Lowenstein[3] to myriad contemporary journalists

1 The term "elevated" comes from a widely disparaged tweet from actor Jamie Lee-Hill, who used "elevated horror" in a hashtag to claim that the short film *A Still Sunrise* (2017), in which he stars, is not a horror film but rather "an intelligent drama with symbolism." Barber, Nicholas. "Is Horror the Most Disrespected Genre?" *BBC Culture*, 14 June 2018. Jason Zinoman also points out that now-classic horror films, such as *Rosemary's Baby* (1968) were long excluded from or "elevated" out of the horror canon by critics.

2 Bahr, Lindsey. "Inside 'Hereditary,' The Scariest Movie of the Summer." *US News & World Report*, 5 June 2018.

3 Lowenstein, Adam, *Shocking Representation: Historical Trauma, National Cinema, and the Modern Horror Film*, New York, Columbia University Press, 2005; Pinedo, Isabel, *Recreational Terror: Women and the Pleasures of Horror Film Viewing*, Albany, State University of New York, 1997.

and bloggers[4]—extol the longstanding potential for horror to address or confront deep social concerns, legitimize fears, and soothe anxieties. As Jason Zinoman, one of the few defenders of the genre among film critics, writes about the acclaimed but ambiguously defined *Get Out*, the film joins "a long history of movies [too] good to be considered horror," a genre designation that, he asserts, people often assume is "shorthand for cheap, unreal, bad" and carries the implication that horror is incapable of aesthetic innovation and political commentary[5].

The critical language remains problematic even when the word "horror" is retained: *The Guardian's* Graeme Virtue describes *Get Out* and John Krasinski's *A Quiet Place* (2018) "smart horror[6]"—films distinguishable, thematically and formally, from "some quick-and-dirty exploitation movie." Virtue's colleague Steve Rose similarly identifies a separate horror category, "post-horror[7]", to describe films that infuse horror tropes with stylistic experimentation such as David Lowery's *A Ghost Story* (2017), Olivier Assayas' *Personal Shopper* (2016), and Robert Eggers' *The Witch* (2015). The problem stems from the longstanding distance between the art-house niche and the mainstream, where "genre"—with its apparent formulaic tendencies and tired tropes—would seem to belong. In one sense, the horror genre does lean toward derivative and familiar iconography (the haunted house, the stalker, bloody deaths, and general evil), and criticism that seeks to "elevate" the horror genre by dubbing it "smart" or "post-horror" clearly sets innovative horror titles apart from its schlocky cousins. But genre and the art-house have never truly been separate: as Joan Hawkins

---

4 Among the first scholars to make a case for the horror film's feminist potential was Lucy Fischer in her seminal 1992 *Cinema Journal* article "Birth Traumas: Parturition and Horror in *Rosemary's Baby*," Vol. 31, No. 3, Spring 1992, p. 3-18. For more recent blogging on the subject, see Jackson, Gita, "Horror Movies Are One of the Few Places Women Are Told Their Fears Are Real," *Polygon*, Vox Media, 29 April 2015; Moss, Abby, "Why Some Anxious People Find Comfort in Horror Movies," *Broadly.*, 8 November 2017; Fletcher, Rosie, "My Mental Health: How Horror Movies Helped Me Process Grief," *Digital Spy*, 15 May 2018; McGrew, Shannon, "How Horror Helped Me Deal With Depression." *Rue-Morgue Magazine Blog*, 6 June 2018.

5 Zinoman, Jason, "Why Are We Ashamed to Call 'Get Out' and 'The Shape of Water' Horror Films?" *The New York Times*, 18 January 2018.

6 Virtue, Graeme, "Why Smart Horror is Putting the Fear Into Sequel-Addicted Hollywood," *The Guardian*, 12 April 2018.

7 Rose, Steve, "How Post-Horror Movies Are Taking Over Cinema." *The Guardian,* 6 July 2017.

and Jeffrey Sconce have argued[8], these seemingly distinct categories share audiences, visual themes, and propensity for thematic or tonal ambiguity. It would seem, therefore, that critics such as Bahr, Virtue, and Rose are baffled when so-called "horror films" breach the genre's perceived "quick-and-dirty exploitation" boundaries by engaging formal experimentation and social commentary.

There is one subsection of filmmakers and fans that is actively making strides toward reversing the tendency to "elevate" horror films out of the genre: the horror film festival circuit. In particular, the films that play at women-centered horror film festivals pose a staunch challenge to the idea that horror is a niche, aesthetically redundant, or formulaic genre. Women-centered horror film festivals share with general horror festivals the tendency to screen a wide variety of films that blend horror with other genres and modes, but the genre diversity of women-centered festivals is greater due to the smaller number of submissions they will consider (some will accept films written or produced but not directed by women, but most accept only female-directed films).

This paper will consider the case of the February 2018 iteration of one such event, the Final Girls Berlin Film Festival, as a microcosm of the women-centered horror film festival scene worldwide. The third edition of the Final Girls Berlin Film Festival took place at the b-ware! Ladenkino in the Friedrichshain-Kreuzberg borough on Berlin's east side. Final Girls Berlin is one of several women-centered horror film festivals that have emerged in recent years and the only such multi-day festival in Europe. Like many other similar festivals—among them Ax Wound Film Festival (Vermont, USA), Stranger With My Face (Tasmania, Australia), and Bloody Mary Film Festival (Toronto, Canada)—Final Girls Berlin showcases only a handful of feature-length films and is otherwise dominated by shorts blocks. There is plenty of overlap at these festivals, as well as among genre festivals overall[9]. However, because of the limited number of submissions women-centered festivals accept,

8 Hawkins, Joan, *Cutting Edge: Art-Horror and the Horrific Avant-Garde*, Minneapolis, University of Minnesota Press, 2000; Sconce, Jeffrey, " 'Trashing' the Academy: Taste, Excess, and an Emerging Politics of Cinematic Style." *Screen,* Vol. 36, No. 4, 1995, p. 371-93.

9 To highlight just one example, Amelia Moses' short film *Undress Me* (Canada, 2017) screened at an earlier iteration of Final Girls Berlin, the 2017 Women in Horror Film Festival (Atlanta, USA), and the 2017 Bloody Mary Film Festival as well as general

the line-ups at general horror festivals such as Nightmares Film Festival (Ohio, USA) or Toronto After Dark (Canada) differ greatly from that of the line-up at Final Girls Berlin. For instance, the derivative *Rock Paper Dead* (2017), the newest film from veteran horror director Tom Holland (*Child's Play*), premiered at Nightmares' 2017 edition (even as Nightmares also boasted several innovative horror shorts in its lineup).

Horror film festivals committed to showing work by women are more likely to screen films that do not, in many ways, adhere to familiar horror film narratives or tropes; many of the films they screen mix horror with melodrama, comedy, and romance or take on experimental tropes or non-narrative forms. In many cases, the genre-blending selections at Final Girls Berlin illuminate what is fundamentally horrific in films not traditionally considered as horror titles, even as the festival's marketing strategy explicitly defines their showcased films under the label of horror cinema. This suggests that Final Girls Berlin and other festivals are crucial to sculpting the image of women-produced horror for broader audiences. In so doing, their flexibility in terms of what fits under the umbrella of "horror" challenges the tendency for filmmakers, critics, and general viewers to strictly define the boundaries of horror and attempt to exclude formally or narratively ambiguous films from the genre. This paper will pay close attention to the feature-length films in the Final Girls Berlin winter 2018 line-up, particularly Deborah Haywood's *Pin Cushion* (2017), which I will read below through its similarities to two generically disparate films, King Vidor's *Stella Dallas* (1937) and Brian de Palma's *Carrie* (1976). While *Pin Cushion* may resonate with the average viewer primarily as more of a "family tragedy" (to recall Aster's description of *Hereditary*) than a horror film, its selection for Final Girls Berlin urges its audience to see the film explicitly within the genre. I therefore argue that the screening context of a given film is crucial in defining what horror means, and in distinguishing a film with hybrid genre elements within the parameters of the horror genre.

---

independent horror festivals such as Nightmares Film Festival (Ohio, USA), Melbourne's Monster Fest (Australia), and the Mayhem Film Festival (Nottingham, UK).

THE PROBLEM WITH HORROR

Theorists have long attempted to define the horror genre in strict or flexible terms. One of the first essays that broached a system of classification, Robin Wood's "Introduction to the American Horror Film," defined the horror genre in terms of the "Other"—the threat, in other words, of society's repressed figures to take revenge on their marginalization through a vicious "return of the repressed[10]". To Wood, there is no distinct separation between the monster and ourselves; the threat posed by the former onto the latter is expressed through a surplus of repressed, often sexual, energy that we dread to be confronted with. To Noël Carroll, the threat posed by a monster or evil force in a horror film is distinct from the human—he makes little differentiation, therefore, between the horror and science fiction genres. The horror genre for Carroll is marked by a threat intended to inspire a specific emotional state on the viewer—somewhere between awe, fear, and disgust, bordering on the sublime. He writes, "horrific creatures seem to be regarded [as] inconceivable [and] unclean and disgusting[11]". There is, once again, a distinct separation between the human and the monster, and to Carroll, there must be a monster for a film to be considered horror. Vivian Sobchack, however, distinguishes the science fiction and horror genres by the people under threat—while science fiction's monsters threaten society, horror films tend to focus more closely on individuals[12]. Alternately, in the introduction to his edited collection on the genre, Ken Gelder makes recourse to what he calls "the rhetorics of horror," which "provide ways of defining, for example, what is evil (and what is good) in societies, what is monstrous (and what is 'normal'), what should be seen (and what should remain hidden), and so on[13]". He goes on to specify horror in

10 Wood, Robin, "An Introduction to the American Horror Film," In Robin Wood & Richard Lippe, eds., *The American Nightmare: Essays on the Horror Film*, Toronto, Festival of Festivals, 1979, p. 7-28.

11 Carroll, Noël, *The Philosophy of Horror or Paradoxes of the Heart*, New York, Routledge, 1990 (reprinted 2010), p. 21.

12 Sobchack, Vivian, *Screening Space: The American Science Fiction Film*, New Jersey, Rutgers University Press, 1987, p. 29-30.

13 Gelder, Ken, editor, *The Horror Reader*, New York, Routledge, 2000, p. 1.

terms of clashing oppositions—an entanglement where "the archaic (the 'primal', the 'primitive', the 'frenzied subject of excess') and the modern (the 'struggling moral subject', rational, technological) suddenly find themselves occupying the same territory[14]". What ultimately become disturbed in the process, he argues, are our seemingly intact cultural and ideological conventions.

In terms of classification, Peter Hutchings notes that the industry itself markets horror films inconsistently, and his definition remains as ambiguous as many others': "horror films present us with fearful and unpleasant events and experiences but usually do this in a way that renders those events and experiences pleasurable and/or 'safe'[15]". He then points out that "fearful and unpleasant events and experiences" are, themselves, difficult to isolate; the basis of such complication, he notes, is shared by all genres—it can be equally difficult to definitively define the western. To complicate matters further, Carol Clover's mention in her book *Men, Women, and Chain Saws* that "the slasher (or splatter or shocker or stalker) film" lies "at the bottom of the horror heap[16]" suggests that the subgenres making up "the horror heap" are categorized and hierarchized in terms of quality and characteristics of their own, presumably with the potential to overlap with other genres, modes, and subgenres. In his 1992 book on the subject, Mark Jancovich anticipates a turn in horror studies to bypass the definition of horror altogether in order to pose a more in-depth analysis of certain tropes and films,[17] while Jancovich notes elsewhere that there is frequent disagreement among horror fans about what fits within the genre[18]. Furthermore, in the introduction to his 2014 edited collection *A Companion to the Horror Film*, Harry Benshoff does not attempt to define the genre at all and rather implies that the debates over its classification and reputability make their own case for its importance as an object of study[19]. To that end, I do not presume to put forth my own definition of the horror genre. For

14 *Ibid.*, p. 3.

15 Hutchings, Peter, *The Horror Film,* Essex, Pearson, 2004, p. 6-7.

16 Clover, Carol, *Men, Women, and Chain Saws: Gender and the Modern Horror Film,* Princeton, Princeton University Press, 1991, p. 21.

17 Jancovich, Mark, *Horror,* Manchester, B.T. Batsford Ltd, 1992.

18 Jancovich, Mark, " 'A Real Shocker': Authenticity, Genre and the Struggle for Distinction," *Continuum: Journal of Media & Cultural Studies*, Vol. 14, No. 1, 2000, p. 23-35.

19 Benshoff, Harry, *A Companion to the Horror Film*, West Sussex, Wiley, 2014.

the purposes of this article, however, it does seem important to argue that a viewer might *expect* certain tropes from a film labeled as horror, including one or more of the following: a preoccupation with death or decay, a hostile disturbance of the status-quo (through the body, the family, or identity), an aesthetics of suspense (including a tense soundtrack or editing; narrative setups to a startle effect or violent image), and/or a conflict between good (or "normal") and evil (or something aggressively resisting the "normal"). The various and conflicting theories outlined above do not account for fan/programmer-led definitions through film festival language and film selections, which frequently challenge the strict boundaries placed upon the genre by theorists and critics.

MOTHERS, DAUGHTERS, *PIN CUSHION* AND ITS PREDECESSORS

In addition to its selection for the Final Girls Berlin Film Festival, *Pin Cushion* was screened at numerous festivals and events in 2017-18, including the Venice International Critics' Week, Cleveland International Film Festival, the Boston Underground Film Festival (BUFF), and Fantastic Fest. Like many other "underground" film festivals, BUFF screens films from various genres that deviate generally from the mainstream, while Fantastic Fest is known for its selection of horror, science fiction, fantasy, action, and other genres rarely represented at top-tier festivals like Cannes and Toronto. *Pin Cushion* played at few other horror film festivals; its inclusion in genre-blending festivals such as BUFF and Fantastic Fest suggest that it hovers somewhere between formulaic and ambiguous. At the same time, its place at Final Girls Berlin suggests that the festival organizers—filmmakers and fans themselves—urge audiences to see it through the parameters of the horror genre.

Pin Cushion is British director Deborah Haywood's first feature-length film and was produced with aid from the BFI Film Fund. It tells the story of the homely, hunchbacked, and socially awkward Lyn (Joanna Scanlan) and her teenaged daughter Iona (Lily Newmark) as they move to a town in rural England. Lyn and Iona share a tender relationship—they frequently even share a bed—in an idiosyncratic household filled with frills, cat figurines, and a pet parakeet. Though Iona is fond of her mother, Lyn's oddities are incompatible with her daughter's desire to befriend the popular crowd at school, and Iona attempts to impress them with elaborate, luridly represented fabrications in which her mother is an elegant and beautiful flight attendant. She therefore goes out of her way to prevent her peers from discovering that her mother is the bizarre stout woman who shuffles around town sporting a hideous cat-shaped hat and mismatched clothing. Lyn, for her part, drifts into a fantasy world of her own, in which she has numerous friends and is romantically involved with a handsome suitor. But Iona's indoctrination into the popular clique at school is not as seamless as she imagines; in her eagerness to maintain a veneer of cool nonchalance and impress them with her knowledge of sexual matters, she becomes a vulnerable target. It begins mildly, as one of the girls promptly steals away the boy with whom Iona has started a tentative relationship; for her part, Lyn is bullied simultaneously by the mother of one of the girls responsible for Iona's misery. The bullying against mother and daughter escalates rapidly out of control. In one grueling scene, Iona invites the clique to her home while Lyn is out and they bring along a handful of neighborhood boys. They coerce Iona into drinking herself silly and stripping naked; her "friends" take a video of the spectacle and circulate it to the entire school. The evening culminates with Iona vomiting on the rug while Lyn returns home to find that one of the uninvited boys has sat on her beloved pet bird and killed it. Iona's subsequent ostracization from her schoolmates extends to alienation from her own mother; in one scene, Iona returns home seeking comfort from her mother, only to find that Lyn claims to reject a relationship with a girl with Iona's reputation. Lyn's brusqueness, however, masks her decision to solve her daughter's hardships by hanging herself in front of Iona's classmates, a sacrificial act that frees Iona from the burden of association with her mother. Following Lyn's death, Iona moves in with a kind classmate whose family takes pity on her and she befriends a fluffy white cat, implied to be a reincarnation of her mother.

Pin Cushion is not, therefore, explicitly "horror," as the primary threat—bullies—act no differently than they might in the popular teen comedy *Mean Girls* (2004). On the surface, *Pin Cushion* more closely follows melodramatic trends; its narrative trajectory aligns strikingly with both *Stella Dallas* and *Carrie.* Haywood herself describes the film as "a dark fairy tale[20]"; it is similarly described by critics the BFI calls it "a strange, ethereal film[21]". The film's topic was deeply personal for Haywood, who wrote the treatment in 2008 and then let it sit for nearly a decade until she started production[22]. *Pin Cushion* was shot in Haywood's hometown of Swadlincote, South Derbyshire, where Haywood herself was bullied as a teen in school. While Haywood shied away from making the film autobiographical, she was eager to confront the issue of bullying head-on, and she was particularly interested in the figure of a "pin cushion," a girl ostracized for being sexually promiscuous. The film emerged from Haywood's desire to explore "the person behind the school slag[23]". Like the maternal melodrama, furthermore, the resolution in *Pin Cushion* hinges on a mother's sacrifice[24].

Stella Dallas and *Pin Cushion* are equally invested in the relationship between mother and daughter, how their class association affects their social position, and how their lifestyle renders them vulnerable to judgment or attack from more socially adept townspeople and peers. This is traceable in both films' preoccupations with appearance. The titular working-class Stella (Barbara Stanwick) manages to secure an upper-class husband, Stephen (John Boles), but by the time their daughter Laurel is born, it has become clear to Stephen that Stella is still, and will always be, defined by her working-class idea of wealth and predilection for a gaudy, ostentatious taste in clothing and friends "the *excessive presence* of Stella's body and dress … [her] exaggerated feminine presence[25]". While the townspeople in *Pin Cushion* do not seem wealthier than Lyn and Iona, their apparent sense of superiority stems from their ability to fit in socially—and much of this is due to their "normal" appearance and

20 Winter, Andrew, "In A Lonely Place: Interview With Deborah Haywood, Writer/Director of *Pin Cushion*," *Film Inquiry*, 19 July 2018.

21 Bogutskaya, Anna, "Prickly Business: Deborah Haywood on *Pin Cushion*," *BFI*, 3 July 2018.

22 Mitchell, Wendy, "Deborah Haywood Talks Striking Debut *Pin Cushion* Ahead of IFFR Live Screening," *Screen Daily*, 25 January 2018.

23 Bogutskaya, Anna, "Prickly Business", *op. cit.*

24 Haskell, Molly, *From Reverence to Rape: The Treatment of Women in the Movies*, Chicago, University of Chicago Press, 1987, p. 152-189.

25 Williams, Linda. "'Something Else Besides a Mother': 'Stella Dallas' and the Maternal Melodrama," *Cinema Journal*, Vol. 24, No. 1, Fall 1984, p. 2-27.

behavior. In one scene, Lyn attempts to join the local sewing club; she appears in a black T-shirt that reads "Lick me 'till ice cream," complete with an image of an ice cream cone, and delivers a monologue in which she recalls acting recklessly in her youth—"I used to dress up and go out at night and hope I'd get raped, so I could have a child. So I could have someone." One of the women informs Lyn that the sewing club is "a friendship group, not a freakshow." Lyn's "freakish" appearance and bizarre behavior sets her apart from her peers in ways that recall Stella's separation from her so-called peers in *Stella Dallas*.

The profundity of Stella and Laurel's relationship mirrors that of Lyn and Iona; Laurel and Iona are each torn between a devotion to their mothers and the humiliation of being their daughters. In one scene of the earlier film, Stella—who is living off Stephen's riches—takes Laurel to an upscale resort. There, Laurel is mortified by Stella's vulgar taste in clothing and her lurid makeup, which betray her lower-class upbringing and jeopardize Laurel's friendships. Traveling in separate train bunks shortly afterward, Laurel and Stella overhear three girls expressing their shock at discovering that Stella (who "dresses up to here, and paint an inch thick! And bells on her shoes that tinkled … and braces up to here that clanked. You never saw such a sight!") is mother to their friend Laurel, who "seemed so lovely and sweet," and their suggestion that the truth about Laurel's mother will jeopardize Laurel's chances with her love interest, the society son Richard Grosvenar III. When the girls leave, Laurel slips into her mother's bunk to sleep with her; as in *Pin Cushion*, mother and daughter sleeping together demonstrates the depth of their bond. The train scene in *Stella Dallas* is the turning point that prompts Stella's final sacrificial act: to perform a rejection of her daughter in order to free her from lower-class associations, so that Laurel can enjoy all the privileges of her rightful class. At the film's close, Stella comes to observe Laurel's wedding through the picture window of her stepmother's house, neither together nor entirely apart. *Pin Cushion*, too, ends with a sacrifice on the mother's part and suggests that the mother-daughter bond persists beyond the circumstances of their separation. I will return to this point below.

Carrie similarly pits mother and daughter apart from their neighbors and peers, and bullying is—as in *Pin Cushion*—a dominant theme that propels the action. Yet Carrie's overprotective mother, Margaret (Piper

Laurie), and her religious fanaticism, are centrally responsible for their alienation. While Sue Snell's mother in *Carrie* considers Carrie White's mother (Piper Laurie), Margaret, someone she needs to "get rid of" when she comes by to deliver booklets on religious salvation, she attempts to extend a communal hand to the Whites by inviting Carrie over for a social visit; Margaret disregards the invitation and continues her divine mission. The mother/daughter pair in *Carrie* is isolated from the community by Margaret's doings, even as they inspire pity from their neighbors and occasionally Carrie's peers and teachers. Carrie is torn between her loyalty to her mother and her desire to make friends and enjoy the experience of being an average teenager—despite her telekinetic powers, which are driven by her emotions and rapidly get out of control. Margaret stands out from her neighbors, like the prim Mrs. Snell (who is married to a doctor), by her ramshackle house and witchlike appearance—black robes, frizzy red hair—while Carrie stands apart from her coiffed peers by her sullen face, shy demeanor, and tattered, modest clothes. Margaret's devoutness stems from the tormented memory of sexual desire that resulted in Carrie's birth, and when Carrie has her first period, Margaret sees it as a sign of sin and attempts to control her daughter even further. When the bullied Carrie returns home after her classmates' final, fatal prank, she is looking for comfort from her mother. Like Stella Dallas, Margaret White is devoted to her daughter, but, unlike Stella, she does not recognize in herself the behaviors that keep her daughter in bondage, but rather projects these behaviors onto Carrie and attempts to kill her—a sacrifice that results in death for them both. The similarities that *Carrie* shares with *Pin Cushion* extend beyond the mother-daughter theme; the horrific elements in both films hinges upon bullying, particularly among teenage girls. Carrie and Iona, furthermore, find themselves alienated from Margaret and Lyn, respectively, when they attempt (however ill-advisedly) to fit in with their peers.

Whether intentionally or not, *Pin Cushion* is indebted to both *Stella Dallas* and *Carrie*, particularly as they hinge on mother/daughter conflict in the face of social acceptance. The "crisis" of each, to refer to Lucy Fischer's canonical book *Cinematernity*, is the mother's inability to elevate her daughter into social stability[26]. *Stella Dallas* and *Pin Cushion*

26 Fischer, Lucy, *Cinematernity: Film, Motherhood, Genre*, Princeton, Princeton University Press, 1996.

both establish an idyllic relationship with mutual devotion between mother and daughter before the threat of social ostracization causes a rift between them. In all three films, it is clear that the mother figure sees her daughter as an extension of herself, or a mirror—for better or worse; *Pin Cushion* literalizes the mirroring theme in the film's opening scene, by featuring Sally Oldfield's "Mirrors" on the soundtrack. *Pin Cushion* sets the scene of Lyn and Iona's new home as harmonious and picturesque, in its own modest way—decorated with colorful throw rugs, cramped with gaudy knickknacks, the walls painted turquoise. They spend an early scene dancing clumsily, but joyfully (and in identical moves), together in their living room. The first minutes of the film are awash in bright colors and Oldfield's dreamlike song as the two stroll through their new town, stop at a pet shop window to watch kittens frolic, and wonder aloud about the new friends they will make. The carefree tone comes to an abrupt end when they pass two twelve-year-old boys throwing a ball back and forth and one scoffs at Lyn's clunky shoes. His companion grotesquely imitates her hobbling walk, gasping, "The bells…the bells!" The jab is a reference to *The Hunchback of Notre Dame*, but in conjunction with the comment about shoes, this moment explicitly calls to mind the train scene in *Stella Dallas* ("bells on her shoes that tinkled"). They laugh, adding that they would "off themselves" if their mothers looked like Lyn. In another scene shortly afterward, Iona ventures to the grocery store alone and interacts with a boy her age in an exchange that suggests she is awkward and shy but not physically unappealing in the way that her mother is. Lyn is, from the beginning of the film, a crucial factor in Iona's social success.

In her seminal essay on *Stella Dallas*, Linda Williams identifies the mirroring effect between the mother/daughter pair in maternal melodrama as follows: "although the mother gains a kind of vicarious superiority by association with a superior daughter, she inevitably begins to feel inadequate and … inferior[27]". *Stella Dallas, Carrie*, and *Pin Cushion* all pivot on the bond between an alienated mother and daughter and the essential separation—through death or presumed abandonment—that will elevate or free the daughter from the bonds of her young life: working-class society or a suffocating and humiliating home life. Like

27 Williams, Linda, "'Something Else Besides a Mother': 'Stella Dallas' and the Maternal Melodrama," *Cinema Journal*, Vol. 24, No. 1, Fall 1984, p. 3.

Stella Dallas, *Pin Cushion* "[devalues] and [debases] the actual figure of the mother while sanctifying the institution of motherhood[28]". It does so, however, in order to take a broader stance against bullying and social ostracization. *Carrie*, in turn, depends on the mother's failure to comfort her daughter or to sacrifice herself for her daughter's good. Both *Stella Dallas* and *Pin Cushion* end with the painful separation of mother and daughter through the mother's sacrifice for her daughter's own good, and with the implication that the mother has not truly abandoned her daughter. Stella watches Laurel's wedding from the street, while a white fluffy cat—which Lyn earlier expressed as her desired form of reincarnation—joins Iona in her new bed. Through bullying, Lyn is devalued and debased as a mother—and as a neighbor, a resident of the town, and a human being—and, also through bullying, Iona's relationship with Lyn becomes distant and strained. To Lyn, the sacrifice of her own life is the only way to give Iona the life and social status she deserves.

THE HORROR OF *PIN CUSHION*

Pin Cushion therefore does not seem like a "horror" film in the sense that it more closely adheres to the maternal melodrama; Lyn's sacrifice is particularly in line with this. But its invocation of both *Stella Dallas* and *Carrie* through the screening context of *Pin Cushion* at the Final Girls Berlin Film Festival demands a reconsideration of the earlier films in tandem. Furthermore, the close exploration in *Pin Cushion* of cruelty among so-called friends, particularly teenaged girls, invokes similar tensions to those found in horror; for instance, the film seems to equally criticize the primary characters' actions, in some cases, as well as that of their bullies. Lyn's meekness allows others to readily take advantage of her, while Iona blunders naively into the precise positions where her bullies want her to be. They are victims, but their inept innocence also enables the misfortunes that befall them—as we might also say of murder victims in slasher films. *Pin Cushion*, furthermore, brings to the fore a number of elements that have long been implicit in the horror

28 *Ibid.*

genre: the tensions between social classes and groups of friends, for instance, and the susceptibility of teenaged girls to be taken advantage of sexually. The fact that *Pin Cushion* screened at a horror film festival explicitly encourages viewers to see the horrors inherent in bullying and to consider the similarities that might be drawn between a traditional maternal melodrama and the horror genre.

Pin Cushion joins other generically ambiguous titles that screen at women-centered horror films festivals, such as Elizabeth Schuch's *The Book of Birdie* (2017) and Stewart Thorndike's *Lyle* (2014), both of which also played at Final Girls Berlin's February 2018 edition. It also shares with these other titles the tendency to explicitly reference earlier horror films; *Lyle*, for instance, mirrors the plot of *Rosemary's Baby* (1968) with a lesbian couple, redrawing the story by making the implicit relationship abuse in the earlier film explicit in the newer film. This recalls the prominent and longstanding direction in genre theory written by female scholars and critics—re-reading classic horror texts through female spectatorship in order to demonstrate that horror films acknowledge female experience. In 2012, Kier-La Janisse published a highly personal account of horror film viewing as a child and young adult, in which she unpacks how the trauma expressed in many horror films mirrored that which she and her mother were subjected to at the hands of male family members[29]. In the introduction to her 1997 book *Recreational Terror*, Pinedo writes similarly that horror—first horrific stories then horror films – provided her with "legitimate occasions to overtly express terror and rage … [and] to exercise, rather than exorcise, emotions of tremendous importance that were otherwise denied legitimate expression[30]". As Shelley Stamp and journalist Brianna Wu respectively were quoted as saying in a 2016 *Guardian* article by Noah Berlatsky, women have long been drawn to horror as a place where issues of gender and the body come to light and as a genre that has historically been saturated with female characters, for better or worse[31]. Finally, when co-directors and YouTube v-loggers Kylie Anderson and Zoie Harmon—whose comedy-horror short *Buck Moon* played at Ax

29 Janisse, Kier-La, *House of Psychotic Women: An Autobiographical Topography of Female Neurosis in Horror and Exploitation Films*, Surrey, FAB Press Ltd., 2014.

30 Pinedo, Isabel, "Recreational Terror," *op. cit.*, p. 2.

31 Berlatsky, Noah, "Carrie at 40: Why the Horror Genre Remains Important for Women," *The Guardian*, 3 November 2016.

Wound Film Festival's 2017 edition—were asked what they suspect draws women to horror, they responded: "A lot of daily living is horrifying for women … Reclaiming [anxiety and fear] through 'horror' stories lets us play with that … We're part of movement reclaiming a genre that's long been about a perspective on women's stories, but only very recently has given actual women the opportunity to tell them[32]". Anderson and Harmon's attitudes toward horror echo many such responses I have heard while conducting interviews with their peers and, indeed, evokes the horrors in *Pin Cushion.* Fischer was the first to take this position in regard to *Rosemary's Baby* in particular[33]. It is clear that female horror fans can (and do) "read" films alongside Fischer's reading of *Rosemary's Baby*—as legitimizing abuse that women have historically faced at the hands of spouses, doctors, and so on. Only recently, however, has it become feasible for women to turn to horror film production in such high numbers.

Therefore, women's horror cinema and, in turn, women-centered horror film festivals, are invested in filmmaking that draws horror along different lines, or rather, brings to the surface the horrors of such themes as relationship abuse, medical procedures, sexual assault, and motherhood that are arguably implicit in earlier male-directed titles. But these films are not necessarily made for underground or niche audiences; their makers do not, in short, shy away from the mainstream, as *Pin Cushion*'s debts to *Stella Dallas* and *Carrie* demonstrate. In formal and narrative terms, *Pin Cushion* might appeal to a broader, more mainstream audience, but its infringement on the horror genre may affect its success outside of the film festival circuit. Paradoxically, when women's horror cinema and other marginal horror appears in the line-up for major international film festivals, it is often the result of that festival's "desire for content beyond the mainstream," as Whitney Monaghan wrote about the Melbourne International Film Festival when it screened Anna Biller's *The Love Witch* in 2016[34]. It seems clear, therefore, that the distinction between "mainstream" and niche in festivals is never black-and-white. While horror may appear to be a "mainstream" genre,

32 Interview with author, 10 December 2017.

33 Fischer, Lucy, *Cinematernity: Film, Motherhood, Genre*, Princeton, Princeton University Press, 1996.

34 Monaghan, Whitney, "DIY, Independent, Guerrilla: The 10th Sydney Underground Film Festival," *Senses of Cinema* 81, December 2016.

festivals that celebrate it often seek to showcase independent horror—titles, in other words, with little to no chance of distribution. Festivals such as these cultivate an environment in which horror is celebrated, much like at general horror festivals. But even more importantly, it offers female horror filmmakers and fans a space in which they can experiment with and bend our understanding of "horror." When *Pin Cushion* was introduced at Final Girls Berlin, one of the festival organizers advised audiences to "bring tissues"—a warning that one might not expect to find at a horror film festival and which explicitly asks the audience to reconsider what a horror film is meant to do[35]. Their re-reading of implicit themes in older horror films, furthermore, allows them to illuminate the "horror" implicit in other kinds of films, such as the maternal melodrama. By exploring and blending tropes from films like *Stella Dallas* and *Carrie*—from bullying, social alienation, mother/daughter mirroring, and maternal sacrifice—*Pin Cushion* teases out the boundaries between the "weepie" and the horror genre.

Sonia LUPHER
University of Pittsburgh

35 Williams, Linda, "Film Bodies: Gender, Genre, and Excess," *Film Quarterly*, Vol. 44, No. 4, 1991, p. 2-13. Williams famously argues that melodrama (the "weepie"), horror, and pornography are distinct "body genres" that elicit an embodied reaction from the spectator—in the case of melodrama and horror, respectively, tears and screams.

LA POLITIQUE DES GENRES DANS LE CINÉMA « DE BANLIEUE »

En 2015, dans un numéro des *Cahiers du cinéma*, Stéphane Delorme signe une longue harangue qui s'attaque à la généricité du cinéma français accusée d'être fausse et surtout vide sur les plans politique et esthétique[1]. Politique parce que le genre serait l'équivalent d'une matraque utilisée par la police, au sens où Jacques Rancière comprend la police. Les genres trafiqueraient dans des stéréotypes et des conventions rigides plus qu'ils ne s'appuieraient sur des savoirs et des connaissances approfondis, et l'usage des genres révèlerait l'intérêt d'un cinéaste pour un imaginaire qui éloignerait le film de tout contact avec le réel. Esthétique parce qu'un film de genre ne pourrait pas faire preuve d'originalité et donc de valeur artistique, le réalisateur n'étant pas un auteur mais un simple copiste soumis aux codes de genre. Pire encore, ces codes ne pourraient que reproduire un monde consensuel et réactionnaire alors qu'il faudrait, selon Delorme, à nouveau s'appuyant sur Rancière, proposer une reconfiguration du monde dont le garant serait le travail proprement artistique d'un réalisateur.

Le prétexte de cette charge : la sortie du dernier film de Jacques Audiard, *Dheepan* (2015) et surtout sa canonisation critique symbolisée par la Palme d'or obtenue à Cannes. Comme l'explique Delorme, « Audiard serait un petit faiseur de série B produit par Luc Besson, on ne s'étonnerait pas : mais enfin, on a affaire au soi-disant 'grand auteur français'[2] ». Là, on peut voir un des enjeux de cette tirade : un cinéma de genre français remettrait en question l'identité nationale même du cinéma français basé, selon la ligne des *Cahiers*, sur l'auteurisme et la mise en scène. D'après cette logique, des mauvais films de genre français

1 Delorme, Stéphane. « La loi de la jungle : Audiard & co. » *Cahiers du cinéma*. septembre 2015, n° 714, p. 6-13.

2 *Ibid.*, p. 6.

ne seraient acceptables que dans la mesure où ils sauraient se tenir à leur place : le ghetto cinématographique que Besson a créé. Mais quand des films de genre osent ou se prétendent être aussi des films d'auteur… Le genre, selon cette lecture, serait aux antipodes d'un cinéma d'art avec son accent mis sur la mise en scène et surtout d'un vrai cinéma social ou politique.

Dans cet article, j'aimerais remettre en question cette idée reçue, que l'on trouve aussi dans d'autres parties du paysage critique français, et qui repose sur l'idée que le genre en cinéma est a priori l'antithèse d'un cinéma artistique ou social, surtout dans le contexte français. Relisant le texte de Delorme en 2018 après le succès de films américains comme *Get Out* (Jordan Peele, 2017), *La forme de l'eau* (Guillermo del Toro, 2017), *Sans un bruit* (John Krasinski, 2018) ou même *Black Panther* (Ryan Coogler, 2018) qui savent conjuguer codes de genres et revendications sociales, une position critique qui serait a priori hostile aux genres pour des raisons esthétiques ou politiques me semble de moins en moins défendable, surtout à un moment où les films de genre trouvent une manière de mettre des communautés historiquement minorées au centre d'un cinéma qui touche le grand public et où le CNC même a établi en 2018 un fond de soutien pour les films de genre avec la réalisatrice de *Grave* (2016), Julia Ducournau, à la tête du jury de sélection[3]. D'ailleurs, il y a une grande ironie dans la position générale de Delorme quand il se plaint, lors du festival de Cannes 2017, que les films choisis continuent de chercher à choquer ou à intimider le public alors qu'« on rêverait de voir en compétition un film comme *Get Out* : le public serait debout, heureux, transi[4] ». Dans un premier temps, *Get Out* se sert des techniques de choc et c'est un film de genre, d'horreur en l'occurrence. C'est comme si un cinéma de genre pouvait passer uniquement lorsqu'il n'était pas originaire de l'Hexagone[5].

Or, dans la production cinématographique récente en France, on peut constater un renouveau du cinéma de genre surtout par rapport

---

3 « Le CNC crée un soutien pour les films de genre ». Dans : *CNC* [en ligne]. 2 mai 2018. [Consulté le 28 août 2018]. Disponible à l'adresse : https://www.cnc.fr/cinema/communiques-de-presse/le-cnc-cree-un-soutien-pour-les-films-de-genre_571601.

4 Delorme, Stéphane. « Body Snatchers ». *Cahiers du cinéma*. juin 2017, n° 734, p. 5.

5 Comme l'explique Raphaëlle Moine, ni le cinéma français ni la critique produite en France sur le cinéma français n'ont l'habitude de se penser en termes de genres. MOINE, Raphaëlle. *Les genres du cinéma*. 2e édition. Paris : Armand Colin, 2015, p. 203.

aux questions d'intégration sociale et de communautés minoritaires. Je pense bien sûr à des comédies populaires comme *Intouchables* (Olivier Nakache et Éric Tolédano, 2011), *Tout ce qui brille* (Hervé Mimran et Géraldine Nakache, 2010), et *Qu'est-ce qu'on a fait au bon dieu* (Philippe de Chauveron, 2014), pour n'en citer que quelques-unes, mais aussi à des films comme *Dheepan* ou *Divines* (2016) de Houda Benyamina qui établissent des filiations avec des traditions de genres transatlantiques. *Dheepan* et *Divines* seraient aussi des représentants d'un autre genre de cinéma français : le cinéma dit de « banlieue ». Or, parler de films « de banlieue » ou, plus généralement, de cinéma « de banlieue », pose un problème préalable lorsqu'il s'agit de s'entendre sur une définition du genre cinématographique. Les films « de banlieue » ne sont pas fabriqués en série par un studio et il n'existe pas de société de production qui se spécialise dans le genre. En termes de conventions narratives ou iconographiques, on pourrait effectivement parler d'un genre de cinéma de banlieue, comme l'a fait Myrto Konstantarakos lors de la sortie de *La Haine* (Mathieu Kassovitz, 1995) : pour ce dernier le cinéma de banlieue est un genre autant spatialisé que le Western[6]. En effet, comme éléments récurrents, on pourrait citer des personnages (jeunes, dealers, police, citadins), des lieux (cités, HLMs, cours, appartements), et des développements au niveau de l'intrigue (voyages en centre-ville, shopping, manifestations, affrontements). S'il y avait une iconographie peut-être reconnaissable dans un corpus de films datant des années 80 et 90, nous en sommes à un moment où l'attribution « de banlieue » peut caractériser des films qui ne se passent pas forcément en banlieue (peut-être uniquement avec des personnages qui en viennent comme dans le cas d'*Intouchables*), qui ne respectent pas forcément les conventions narratives du genre (je pense à un film comme *Tout ce qui brille*), ou qui se mélangent avec d'autres genres (comme *Yamakasi* ou *Banlieue 13*). Plus radicalement, le terme « banlieue », dans le cas de certains films, n'évoque plus forcément un espace mais se réfère plutôt à un imaginaire social qui permet d'aborder des questions d'histoire coloniale, de présent postcolonial ou néocolonial, d'immigration, de migration, d'intégration, d'exclusion sociale, de racisme, et, plus globalement,

6 Konstantarakos, Myrto. « Which Mapping of the City ? *La Haine* (Kassovitz, 1995) and the cinéma de banlieue ». Dans : Powrie, Phil (dir.), *French Cinema in the 1990s : Continuity and Difference : Essays*. New York : Oxford University Press, 1999, p. 160.

de pluralisme culturel dans l'Hexagone. Malgré la fluidité du terme quand il s'applique à un film, les critiques ont pourtant tendance à ne catégoriser comme films « de banlieue » que ceux qui ont un certain rapport visuel, spatial, et social avec les espaces périurbains, comme l'a montré le travail de Carole Milleliri[7]. L'enfermement de ces films dans un cadre réaliste, sociologique, documentaire, ou ethnographique peut reproduire une ghettoïsation critique de ces films tout aussi sérieuse que celle que nous avons vu par rapport aux films de genre dans les propos de Delorme.

Alors que les critiques et chercheurs ont tendance à réfléchir aux films « de banlieue » à partir d'un point de départ réaliste, j'aimerais suggérer aujourd'hui que ces films récents « de banlieue » et de genre sont autant ou même principalement imaginaires dans la mesure où il ne s'agit pas tant d'évoquer un espace réel que de questionner la manière dont ces espaces sont imaginés et peuvent être ré-imaginés à travers l'opération des genres. Plutôt que d'affirmer dès le départ que l'usage des genres dans ces films est a priori réactionnaire ou progressiste, je propose d'étudier les opérations des genres dans deux films récents, *Dheepan* d'Audiard et *Divines* de Benyamina, afin de comprendre le rôle que les genres jouent dans la cartographie des banlieues à l'écran et dans la traduction des différences culturelles vis-à-vis d'un idiome mainstream.

DHEEPAN

Dheepan raconte l'histoire d'une fausse famille composée de trois réfugiés, un ancien soldat des Tigres tamouls, une femme et une fille qui cherchent à fuir la guerre civile au Sri Lanka. Ils reçoivent les passeports d'une autre famille morte, et ils partent pour la France. Le gouvernement français finit par leur accorder des visas et ils s'installent en banlieue parisienne où Dheepan travaillera en tant que gardien d'immeuble. Tout semble bien se passer – Dheepan développe une réputation solide

7 Milleliri, Carole. « Le cinéma de banlieue : un genre instable ». *Mise au point* [en ligne]. Janvier 2011, n° 3. [Consulté le 5 février 2018]. Disponible à l'adresse : http://journals.openedition.org/map/1003.

parmi les résidents de la cité, Yalini trouve du travail, Illayaal s'intègre à l'école, une histoire d'amour entre Dheepan et Yalini s'esquisse – mais la vie dans la cité n'est pourtant pas sans difficultés. Un gang de dealers occupe un des bâtiments et se livre au trafic de drogues ; Audiard nous donne peu de renseignements, et c'est une familiarité avec les codes de genres qui remplissent les trous. La vie des réfugiés empire lorsqu'une première attaque d'un gang rival a lieu dans la cité. Bien qu'ils essaient de rester à l'écart, Dheepan et Yalini deviennent impliqués dans le cycle de violence, et Dheepan est alors amené à tuer les membres du gang afin de sauver la vie d'Yalini. La « famille » finit par s'enfuir en Angleterre dans un épilogue où ils semblent mener une vie bourgeoise au sein d'une communauté tamoule.

Comme ce bref résumé l'indique, le film est traversé par plusieurs tons ou plutôt genres. Le premier tiers témoigne d'une esthétique on ne peut plus néoréaliste. Tout d'abord, Audiard a fait le choix d'acteurs non-professionnels pour sa distribution. De plus, la plupart des dialogues à l'intérieur de la famille sont en langue tamoule, ce qui, pour Audiard, était le geste politique le plus radical du film vis-à-vis de la représentation des personnages minoritaires[8]. Les deux premiers tiers se concentrent principalement sur la vie ordinaire de la famille : Dheepan et Yalini travaillent, Illayaal va à l'école et fait ses devoirs, tous les trois découvrent la France. L'éruption de violence se produit dans la dernière partie du film, ce que de nombreux critiques ont pris comme une trahison au « réalisme » du début qualifiant ainsi cette dernière partie de virage dans le genre.

Or, à mon sens, il ne s'agit pas tant d'un virage mais plutôt d'un éclatement de tensions génériques préparées dès le départ. Le Steadicam d'Audiard est hypermobile et réflexive tout au long de ce film, malgré son prétendu réalisme. La caméra suggère et change entre différents points de vue qui sont à la fois ceux des membres de la famille et ceux des résidents de la cité. Tout le monde se scrute : qui êtes-vous, qu'est-ce

8 Libiot, Éric. « Jacques Audiard : "Je ne sais plus à quoi sert le cinéma" ». *LExpress.fr* [en ligne]. 25 août 2015. [Consulté le 15 octobre 2017]. Disponible à l'adresse : //www.lexpress.fr/culture/cinema/videos-jacques-audiard-je-ne-sais-plus-a-quoi-sert-le-cinema_1708195.html ; Romney, Jonathan. « Jacques Audiard : 'I wanted to give migrants a name, a shape… a violence of their own' ». *The Guardian* [en ligne]. 3 avril 2016. [Consulté le 15 octobre 2017]. Disponible à l'adresse : http://www.theguardian.com/film/2016/apr/03/jacques-audiard-interview-dheepan-prophet-rust-done-director.

que vous allez me faire, ou plutôt dans quel genre nous sommes ? À l'intérieur des bâtiments et à l'intérieur de l'appartement, Audiard insiste sur l'incertitude des relations humaines grâce à des choix de mise en scène comme le jeu avec l'encadrement récurrent des portes, des fenêtres, et des murs. Aucun regard n'est sans médiation et encadrement. Dheepan regarde la salle de bains où Yalini prend une douche se posant la question d'une romance potentielle. Yalini s'interroge sur la même possibilité mais avec le chef du gang. Dans le genre du film de gangster, à plusieurs reprises Dheepan regarde les activités du gang par sa fenêtre comme s'il s'agissait d'un film. D'ailleurs, lorsque Yalini le joint à la fenêtre dans une autre scène, elle lui dit explicitement « C'est drôle … on se croirait au cinéma ». La formulation est ambiguë : d'une part sa déclaration se réfère au spectacle qu'ils regardent de l'autre de côté de la fenêtre. D'autre part, c'est le moment où Yalini prend la main de Dheepan et lui propose de coucher ensemble comme s'ils étaient dans un film romantique. En fait, lorsque Dheepan établit la ligne « no fire zone » dans la cité entre son bâtiment et celui du gang, c'est une frontière de genre qu'il cherche à établir[9]. De ce côté, nous vivons dans une comédie de remariage, de l'autre, faites comme si vous étiez dans *The Wire* (David Simon, 2002-2008).

Donc, plutôt que de parler d'un virage dans le genre, je préférerais partir du constat que le film n'était pas réaliste dès le départ. C'est un film fondé sur une poétique innervée par un imaginaire non naturaliste où des genres se superposent et où le choix de genre est aussi un choix identitaire : film social quasi-néoréaliste sur les migrants, film sur les écoles de la République, film romantique, comédie de remariage, idylle d'intégration, film de gangster, film de vigilante, et même, par moments, western. C'est comme si les personnages se demandaient : par quels genres est-ce qu'on me voit et par quels genres puis-je m'affirmer ?

Pour comprendre ce qu'Audiard entend par genres et comment il les utilise, on doit remonter un peu dans le temps et interroger son film *Un prophète* de 2009 qui, à mon sens, partage le même rapport aux genres et au pluralisme culturel que *Dheepan*. *Un prophète* raconte l'histoire d'un Français-Maghrébin, Malik, qui est condamné à une

9 Dans un entretien, Audiard parle aussi de la ligne en termes d'un changement de genre. Voir Rouyer, Philippe et Tobin, Yann. « Entretien avec Jacques Audiard : "À la hauteur des personnages, pas plus haut" ». *Positif*. septembre 2015, n° 655, p. 12.

peine de six ans d'emprisonnement et qui réussit à s'élever dans la société criminelle jusqu'à devenir parrain d'un syndicat de stupéfiants en banlieue parisienne. À l'époque d'*Un prophète*, plusieurs critiques ont constaté l'influence de films de gangsters américains réalisés par Martin Scorsese ou Francis Ford Coppola, et dans une sorte de raccourci, ils parlent d'Audiard comme un Scorsese français[10].

Dans un entretien, le réalisateur exprime son exaspération avec cette sorte de critique et son insinuation : à savoir, que ses films ne seraient pas suffisamment français. Audiard reconnaît que ce qu'il appelle « la référence au genre » n'a pas été et n'est toujours pas évidente dans le cinéma français. Lorsqu'il clarifie son rapport au cinéma américain, surtout son choc face aux critiques qui parlent de ses films en termes d'américanité, il explique qu'il ne niera pas cette influence. Cependant, il précise que ce qui l'intéresse dans le cinéma américain est ce qu'il appelle « l'usage mythologique du cinéma[11] ». Il cherche dans les traditions de genre leur pouvoir « d'invoquer des personnages immédiatement reconnaissables pour le spectateur[12] ». Pour lui, cet aspect du genre est intrinsèquement démocratique dans la mesure où tout le monde se trouve au même niveau. Parlant du pouvoir du genre, Audiard explique qu'il voulait « transformer des acteurs », en particulier des acteurs arabes inconnus, « en icônes du

10 Aftab, Kaleem. « Dangerous liaisons : Why Jacques Audiard is the French Scorsese ». *The Independent* [en ligne]. 21 janvier 2010.[Consulté le 28 août 2018]. Disponible à l'adresse : http://www.independent.co.uk/arts-entertainment/films/features/dangerous-liaisons-why-jacques-audiard-is-the-french-scorsese-1874047.html ; Nelson, Rob. « A Prophet : The "French Scorsese" Jacques Audiard arrives with his '70s-style gangster epic ». *Miami New Times* [en ligne]. 18 mars 2010. [Consulté le 28 août 2018]. Disponible à l'adresse : https://www.miaminewtimes.com/film/a-prophet-the-french-scorsese-jacques-audiard-arrives-with-his-70s-style-gangster-epic-6366777 ; Pulver, Andrew. « Jacques Audiard : "My work is like rolling thunder" ». *The Guardian* [en ligne]. 24 octobre 2012. [Consulté le 28 août 2018]. Disponible à l'adresse : https://www.theguardian.com/film/2012/oct/24/jacques-audiard-interview-rust-bone ; Solomons, Jason. « Interview : Jacques Audiard ». *The Guardian* [en ligne]. 6 décembre 2009. [Consulté le 30 août 2018]. Disponible à l'adresse : https://www.theguardian.com/film/2009/dec/06/jacques-audiard-interview-a-prophet.

11 Kaganski, Serge. « Jacques Audiard : "Je n'ai pas fait un film sur la politique carcérale" ». *Les Inrocks* [en ligne]. 26 août 2009. [Consulté le 15 octobre 2017]. Disponible à l'adresse : http://www.lesinrocks.com/2009/08/26/cinema/actualite-cinema/jacques-audiard-je-nai-pas-fait-un-film-sur-la-politique-carcerale-1138044/.

12 Mandelbaum, Jacques. « Jacques Audiard : "Le cinéma sert à certifier le réel" ». *Le Monde.fr* [en ligne]. 30 juillet 2009. [Consulté le 15 octobre 2017]. Disponible à l'adresse : http://www.lemonde.fr/cinema/article/2009/07/30/jacques-audiard-le-cinema-sert-a-certifier-le-reel_1224207_3476.html.

cinéma de genre[13] ». Le genre, pour Audiard, permet d'invoquer, d'itérer et de reconfigurer des images partagées qui ont une large diffusion au profit des communautés qui en ont été jusqu'ici exclues.

À mon sens, cette fonction « mythologique » du genre se connecte à un concept qui est tombé en désuétude, du moins dans les milieux universitaires anglo-américains : l'imaginaire. Ce concept peut être flou, comme nous le rappelle Claude-Pierre Pérez[14], mais il a l'avantage de désigner une frontière fluide entre le réel et l'imagination et une dimension collective importante dans la vie des images. À mon sens, Claudio Fogu propose une des définitions les plus utiles du terme. Pour lui, l'imaginaire est :

> *a relational field and an inventory of images, which [...] may be best visualized as akin to a 'medieval bestiary' – a never-ending collection of mental and represented creatures irreducible to either reality or fantasy [that] reveal instead the rhetorical codes that underlie the combinatory operations of our historical imagination*[15].
>
> « un champ relationnel et un inventaire d'images, que l'on peut mieux visualiser comme un "bestiaire médiéval " – une collection sans fin de créatures mentales irréductibles à la réalité ou à la fantaisie[qui] révèle plutôt les codes rhétoriques qui sous-tendent les opérations combinatoires de notre imagination historique. »

Ce jeu indécidable entre la réalité et l'imagination qui, pour Fogu, caractérise l'imaginaire nous offre la meilleure manière de comprendre les différentes images utilisées dans un film comme *Un prophète* ou *Dheepan*. Comme les images découpées qui ornent les murs des cellules des personnages masculins dans *Un prophète*, les genres cinématographiques proposent des collections d'images et d'affects qu'un film individuel peut reconfigurer en itérant plutôt qu'en critiquant ou en démontant.

Pour Audiard, l'aspect le plus radical de son utilisation des genres pour créer des images dans *Un prophète* était de poser l'égalité des différents personnages en les filmant comme « des héros de fiction » : « Je voulais faire le film "après". Celui où nous ne sommes plus dans ces questions d'intégration où nous n'allons nulle part depuis des années. Dans *Un*

13 Kaganski, Serge. *op. cit.*

14 Pérez, Claude-Pierre. « "L'imaginaire" : naissance, diffusion et métamorphoses d'un concept critique ». *Littérature*. Mai 2014, n° 173, p. 102-116.

15 Fogu, Claudio. *The Historic Imaginary : Politics of History in Fascist Italy*. Toronto : University of Toronto Press, 2003, p. 11.

prophète, cette question est résolue, il n'y a plus que des problèmes de pouvoir, de territoire et de partage d'un objet. 'Je veux ce que tu as' est à la fois une relation de force et d'égalité. C'est aussi ce que le genre fait, nous mettre immédiatement ailleurs que dans des questions sociologiques ponctuelles[16] ». Que l'on croie ou non qu'une telle position soit possible ou souhaitable, ces remarques font référence au pouvoir iconographique des traditions de genre, leur pouvoir de créer et d'itérer des images partagées.

Dans un entretien en bonus sur le DVD de *Dheepan*, Audiard parle de l'usage des genres dans des termes qui rappellent ceux d'*Un prophète*. Ce qui l'intéresse dans les genres c'est leur capacité de « saisir le spectateur », donc leur engagement émotionnel. Il part du même désir d'égalitarisme dans la représentation, à savoir, filmer des acteurs tamouls en scope et (ainsi) les transformer en héros. Il évoque aussi la façon dont des dialogues conventionnels établissent une égalité cinématographique insolite dans le cadre d'un film de genre. Il explique que certains spectateurs auraient tendance à croire qu'un dialogue entre deux acteurs tamouls ne serait pas le même que celui de deux acteurs américains dans un film, alors que quand on donne un dialogue d'acteurs américains aux acteurs tamouls, cela marche très bien. Ce qu'Audiard évoque donc, c'est une reconfiguration de l'imaginaire cinématographique qu'on peut avoir des migrants afin de leur permettre d'occuper les rôles centraux et héroïques dans un film de genre. Par héroïque, l'on pourrait penser uniquement aux images finales où Dheepan assomme les membres du gang, mais j'ajouterais que les activités dévoilées par les autres images dans différents genres sont tout aussi héroïques : Dheepan en train de travailler, de raconter une blague, de jouer l'amant, de devenir père. La force ou réaction affective est certainement autre, mais tout aussi puissante.

DIVINES

Dans *Dheepan*, cette recomposition de l'imaginaire social à travers des genres est plutôt implicite dans la mesure où il y a peu de moments réflexifs qui le signalent. En revanche, elle devient explicite et réflexive

16 Kaganski, Serge. *op. cit.*

dans un autre film « de banlieue » qui est sorti l'année suivante, *Divines* d'Houda Benyamina, que je mettrais dans la même ligne de films qui se servent des genres pour requalifier l'image des cités. C'est un film plus « authentique » dans la mesure où la réalisatrice a grandi en banlieue parisienne, mais c'est un film aussi peu réaliste que *Dheepan* et Benyamina partage les mêmes références cinématographiques qu'Audiard, à savoir Martin Scorsese et les films du Nouvel Hollywood. Dans *Divines*, Benyamina tâche de prendre une certaine distance par rapport à l'univers hyper-masculin d'un film comme *Dheepan* ou *Un prophète* (ou des films « de banlieues » plus généralement), et elle met les personnages féminins au centre des différents genres qu'elle convoque. Mêlant les codes du film d'amitié féminine, du film de danse, et du teen movie à ceux du thriller et des films de gangster, *Divines* est un film sur l'imaginaire capitaliste et néolibéral des jeunes des cités et les difficultés qui surgissent lorsque cet imaginaire se heurte au réel.

Dès le générique, Benyamina insiste sur le même désir de filmer les résidents de banlieues en scope, mais elle ajoute une réflexion sur le fait que les jeunes existent principalement à travers un réservoir d'images et de clips qui circulent grâce aux smartphones, Internet et les petits écrans. Alternant entre des plans en scope et des plans en cadrage smartphone, Benyamina attire l'attention du spectateur sur l'importance de la médiation. C'est la manière dont les amies construisent l'espace autour d'elles mais aussi dont elles imaginent un monde plus grand en dehors de la cité.

Le fantasme de la vie d'un gangster se transmet par un clip qui met en scène les plaisirs de consommation qui attendraient ceux qui ont beaucoup d'argent. Après la scène où la mère de Dounia perd son travail, Benyamina enchaîne avec une image d'une jeune femme noire qui nage dans la mer. Une musique d'ambiance et un effet de réverbération nous donnent l'impression qu'on a quitté le monde pour arriver sur une plage idyllique et ensuite un club. Cela ressemble à des images de smartphone par le sujet et le cadrage, mais à nouveau Benyamina les montrent en scope. Ce n'est que quand on entend des voix d'hommes qui commentent les images dans le hors-champ et ensuite quand on voit le plan des hommes en train de regarder un iPad que nous savons qu'il s'agit un clip, cette fois de Rebecca, la caïd qui contrôle le trafic de drogue dans la cité. Le dialogue nous apprend que Rebecca a réellement passé des vacances en Thaïlande et qu'elle compte y retourner après avoir gagné suffisamment d'argent pour y ouvrir un bar, qui représente le fantasme de conjuguer le travail et la consommation. Le cadrage de Dounia et Rebecca et leur échange de regards montrent la circulation mimétique de désir[17].

Cette scène a lieu dans la cour, le même endroit où, à mon sens, la scène la plus remarquable du film aura lieu un peu plus tard : la scène où Dounia et Maimouna essaient de passer de l'imaginaire au réel. Maimouna s'ennuie dans leur travail de sentinelles, alors Dounia l'invite à penser au futur, à l'imaginer : elles sont à Phuket. Dounia monte dans une Ferrari imaginaire et même temps que l'actrice monte sur un chariot. Après un temps, Maimouna la rejoint. Dounia explique qu'elles sont sur la plage et qu'elles ont des cocktails, des hommes et surtout de l'argent. Ensuite le fantasme se met littéralement en marche : le chariot se déplace dans la cour comme s'il était la voiture et les sons non-diégétiques indiquent une confusion entre le réel et l'imaginaire. La distance caméra des acteurs est celle d'un selfie, transformant la séquence en un plan de selfie en scope. Qui plus est, c'est un selfie à deux, un rêve partagé, et c'est cette amitié qui entrera en conflit avec l'individualisme du rêve de gangster : faire de l'argent à tout prix.

Le gage de violence réelle qui vient contrebalancer la fuite vers l'imaginaire est lié aux émeutes de 2005. Mais je dirais que ce n'est pas tant la réalité, qu'une autre sorte d'image : la médiatisation des émeutes est devenue un genre télévisuel[18], mais un genre qui peut produire des effets dans le réel. Comme Étienne Balibar nous le rappelle, il y a eu lors des émeutes de 2005 un mimétisme entre cités à travers les reportages télévisuels qui, selon lui, a tenu lieu d'organisation politique[19]. Dans les deux scènes d'émeutes, *Divines* s'interroge sur l'incommensurabilité d'un lien entre un désir de violence individuel et les revendications collectives d'une communauté. Après que Samir, le numéro deux de Rebecca, couche avec la mère de Dounia comme acte

17 Sur le désir mimétique, voir Girard, René. *Mensonge romantique et vérité romanesque*. Paris : Fayard, 2011.

18 Sedel, Julie. *Les médias & la banlieue*. Latresne : Éditions Le Bord de l'eau, 2009, p. 31-53.

19 Balibar, Étienne. *Equaliberty : political essays*. Trad. par James Ingram. Durham, NC : Duke University Press, 2014, p. 237-238. Voir aussi Mauger, Gérard. *L'émeute de novembre 2005 : une révolte protopolitique*. Bellecombe-en-Bauges : Éditions du Croquant, 2006, p. 46.

de vengeance, celle-ci décide de brûler sa voiture. Dounia et Maimouna restent sur le scooter en train de regarder l'image spectaculaire et elles la filment avec un iPhone. Lorsque les pompiers arrivent, Dounia part à la recherche d'un cocktail Molotov et elle demande à Maimouna de la filmer. Comme la scène avec la Ferrari, Dounia cherche à rentrer dans un genre visuel qu'elle connaît. La police arrive ainsi que d'autres résidents, ce qui enclenche une vraie émeute à petite échelle. Dounia et Maimouna s'enfuient, la police les poursuit, et Dounia continue à filmer comme s'il s'agissait d'un jeu (le film alternant entre le cadrage scope et le cadrage iPhone).

Alors que la première scène d'émeutes se joue sur un ton de farce, surtout du point de vue de Dounia, le film se termine avec une deuxième scène d'émeutes, cette fois sur un ton beaucoup plus tragique. Dounia a réalisé son rêve de gangster : elle a volé l'argent caché du fournisseur de Rebecca, mais elle essaie de le garder pour elle au lieu de le donner à Rebecca comme convenu. Celle-ci enlève donc Maimouna et menace sa vie. Dounia retourne à la cité afin de sauver son amie, mais elle refuse de révéler le lieu de cachette à Rebecca. Par accident, le sous-sol où la réunion a lieu se met à brûler et Maimouna meurt parce qu'elle ne peut pas sortir de la pièce par la fenêtre. Les pompiers refusent d'intervenir avant l'arrivée de la police à cause de la violence subie précédemment. Une émeute éclate, cette fois à cause d'une vraie doléance collective, mais Dounia ne peut que regarder la scène sans agir et sans voir ou se faire voir par l'intermédiaire de son iPhone. Elle reste immobile avec la douleur d'avoir perdue sa meilleure amie. Cette scène finale, qu'on peut lire comme la chute du gangster, n'est pas dûe à un meurtre ou un suicide, comme dans la formule classique ou parodique du genre, mais à une réalisation des limites du rêve individualiste du gangster. C'est une scène de témoignage de ce que franchir toute limite sociale implique.

L'usage des genres dans le film de Benyamina sert deux fonctions. D'une part, ils insèrent les femmes dans des images fortes de gangsters, ce qui représente le geste égalitaire que nous avons vu aussi chez Audiard. D'autre part, le contraste émotionnel entre les différents genres invoqués font ressentir les limites d'un individualisme capitaliste forcené : le film d'amitié féminine et le film de danse délimitent le champ de ce qui est perdu.

À mon sens, les critiques de *Dheepan* et *Divines* qui y voient un méli-mélo de genres se trompent sur deux points. D'abord, Audiard et Benyamina ont opté pour plusieurs genres plutôt qu'un seul genre maître parce que les genres représentent moins un code fixe qu'un ensemble de « structures d'attentes affectives » – pour reprendre la formulation de Lauren Berlant[20] – dans lequel on peut puiser afin de construire un espace commun. Si l'on pouvait faire un reproche à ces deux films, ce serait que la violence spectaculaire du film de gangster risque de donner rétrospectivement le « la » aux films et ainsi minimiser ou faire oublier les autres genres convoqués. C'est pourquoi les deux films se terminent non pas sur une scène de violence mais sur des images qui cherchent à esquisser un ailleurs, une vie bourgeoise en Angleterre dans le cas de *Dheepan* et un rappel de l'amitié forte entre Dounia et Maimouna dans *Divines*. Deuxièmement, Audiard et Benyamina jouent les genres au sérieux plutôt que sur un ton ironique ou sarcastique parce que ces films ne cherchent pas à faire plaisir à un regard cinéphile ironique (à la Tarantino) ou d'étayer une critique des genres. Il s'agit plutôt d'une tentative de faire un inventaire de l'espace imaginaire des cités et leurs habitants et de le re-cartographier. L'usage des genres ou des techniques de choc ne proposent pas, comme le voudraient les *Cahiers* à propos de *Divines*, une revendication du « droit à jouir des plaisirs capitalistes » ou une « identification aux formes (cinématographiques) du pouvoir[21] ». Ils représentent plutôt une tentative de traduire des genres transnationaux sur le territoire français et dans le même geste de transposer des communautés minoritaires dans contextes mainstream où nous n'avons pas l'habitude de les voir.

David PETTERSEN
University of Pittsburgh

20 Berlant, Lauren. *The Female Complaint : The Unfinished Business of Sentimentality in American Culture*. Durham, NC : Duke University Press, 2008, p. 4.

21 Bui, Camille. « Poudre aux yeux ». *Cahiers du cinéma*. septembre 2016, n° 725, p. 50.

TROISIÈME PARTIE

LE CINÉMA ET LE MONDE

PRATIQUE DE LA MÉTAMORPHOSE

CÉTOLOGIE WARBURGIENNE ET BALEINES EN MOUVEMENT

Iconologie et génétique

Le cinéma a sa part dans le projet d'une pensée des images et des figures visuelles élaborée aux carrefours des images, des sciences de l'esprit et de la nature. Le détour par la biologie théorique, contemporaine d'Aby Warburg et dont ce texte fait l'hypothèse qu'il recoupe l'*epistémè* (on verra sous quelles conditions), va permettre de requalifier le programme d'un musée imaginaire prenant avant tout la forme d'un muséum évolutionniste[1].

Après quelques postulats de départ, ma proposition se déclinera en deux temps : tout d'abord, présenter une lecture de Warburg en parallèle avec quelques-uns des énoncés biologiques les plus novateurs de son temps ; puis indiquer par un exemple précis (je ne pourrai guère faire plus dans les limites de cet exercice) comment le cinéma – par le cadrage, le montage, l'animation, etc. – se sera sans doute, de tous les arts, le mieux retrouvé en position d'intensifier ce geste théorique. Aucune de ces deux pistes entr'ouvertes ne sera, on s'en doute, ici refermée.

EXORDE

Le présent article doit être relié à un travail plus large qui veut penser les images des arts visuels non seulement au croisement de plusieurs autres imageries de la culture en général (scientifiques, politiques, religieuses, etc.)

---

1 Je recours à ce terme dans son sens biologique strict (neutre), et non dans son sens anthropologique – seconde moitié du XIXe siècle – impliquant, par la darwinisme social, une *hiérarchie* des stades de développement des sociétés en fonction de leur proximité ou leur éloignement avec le modèle occidental (sur lequel s'est appuyée l'idéologie colonialiste).

mais également en envisageant les images comme des *nœuds dans lesquels s'entrelacent diverses épistémologies*. Les images – comme tous les êtres (il y faudrait une philosophie première impossible à résumer ici) – ne sont rien d'autre que des relations : non seulement elles entretiennent des relations entre elles ou avec leur environnement iconique, mais elles ne sont *elles-mêmes* rien d'autre que des entités relationnelles. Autre point que je ne fais que mentionner : une grande part de ces relations, si ce n'est la plus grande part, demeure inaccessible à l'être humain. Nous ne pouvons au mieux qu'en observer des effets de surface, des incidences, des rumeurs, des ébranlements, et ainsi de suite, compatibles avec nos capacités réceptives[2].

Second postulat : les images sont des formes de vie. Et ce, au sens propre du terme. Toute la question est : quel est ce sens propre ? Car la vie peut se définir de bien des manières : par la reproduction, la croissance, la cicatrisation, et ainsi de suite. Toutes ces définitions, néanmoins, superposent la vie sur *l'organisme*. Si la vie ne pouvait être qu'organique, alors la thèse d'une vie des images ne pourrait être que métaphorique[3]. Mais il existe des formes de vie non organique. Les images sont de celles-là. En particulier : *être vivant, c'est avoir un point de vue*. Pour reprendre la belle formule d'Emanuele Coccia, le point de vie est avant tout un point de vue, et pour avoir un point de vue point n'est besoin d'avoir des yeux[4]. Est vivant ce qui partitionne le monde en y introduisant des régimes de valeur (la distinction entre le bénéfique et le nuisible, par exemple). Non seulement, « le propre du vivant c'est de se faire son milieu[5] », mais ce qui se fait son milieu est vivant. Les images, à leur tour, n'y manquent pas. Dans les notes pour sa conférence sur le rituel hopi du serpent, Warburg parle d'un spicilège d'images en « réflexe phobique » « biomorphe », c'est-à-dire qui a la forme de l'organisme sans en être un, et « anorganique [*anorganisch*][6] ». L'adjectif « biomorphe » revient également pour

2 Sur tout ce paragraphe et celui qui suit, je me permets de renvoyer à Durafour, Jean-Michel, *Cinéma et cristaux. Traité d'éconologie*, Paris, Mimésis, coll. « Images, médiums », 2018.

3 *Cf.* par exemple Mitchell, W. J. T., *Que veulent les images ? Une critique de la culture visuelle* [2005], traduit de l'anglais (États-Unis) par Maxime Boidy et Stéphane Roth, Dijon, Les Presses du réel, coll. « Perceptions », 2014.

4 Coccia, Emanuele, *La Vie des plantes. Une métaphysique du mélange*, Paris, Rivages, 2016, p. 34.

5 Canguilhem, Georges, *La Connaissance de la vie* [1952, Paris, Vrin, coll. « Bibliothèque des textes philosophiques », 1992, p. 129.

6 Warburg, Aby, « Souvenirs d'un voyage en pays pueblo. Notes inédites pour la conférence de Kreuzlingen sur "le rituel du serpent" » [1923], cité in P.-A. Michaud, *Aby Warburg*

qualifier le fil conducteur servant à reconstruire l'histoire de l'astrologie dans un texte dédié au médecin et physiologiste Franz Boll (Warburg avait lui-même commencé par entreprendre des études de médecine) au sujet de l'influence de la *Sphaera barbarica* de Teucros de Babylone sur l'orientation occidentale dans le cosmos[7]. J'appelle *éconologie* le pacte figuratif qui étudie les images comme des formes de vie à part entière (je n'ai pas dit des organismes…) et se propose de les analyser notamment à la confluence des théories de l'image et des sciences du vivant.

La grande originalité de la pensée warburgienne – que ses successeurs ont largement contribué à gommer (j'y reviendrai) – se tient dans la vie littéralement *inhumaine* des images et des figures, largement inaccessible à nos facultés, cyclopéenne, chthonienne, dont nous n'observons que la faible partie affleurée, conciliable avec notre expérience. L'iconologie warburgienne affirme la vie des images, non au simple titre d'une vie analogique ni du projet épistémologique d'un décalque de la méthodologie de l'anthropologue ou de l'historien de l'art sur les modèles – quels qu'ils soient – de la biologie, comme se le proposaient les anthropologues de la « biologie des images » (Pitt-Rivers, Stolpe[8]), mais bel et bien au titre d'une vie authentiquement impénétrable et impénétrablement authentique qui, pour autant que nous ne pouvons savoir ce qu'elle est, est indissociable de notre expérience des images puisque ces dernières s'offrent toujours à nous *à partir de leur vie.* L'analogie darwinienne et, plus largement, toute une inflexion positiviste venue des sciences de la nature dans ce que Dilthey nommerait bientôt les « sciences de l'esprit » (anthropologie, histoire, philosophie, etc.), était alors à la mode (refus du dogmatisme, de la métaphysique). Il n'entre nullement dans mon intention d'en étudier ici les motivations. On la trouve tout autant par exemple, même si sur un mode très différent, dans la philosophie d'Hippolyte Taine, lorsqu'il estime que, sur le modèle d'un certain nombre de lois ou de théories de la biologie (loi de la connexion des caractères de Cuvier,

---

et l'image en mouvement [1998], Paris, Macula, coll. « La Littérature artistique », 2012, p. 290.

7 Warburg, Aby, « Die Einwirkung der Sphaera barbarica auf die kosmischen Orientierungsversuche des Abendlandes » [1925], Bilderreihen und Ausstellungen (*Gesammelte Schriften*, tome II. 2), éd. de Uwe Fleckner et Isabella Woldt, Berlin, Akademie Verlag, 2012, p. 19-55.

8 Sur leur influence sur Warburg, je renvoie à Severi, Carlo, « Warburg anthropologue ou le déchiffrement d'une utopie. De la biologie des images à l'anthropologie de la mémoire », *L'Homme*, n° 165, janvier-mars 2003, p. 77-128.

loi du balancement organique de Geoffroy Saint-Hilaire, etc.), l'historien, et tout particulièrement l'historien de l'art, peut déterminer des « lois, toutes très précises et très générales, et qui correspondent à celles qu'on a trouvées dans la science des corps vivants[9] ». S'agissant de la théorie de la sélection naturelle de Darwin, cela conduit notamment Taine à comparer régulièrement les œuvres d'art à des « formes vivantes[10] », aux parties interdépendantes et organisées par un principe directeur, plus précisément aux plantes, en précisant que les productions artistiques s'expliquent par leur « milieu » (les mœurs et l'esprit du temps) comme les végétaux par leur « zone[11] ». L'esthétique est « une sorte de botanique appliquée, non aux plantes, mais aux œuvres humaines[12] », qui ne va pas sans un certain déterminisme causal encombrant (« La philosophie de l'histoire humaine répète comme une fidèle image la philosophie de l'histoire naturelle[13] »). Warburg aura lui-même recours à la métaphore botanique, comme dans le texte de présentation de l'*Atlas Mnémosyne*, où il fustige les « esthètes hédonistes » pour « se contenter d'une flore composée de plantes les plus belles et les plus odorantes » au détriment d'« une physiologie du cycle végétal et de la montée de la sève », c'est-à-dire d'une pensée des « racines souterraines[14] » de l'image. Même usage de la métaphore dans cette ébauche du projet de correspondance fictive avec André Jolles au sujet de la figure de la nymphe dans la Renaissance italienne : « Je comprends que tu ne saches pas ce qu'il y a derrière cette image, pour cette raison j'essaierai de tourner mon regard philologique vers le terrain d'où elle provient, en me demandant avec étonnement : "Cette plante curieuse et délicate plonge-t-elle vraiment ses racines dans l'austère terre florentine ?"[15] »

---

9 Taine, Hyppolite, « Les choses morales ont, comme les choses physiques, des dépendances et des conditions » [1866, *Philosophie de l'art*, textes présentés et annotés par Jean-François Revel [1964], nouvelle édition revue, corrigée et augmentée, Paris, Hermann, coll. « Arts », 2008, p. 173-174.

10 Taine, Hyppolite, *Philosophie de l'art* [1865], Paris, Fayard, coll. « Corpus des œuvres de philosophie en langue française », 1985, p. 46.

11 *Ibid.*, p. 16, pour la comparaison.

12 *Ibid.*, p. 19.

13 Taine, Hyppolite, « Les choses morales ont, comme les choses physiques, des dépendances et des conditions », *op. cit.*, p. 174.

14 Warburg, Aby, *Atlas Mnémosyne (Écrits II)* [1929, avec un essai de Romand Recht, traduit de l'allemand par Sacha Zilberfarb, Paris, L'Écarquillé, p. 55, pour toutes les citations de cette phrase.

15 Warburg, Aby, « Ninfa Fiorentina » [1908], *Werke in einem Band*, éd. de Martin Treml, Sigrid Weigel et Perdita Ladwig, Berlin, Suhrkamp, 2010, p. 203.

Mais l'essentiel chez Warburg est ailleurs. Dans un très beau livre sur les cachalots (que j'ai brièvement évoqué à la fin de *Cinéma et cristaux. Traité d'éconologie*), l'océanographe Jacques Sarano écrit combien l'expérience de rencontrer l'animal dans son milieu naturel peut différer de ce qui se passe lorsque nous l'observons depuis un embarcadère ou échoué sur la grève. Quand, dans le second cas, nous réduisons notre relation à la baleine avec ce qui en est appréhendable par la physiologie et l'intellect humains (un spectacle à regarder, un monticule à gravir), le premier nous met – par définition imparfaitement – avec *l'impossibilité d'un tout autre régime de l'expérience* :

> D'abord, on entend un claquement métallique régulier, comme si un forgeron frappait son enclume toutes les quatre ou cinq secondes. Puis l'eau semble accoucher d'un parallélépipède bulbeux, une chose informe, presque grotesque, couturée d'un lacis de griffures claires. On pense que c'est la tête du cachalot... Pas exactement. Ce n'est que l'espace entre la gueule et la narine. Une malformation géante, unique dans le règne animal, qui masque, à elle seule, le corps de la bête. [...] Le corps colossal éclipse la lumière et défile sans fin. Comme une fourmi ne voit pas l'homme sur lequel elle s'aventure, je ne « comprends » pas le cachalot tant il est grand. Je suis contre une muraille, une matière ridée comme une peau d'éléphant, sous laquelle je sens les muscles qui jouent. Une masse creusée de cicatrices et de crevasses, une matière vivante marquée de taches beiges et noirs au gré des squames qui s'effilochent[16]...

Telle est l'image ; on ne la perçoit jamais que partiellement. Il faut se confronter aux images, c'est-à-dire front à front, comme avec le cachalot de Sarano : bien vivantes, dans leurs milieux naturels, *sur leur terrain*. Tant que faire se peut : c'est un programme inatteignable pour qui reste un homme, tout comme nous ne pouvons rien savoir des abysses où les cachalots passent le plus clair de leur temps. Nous ne les rencontrons au mieux qu'au bord de leur monde avec le nôtre, mais dans l'eau, *de leur côté*. Il nous faut passer du côté des images. Ainsi, malgré tout, pouvons-nous prendre conscience de l'infirmité de notre connaissance et de l'urgence à se donner malgré tout le programme de *penser* ce que nous ne pouvons pas *connaître* car il se tient au-delà de l'humain.

---

16 Sarano, Jacques, *Le Retour de Moby Dick. Ou ce que les cachalots nous enseignent sur les océans et les hommes*, Arles, Actes Sud, coll. « "Mondes sauvages" pour une nouvelle alliance », 2017, p. 25.

ABY WARBURG, GÉNÉTICIEN

C'est assez semblablement que Warburg – transposons une imparfaite homologie – propose d'entrer en relation, autant que cela est possible, avec les images : non pas réduire les images à ce qui en vient s'emboîter confortablement avec nos capacités réceptives, mais s'exposer à l'incommensurable des images : *une vie engloutie dont nous ne voyons que des symptômes spumeux.*

Or, c'est exactement ce à quoi se mesure aussi au même moment une tout autre science, la biologie, avec le développement de ce qui allait conduire à sa forme moderne : *la génétique*, laquelle émerge dans le cadre des théories darwiniennes de l'évolution. Je ne dis nullement que Warburg *s'inspire* de la biologie de son temps (ce qui n'aurait aucun sens : je suppose, à charge de la preuve du contraire, qu'il en ignorait tout), mais en revanche je crois indispensable de souligner un paradigme épistémique commun : *il existe un inaccessible à l'homme par-delà le visible (la réalité ne se limite pas à la corrélation homme-objet*[17] *) ; cet inaccessible, pour autant qu'il n'est pas connaissable, n'en reste pas moins pensable*[18]. Ce paradigme ne leur est d'ailleurs pas exclusif : il est au même moment – entre la seconde moitié du XIXe siècle et les trois premières décennies du XXe – celui de la théorie freudienne de l'inconscient, des récits fantastiques lovecraftiens, des géométries non euclidiennes, de l'analyse heideggerienne de l'outil ou du montage cinématographique ; pour résumer trop vite : *la réalité ne se limite pas à ce qui en est accessible par les facultés humaines*[19].

Aux alentours de 1850, à Saint-Thomas de Brno, un moine botaniste morave fait l'hypothèse de trois lois de l'hérédité après avoir observé le schéma reproductif du pois cultivé soumis à certains régimes d'hybridation. Occultées pendant plusieurs décennies, les propositions de Gregor Mendel vont refaire surface notamment avec la redécouverte en 1900 de ses travaux par De Vries, Correns et Tschermak-Seysenegg,

---

17 Il faut attendra les années 1950 pour que les gènes soient observés.

18 *Cf.* pour plus de détails Durafour, J.-M., *Cinéma et cristaux. Traité d'éconologie*, *op. cit.*, p. 226-245.

19 *Cf.* Durafour, Jean-Michel, « Aby Warburg : gènes génie. Essai d'"utraquistique" en iconologie », in Batini Ugo et Riguet Marie (dir.), *Le Génie : autopsie d'un monstre*, Paris, Classiques Garnier, coll. « Rencontre », à paraître en 2019.

la théorie chromosomique de Boveri et Sutton (1902), les travaux de Morgan sur la mouche *Drosophilia* (1910), etc. Ainsi naît la génétique moderne, et son vocabulaire sous la double plume inventive de William Bateson à partir de 1901 (« allèle », « homozygote », « hétérozygote ») et de Wilhelm Johannsen – dont je vais reparler – qui impose la distinction entre « génotype » et « phénotype » vers 1911. Quant à la génétique, elle est conjointement nommée par les deux : Bateson forge le nom de la nouvelle science en 1906, mais Johannsen propose le premier en 1909, dans ses *Elemente der exakten Erblichkeitslehr*, de parler de « gène [*Gen*] » pour désigner l'unité de base de l'hérédité dans les êtres vivants[20]. Contrairement au « pangène » (dont il est d'abord l'abréviation) ou au « gemmule » et autres « biophores » des prédécesseurs (De Vries, Darwin, Weismann), qui n'étaient que des hypothèses théoriques, le gène est pour Johannsen une entité bel et bien réelle (*Realität*[21]), « *de nature inconnue mais avec des effets familiers* » (précise-t-il dans la seconde édition de 1926[22]).

Mon hypothèse est que la théorie warburgienne des images comme formes de vie doit s'éclairer – du moins à partir d'un moment donné – *en étant lue et interrogée aussi en parallèle aux avancées terminologiques et conceptuelles de la science génétique de son temps. Ceteris paribus*, bien entendu : les images étant des formes de vie non organiques, elles ne possèdent aucun gène à proprement parler[23]. Mais, lorsqu'il met en parallèle des images relevant d'un même pathos figuratif, Warburg rencontre *autrement* la *même* articulation que la biologie de son temps était en train de déployer entre *génotype* et *phénotype*. Je me contenterai de ce cas dans

20 Johannsen, Wilhelm, *Elemente der exakten Erblichkeitslehr*, Iéna, Gustav Fischer, 1909, p. 124 : « Le mot gène est complètement libre de toute hypothèse ; il exprime seulement le fait certain que, de toute façon, de nombreuses caractéristiques de l'organisme se manifestent par des "états", des "fondements", des "attachements" spéciaux, séparables et donc indépendants – en bref, ce que nous voulons juste appeler des gènes. »

21 *Ibid.*, p. 640.

22 Johannsen, cité in Roll-Hansen, Nils, « Wilhelm Johannsen and the Problem of Heredity at the Turn of the 19th Century », *International Journal of Epidemiology*, vol. 43, n° 4, août 2014, p. 1011. Je souligne.

23 Comment voudrait-on retrouver toute une image à partir d'un seul de ses fragments ou du texte qui la décrit, comme on peut le faire pour un être vivant à partir de son information génétique ? C'est que le déterminisme n'y est pas : là, la marge d'erreur ne pourrait être que maximale ; ici, la science tend à la rendre toujours moindre. Pour plus de plus amples informations, je renvoie encore à Durafour, J.-M., *Cristaux et cinéma*, *op. cit.*, p. 124-184.

l'espace qui m'est ici imparti[24]. Dans la nouvelle biologie génétique néodarwiniste – les mutations sont fortuites et le génome est inaltérable (principe de Weismann en 1885) – le génotype désigne l'information génétique patrimoniale et invisible d'un individu, transmissible et continue d'un individu à ses descendants ; le phénotype, l'ensemble de ses traits observables, c'est-à-dire la traduction du génotype dans le développement d'un individu particulier, qui donc peut varier entre des individus de même génotype. On doit à Wilhelm Johannssen, comme je l'ai rappelé tout à l'heure, autodidacte critique à la fois à l'égard du néolamarckisme et du darwinisme orthodoxe, d'avoir fixé ce vocabulaire sur la base d'une distinction introduite avant lui par Francis Galton, le cousin de Darwin, entre ce qu'il appelle « *stirp* » (la lignée d'ascendance à partir d'un ancêtre commun) et « *nature versus nurture* [inné contre acquis] » dans une série d'articles parus confidentiellement dans les années 1870[25]. Les travaux prophétiques de Galton – malgré des convictions eugénistes (il forgea le terme) qui auront l'influence néfaste que l'on sait et qu'il avait exposées très tôt dans *Hereditary Genius* (1869) – étaient largement passés inaperçus, notamment pour la raison que Galton plaçait principalement ses textes dans des revues non spécialisées et que ses idées les plus originales n'étaient pas publiées du tout. Johannssen, qui partageait les convictions de Galton, était à la recherche de « lignées pures » et son approche est essentialiste et typologique. La génétique abandonna progressivement cette orientation idéologique. Jusqu'à Johannsen, qui travaillait notamment sur des haricots, génotype et phénotype n'étaient pas distingués (sauf partiellement chez Weismann et Nägeli, attaqués par Johannsen) : pour un biologiste comme De Vries, l'individu n'est encore qu'une version agrandie des « pangènes » contenus dans le zygote fécondé.

Au début des années 1940, Conrad Hal Waddington, un disciple de Thomas H. Morgan, a observé sur des larves de mouches du vinaigre (*Drosophila melanogaster*) que des agressions brutales (chocs thermiques, vapeurs d'éther) pouvaient conduire à des mutations physiologiques chez l'adulte transmissibles sur plusieurs générations (ailes atrophiées),

24 Pour un aperçu plus complet de l'histoire de la théorie du gène à partir du début du XXe siècle, *cf.* Mayr, Ernst, *Histoire de la biologie. Diversité, évolution et hérédité* [1982], trad. fr. de Marcel Blanc, Paris, Fayard, 1989, p. 719-747.

25 *Cf.* notamment Galton, Francis, « A Theory of Heredity » [1875], *The Journal of the Anthropological Institute of Great Britain and Ireland*, vol. 5, 1876, p. 329-348.

quand bien même les nouvelles larves ne sont pas soumis aux même conditions environnementales, avant un retour à la normale après un certain temps de non-exposition. En apparence, de telles constatations sont en délicatesse avec le dogme néodarwiniste de l'époque selon lequel on ne peut transmettre que ce que l'on a soi-même reçu. C'est le fondement de l'opposition entre l'école néodarwiniste officielle (confortée par les travaux de Mendel) et la « tentation néolamarckienne » (mot de Stephen Jay Gould). Pour Lamarck, il existe une hérédité des caractères acquis, à savoir que les parents peuvent transmettre à leurs enfants certaines modifications qui leur sont arrivées (pour s'adapter à un changement de climat, d'alimentation, etc.). Pour un lamarckien, l'hérédité est cumulative ; pour un darwiniste, elle est répétitive. Avec ses mouches estropiées, il semble que Waddington ait retrouvé certaines conclusions lamarckiennes que Paul Kammerer, plusieurs décennies avant lui, avait déjà tirées à partir de recherches menées sur les salamandres européennes puis sur les crapauds accoucheurs. En réalité, il n'en est rien car il ne faut pas oublier la distinction entre génotype et phénotype, entre le *contenu* du message génétique et son *expression*. Si variation il y a, ce n'est pas une variation du contenu, qui reste toujours le même (le principe de Weismann est respecté[26]), mais de son expression, comme la même différence peut exister entre une partition musicale, fixée une fois pour toutes, et telle ou telle de ses interprétations. Waddington propose de réactiver l'ancien vocabulaire de l'épigenèse (théorie selon laquelle l'embryon continue de se former en dehors de l'œuf[27]) et de parler d'*épigénétique* (*epigenetics*)[28] pour rendre compte des modifications phénotypiques et de la plasticité intraspécifique du vivant chez des individus de même génotype selon leur contexte environnemental de développement.

Je pose que la « survivance [*Nachleben*] » warburgienne procède selon une logique tout à fait similaire. Voici ce qu'écrit Warburg en 1927 : « En essayant de placer *génétiquement* sous vos yeux les fêtes françaises qui imitent les classiques entre un milieu de table de Pesaro de 1475 et un timbre-poste anglais moderne dessinée par un Australien, j'espère vous avoir montré que l'un des aspects du baroque consiste à séparer les valeurs

26 En 1943, l'ADN sera identifié comme le vecteur de l'information biologique.

27 Par opposition au préformationnisme (tout l'être est déjà contenu dans l'œuf).

28 Waddington, Conrad H., « The Epigenotype », *Endeavour*, n° 1, janvier 1942, p. 18-20.

expressives de la forge de la vie réelle en mouvement[29]. » Le vocabulaire, ici, doit retenir notre minutieuse attention. C'est bien à un geste « génétique », c'est-à-dire biologique, que nous convie Warburg pour penser les articulations entre « valeurs expressives », c'est-à-dire entre variances pathétiques et espérance figurative. À la seule différence près, donc, sur laquelle j'ai déjà dit deux mots, et dont Warburg n'était évidemment pas dupe : *il n'y a pas de gènes iconiques.* Warburg n'est pas Goethe ni Semper, mais c'est un darwinien : *varie seule la variation.* Il n'y a aucun archétype ni aucune formule visuelle patrimoniaux. En revanche, c'est également une expression récurrente chez Warburg, il existe un « patrimoine héréditaire » des images : « [les] engrammes de l'expérience passionnée [...] survivent dans la mémoire comme patrimoine héréditaire[30] », « la Renaissance italienne a tenté d'assimiler psychiquement ce patrimoine héréditaire d'engrammes phobiques[31] ». J'ai ailleurs précisé que, dès lors, les images vont être pensées par Warburg avec des *analogues de gènes* : les formules de l'expressivité visuelle elles-mêmes. L'expression des *Pathosformeln* est spatio-temporellement bousculée, basculée par l'environnement iconique, ou « iconotope », des images (artistique, théologique, scientifique, etc.). Nous ne voyons que des modulations d'une « formule de pathos » en tant que telle non manifestable, y compris quand elle apparaît *pour la première fois* (primauté, d'ailleurs, le plus souvent largement invérifiable). Je l'ai dit : d'emblée, le darwinisme iconique de Warburg implique qu'il n'y a que des variations d'images ; il n'y a ni première image ni archétype visuel originaire. Comme dans le cadre de l'épigénétique waddingtonienne, toutes les métamorphoses d'images sont *adaptatives, réversibles et transmissibles.* L'anachronisme – qui n'aurait de toute façon pas déplu à Warburg (la survivance relève d'« un enchaînement disparate, non causal et achronologique[32] ») – est imparfait : dès 1909 Johannsen et Woltereck expriment les questions que nous retrouverons dans l'épigénétique (sans parler des travaux de Kammerer à la même époque).

La grande falsification des iconologues postwarburgiens, comme Panofsky, Saxl et surtout Gombrich, qui se sont empressés de rabattre le discours sur les images sur ce à quoi l'être humain peut avoir accès,

29 Warburg, cité in Gombrich, Ernst, *Aby Warburg. Une biographie intellectuelle*, *op. cit.*, p. 249.

30 Warburg, Aby, *L'Atlas Mnémosyne (Écrits II)*, *op. cit.*, p. 55.

31 *Ibid.*, p. 56. ». Le mot allemand est *Erbmasse*, formé avec *Masse* (fonds) et *Erbe* (héritage), qu'on retrouve dans *Erbgut* (génome, patrimoine génétique).

32 Sierek, Karl, *Images oiseaux*, *op. cit.*, p. 31.

est d'avoir replié la survivance des « figures de pathos [*Pathosformeln*] », qui disparaissent, reviennent, mutent, dans l'espace et dans le temps, dotée d'une vie au-delà de l'humain, sur la notion (juridique) d'*héritage* (c'est, autrement formulé, le reproche d'occultisme adressé par Panofsky à Warburg). Là encore, je me limiterai à ce seul exemple qui porte sur le socle le mieux connu de la théorie warburgienne des images. Warburg n'a rien d'un penseur de l'héritage des images, mais tout d'un penseur de leur *hérédité.* D'un point de vue juridique, il n'est pas possible d'hériter sans que soit mort celui dont on hérite. Et qui dit mort, dit que ce qui peut vivre à partir de là ne peut que *renaître.* La renaissance (comme chez Burckhardt) est un héritage en ce qu'elle suppose d'abord la mort de ce qui re-naît. La survivance warburgienne est tout autre. En allemand, comme en français, *nach* peut avoir le double sens d'« après » et de « d'après » : ainsi le *Nachleben* est une « vie-de l'après » qui est aussi une « vie-selon », selon ce dont elle est l'après, une vie qui n'exige nulle mort. Ce qui survit, c'est justement ce qui ne meurt pas. La pensée warburgienne des images n'a rien à voir avec l'héritage : en revanche, elle relève tout entière de l'hérédité. L'hérédité nous permet d'hériter sans commander la mort de ceux dont on hérite (nos parents, proches ou lointains). Tout au contraire : elle les maintient à jamais vivants à travers leurs descendants (c'était même pour Schopenhauer la seule immortalité biologique possible[33]). Non sans une certaine ironie : l'hérédité est d'abord une métaphore (*hereditas*) empruntée… au droit des successions[34]. *La pensée warburgienne des images consiste à traquer par ses évolutions et modulations la formule à jamais invisible, qui n'est elle-même qu'une variation et n'a rien d'originaire, de l'hérédité dans l'image que l'on regarde.*

---

33 Schopenhauer, Arthur, *Le Monde comme volonté et comme représentation* [1819, Supplément au livre quatrième, XLIV, trad. fr. de Auguste Burdeau, éd. de Richard Roos, Paris, PUF, 1966, p. 1318.

34 Ce n'est que vers le milieu du XVIIIe siècle, la logique de la création de chaque vivant individuel cède la place à celle de la reproduction des espèces. Puis la notion perd définitivement son sens juridique en accédant au statut d'objet scientifique dans la seconde moitié du XIXe siècle. *Cf.* Rheinberger, Hans-Jörg et Müller-Wille, Staffan, *Vererbung. Geschichte und Kultur eines biologischen Konzepts*, Francfort-sur-le-Main, Fischer Taschenbuchverlag, 2009, p. 20. La langue allemande en garde le vestige puisque *Vererbung* peut se traduire, selon les contextes, par « héritage » ou par « hérédité ».

CHRIS MARKER : MÉTAMORPHOSES DES BALEINES, PATRIMOINE DES IMAGES

En 1972, Chris Marker et Mario Ruspoli reforment leur duo des *Hommes de la baleine* (1956) pour réaliser un nouveau court-métrage autour de la chasse à la baleine, qui venait d'être interdite mais continuait d'être sauvagement pratiquée par les baleiniers soviétiques et japonais. Le film dénonce le massacre organisé, mais il présente également un autre enjeu : celui de la *vie des images de la baleine.* Marker semble y inviter indirectement en associant baleine et cinéma : « Vous étiez une nourriture. Vous êtes devenues une industrie. Comme le cinéma ! Et à vous non plus, ça n'a pas réussi[35]. »

Vive la baleine met en place un certain nombre de variations visuelles autour du motif de la baleine et de ses différentes « formules de pathos » (jet d'eau, lutte contre les navires, etc.). Ma proposition ici sera de m'intéresser moins aux relations entre phénotypes figuratifs (visibles), comme l'iconographie nous y habitue le plus souvent – par l'exemple l'iconographie industrielle de la pêche à la baleine (tableaux, gravures de journaux, illustrations de magazines, autres films[36]) – qu'à l'interrogation d'un patrimoine héréditaire insituable qui m'amènera très vite à mettre en rapport des images *a priori* peu ressemblantes. Marker, le premier, semble vouloir leurrer une lecture iconographique trop routinière en pratiquant par le montage des associations plus intrigantes, mais que la narration tempère, comme celle par exemple entre des gravures de baleines entourées d'oiseaux, une photographie de quatre femmes victoriennes, une autre photographie de Melville d'abord décadrée sur sa barbe (avec travelling de recentrement) et des illustrations « rousseauistes » de tribus africaines. Il n'est pas dans mon intention d'en proposer quelque sens que

35 *Le Casanova de Fellini* (1976) montrera autrement que c'est dans le ventre des baleines que l'on projetait déjà, en amont du cinéma, les images archéologiques des lanternes magiques.

36 Entre autres : *La Pêche au cachalot (d'après Ambroise Louis Garneray)* (1834) de Frederic Martens, *Capturing a Sperm Whale* (1835) de John Hill et William Page, *Etchings of a Whaling Cruise, with Notes of a Sojourn on the Island of Zanzibar and a Brief History of the Whale Fishery, in Its Past and Present Condition* (1846) de J. Ross Browne, Moby Dick (1956) de John Huston.

ce soit. Je constate seulement plusieurs niveaux d'organisation figurative incitant le spectateur à quitter un paradigme aspectuel – apparemment déconcerté – pour un réseau visuel où des indices discordants, pour peu qu'on en accepte les invites, convergeraient malgré tout vers un *programme iconique commun en deçà de l'aspect extérieur des figures*. Nous le comprendrons mieux dans un instant en regardant *Vive la baleine* avec un autre film de Marker.

L'une des conséquences importantes d'un regard « génétique » sur les images touche au sort de la ressemblance figurative. En biologie, *le gène et l'individu ne se ressemblent pas*. En iconologie héréditaire, la ressemblance joue un rôle également très limité : si elle peut intervenir horizontalement quand on compare entre elles les images d'un même patrimoine visuel – comme on peut trouver ressemblants les rats et les souris –, c'est-à-dire au niveau des surfaces figuratives, elle est indifférente, en revanche, dans la *relation entre des images d'une même hérédité et leurs sources patrimoniales enfouies*. Les cétacés ont pour ancêtre commun un ancien artiodactyle : un mammifère terrestre quadrupède, ongulé et à doigts pairs. Les artiodactyles d'aujourd'hui – bovins, porcins, camélidés, girafe, hippopotame, cerfs… – et les baleines partagent le même aïeul. Outre les baleines, la filmographie de Marker en montre de nombreux autres : girafe (*Sans soleil* [1982]), chameau (*Lettre de Sibérie* [1958], *Le Tombeau d'Alexandre* [1993]), un peu de tous (*La Jetée* [1962]), souvent prélevés chez ou imités d'autres cinéastes (Danièle Tessier, Nikolaï Chpikovski). Une dynastie de cétartiodactyles traverse, à concurrence de celle des chats, tout le cinéma de Marker. La baleine est une girafe, et inversement – à quelques métamorphoses près, c'est-à-dire dans une topologie des formes. Au grand dam de la ressemblance, mais en suivant un programme de type génétique. Dans notre perspective d'un continuum warburgien entre images de la biologie et biologie des images, il y aurait également une topologie des images : une *image de baleine* n'est rien d'autre, aux variations près, qu'une *image de girafe*.

À regarder l'une avec l'autre, par exemple, la séquence de la mort de la girafe dans *Sans soleil* et *Vive la baleine*, un pathétisme commun se trouve impliqué d'un film à l'autre, entre les images de baleines et d'une girafe, radicalement autre que celui des formules internes au seul second film d'images de baleines à d'autres images de baleines (*Cf.* Figure 1).

Par exemple : les oiseaux, le sang, le cadavre. Si je laisse de côté les oiseaux, que *Vive la baleine* décline surtout volant autour des mammifères dans une économie visuelle particulière qui est celle des gravures d'époque, donc du dessin, et que j'en reste au sang et aux cadavres de baleines, on constate que *Vive la baleine* va, très différemment, les faire voir sous le même régime que *Sans soleil* pour la girafe : à la fin du film, les plans en prise de vues réelle sur les cétacés harponnés puis équarris ne sont mis en regard avec aucun autre type d'images, et le film – au contraire – délaisse à partir de là le principe du collage d'images fixes de sources disparates au profit d'une séquence documentaire continue empruntée à l'esthétique frontale des *Hommes de la baleine*. La mort du ruminant de *Sans soleil* viendra également d'un documentaire animalier : *Mort d'une girafe* (1970) de Tessier. Un patrimoine iconique se devine en délaissant les commodités phénotypiques.

Une lecture « biologique » de l'iconologie – on s'en souvient : elles gagnent leur forme moderne au même moment et dans un règlement épistémique commun –, c'est-à-dire *par l'invisible d'un patrimoine inapparent*, nous amène à faire circuler les images de baleine avec celles de rennes ou de girafes, en organisant le célèbre bestiaire de Marker autrement que l'approche figurative par le seul visible aurait sans doute pu le laisser entrevoir (qui finirait par acoquiner à ce compte les baleines avec les poissons...). Cette organisation est l'exploit de chacun de nos regards. L'« épigénétique » warburgienne nous aura appris au moins ceci : à voir la baleine *sous* la girafe, et vice versa. C'est-à-dire à intensifier notre expérience poétique et sédimentaire des images.

Car il s'agit bien d'une épigénétique. Ne nous y trompons pas : si les baleines et les girafes n'appartiennent pas *zoologiquement* à la même espèce et n'ont pas le même patrimoine génétique, quoiqu'elles en partagent beaucoup (plus que la baleine et le requin), comme ce peut être le cas entre deux girafes ou deux baleines, il n'en va pas de même des *images de baleines* ou des *images de girafes* dont je parle ici. Celles-ci appartiennent à *la même espèce d'images* : les images cinématographiques de type analogique. Les circulations iconologiques entre les « séquences codantes » des images – je dirai volontiers par transposition leurs *parties imageantes* – relèvent donc bien d'une épigénétique. Il est sans doute plus intéressant iconiquement de penser – du moins chez Marker – les baleines avec les girafes dans des images de même espèce que les baleines avec d'autres baleines dans des images d'espèces disparates.

En contexte iconologique, une épigénétique manifeste la plasticité figurative des images d'une même espèce par métamorphoses environnementales, non seulement en regard de la peinture, des illustrations de magazines, d'autres images filmiques, d'autre chose que des images, et ainsi de suite, mais aussi en regard d'une *formule inapparaissante et non ressemblante.*

Level Five (1997) se présente à bien des égards comme un prolongement de *Sans soleil.* Comme dans ce dernier, et plusieurs autres œuvres de Marker – *Le Mystère Koumiko* (1965), *Le Dépays* (1982) – le Japon y occupe une place centrale : « J'étais devenu tellement japonais… » C'est la bataille d'Okinawa, qui dura du 1er avril au 22 juin 1945, sur laquelle le jeu vidéo que Laura (Catherine Belkhodja) essaie de finir, inventé par l'homme qu'elle a aimé, est tout entier élaboré. Plus elle avance dans le jeu, plus la jeune femme comprend l'ampleur d'un massacre refoulé par la mémoire collective (les consignes suicidaires de l'armée, l'interdiction de se rendre, l'enrôlement des lycéens). Dans un entretien accordé à *The Berkeley Lantern* en novembre 1996, Marker rappelle que l'on estime au tiers de la population de l'île le nombre de civils décédés pendant les assauts. Mais fait notable : cet entretien est « simulé[37] ». La journaliste, Dolores Walfisch, est une invention, tout comme la revue, spécialement imaginée pour le dossier de presse de *Level Five. Der Walfisch,* en allemand, c'est… la baleine : la baleine change ici encore une fois de forme, sort des images et vient occuper la place de *ce qui interroge les images* d'un autre massacre.

Une scène du film va nous ramener encore autrement, et plus en profondeur, à *Vive la baleine. Level Five* montre pendant quelques plans la commémoration du naufrage, un peu avant le début de la bataille d'Okinawa, d'un navire chargé d'enfants à mettre en sécurité sur l'île principale de Honshū. À l'écran, dans le présent des images documentaires, des parents jettent des bouquets de fleurs (et du saké) à la mer depuis le pont d'un bateau. (*Cf.* Figure. 2 Chris Marker, *Level Five,* 1997). La scène, dans laquelle on peut également sentir l'inattendue mais compréhensible insistance d'Ishirō Honda (cinéaste japonais marqué s'il en est par l'océan et les ravages de la guerre : *Godzilla Godjira,* 1954]), est

37 Bellour, Raymond, *L'Entre-Images 2. Mots, images,* Paris, P.O.L, 1999, p. 228.

visuellement – composition du cadre, angle des prises de vue, montage – très proche de la dernière partie de *Vive la baleine* avec ses plans de cruels harponnages par des baleiniers. Les enfants morts – imaginairement par les fleurs dans le sillon du navire – se superposent aux baleines agonisantes. Nous tenons là une nouvelle association étonnante entre enfance, fleurs et baleines, voire inconcevable si nous nous contentions de rapprocher ces deux moments pathétiques par leur ressemblance. Il faut plutôt les rapprocher *pour*, à partir d'un réseau de figures et de motifs concourants, *les rapporter verticalement à un code figuratif crypté.*

Je ne peux que faire, à partir de là, des suppositions. Qu'avons-nous ? Des Japonais, d'exécuteurs dans *Vive la baleine*, viennent prendre désormais, sous une autre forme, la place de *victimes marines* dans *Level Five.* Enfants, baleines : nous sommes invités à les rapprocher filmiquement. Mais pas à les identifier : les baleines ne sont pas des enfants, la mort d'une baleine n'est pas de celle d'un enfant, et il n'y a d'ailleurs dans *Level Five* aucune image d'enfant mourant. Pourtant, d'un film à l'autre, les images invitent à les rapprocher. Qu'ont-ils en commun ? L'innocence outragée, sans doute. Qu'est-ce que l'image d'un bouquet de fleur ? *C'est l'image de la mort d'une baleine, c'est l'image infilmable de la mort d'un enfant, à quelques variations iconiques, phénotypiques près ; et inversement.* Quelle pourrait être alors cette formule visuelle ensevelie, si ce n'est celle – *imprésentable* – qui fait de la baleine *l'image de notre mort*, et que *Vive la baleine* avait d'emblée dit très explicitement : « Chaque baleine qui meurt nous lègue, comme une prophétie, l'image de notre propre mort. » Nous ne pouvions pas alors soupçonner à quel point. Marker ne parle pas du trépas ni du décès, qui mettent fin à la vie, mais de la mort, qui met fin à la *naissance* – « Mourir est tout au plus l'antonyme de naître[38] » – ; mort de qui ne se confronte pas au retour interminable à l'enfance, de qui ne récrit pas sa mémoire, de qui oublie qu'il est né (c'est la définition de l'adulte) et que, partant, son destin n'est rien d'autre que l'impuissante vulnérabilité que figurent par excellence, dans les ravages que les hommes vieillis réservent à ce monde, les conditions d'existence des animaux et des enfants. C'est à cette naissance que nous devons nous efforcer d'être fidèles pour ne pas oublier, grâce au cinéma, que nous

38 Marker, Chris, *Le Cœur net* [1949], Lausanne, La Guilde du Livre, coll. « Petite Ourse », 1960, p. 168.

ne pouvons être des hommes qu'en restant des enfants, des animaux, des êtres saturés d'images à qui la parole manque comme un privilège.

Jean-Michel DURAFOUR
Université Aix-Marseille

FIG. 1 – Chris Marker, *Vive la baleine*, 1972 (haut) – Chris Marker et Delphine Teissier, *Sans soleil*, 1982 et *Mort d'une girafe*, 1970 (bas).

FIG. 2 – Chris Marker, *Level Five*, 1997.

UN « JE » TYRANNIQUE ? :

Ce que Sartre et Céline peuvent nous dire du « cinéma extrême »

Dans son livre intitulé *The Feel-Bad Film*, Nikolaj Lübecker examine un corpus de films fréquemment associés à un type de cinéma dit « extrême[1] ». Le cinéma extrême, parfois aussi appelé « cinéma du corps[2] », est une appellation d'origine anglo-saxonne qui désigne un corpus de films d'art et d'essai récents (la plupart français). Ces films, comme par exemple *Trouble Every Day* (Claire Denis, 2001) ou *Twentynine Palms* (Bruno Dumont, 2003) se caractérisent par l'emploi d'images ultra-violentes et/ou pornographiques afin de choquer et déstabiliser leurs spectateurs. James Quandt, un critique britannique contributeur du journal *Artforum*, fut l'un des premiers à avoir violemment critiqué ce qu'il nomma la « *New French Extremity* », accusant ces films de se complaire dans des provocations gratuites[3]. Son article polémique suscita de vives réactions de la part d'universitaires qui voyaient dans les violences agressives de films comme *Irréversible* (Gaspar Noé, 2002) ou *Dans ma peau* (Marina de Van, 2002) les efforts d'une nouvelle avant-garde.

Dans son introduction, Lübecker rapproche les stratégies antagonistes du cinéma extrême avec la théorie littéraire de Jean-Paul Sartre développée dans *Qu'est-ce que la littérature ?* (1948). L'une des propositions de Sartre est que l'exercice de la lecture est un microcosme de démocratie idéale au cours duquel lecteur et auteur reconnaissent et réalisent leur propre liberté :

1 Lübecker, Nikolaj, *The Feel-Bad Film*, Édimbourg, Edinburgh University Press, 2015.

2 Palmer, Tim, « *Under your skin : Marina de Van and the contemporary French* cinéma du corps », in *Studies in French Cinema*, vol. 6, n° 3, 2007, p. 171-181.

3 Quandt, James, « *Flesh and blood : sex and violence in recent French cinema* », in *The new extremism in cinema : from France to Europe*, Tanya Horeck and Tina Kendall (ed.), Édimbourg, Edinburgh University Press, [2004] 2013, p. 18-25.

> Ainsi la lecture est-elle un exercice de générosité ; et ce que l'écrivain réclame du lecteur ce n'est pas l'application d'une liberté abstraite mais le don de toute sa personne, avec ses passions, ses préventions, ses sympathies, son tempérament sexuel, son échelle de valeur. Seulement cette personne se donnera avec générosité, la liberté la traverse de part en part et vient transformer les masses les plus obscures de sa sensibilité. Et comme l'activité s'est faite passive pour mieux créer l'objet, réciproquement la passivité devient acte, l'homme qui lit s'est élevé au plus haut[4].

La lecture est ainsi un engagement avec l'autre, basé sur l'empathie, l'écoute et le partage. Pour Sartre, si les régimes fascistes étouffent la littérature, c'est parce qu'elle est elle-même démocratie en acte et en devenir, reconnaissance suprême de co-liberté entre auteur et lecteur : « Ainsi, qu'il soit essayiste, pamphlétaire, satiriste ou romancier, qu'il parle seulement des passions individuelles ou qu'il s'attaque au régime de la société, l'écrivain, homme libre s'adressant à des hommes libres, n'a qu'un seul sujet : la liberté[5] ».

Pour Lübecker, les films « feel-bad » fonctionnent à rebours du modèle que Sartre décrit. Plutôt qu'un dialogue vertueux entre deux parties égales, ces films sont manipulateurs et cherchent la confrontation, sans jamais récompenser cette confrontation par une libération cathartique. La question de savoir si ces films épousent un modèle anti-démocratique est ainsi implicitement posée, mais laissée en suspens par Lübecker. Dans cet article, je souhaite donc revenir sur la formulation politique de Sartre et lui opposer l'œuvre romanesque de Louis-Ferdinand Céline, afin de poursuivre la discussion initiée par Lübecker. Mon intention n'est pas de rendre compte ici de l'immensité et de la diversité de l'œuvre de Céline, mais plutôt de dessiner les contours d'une théorie littéraire célinienne, particulièrement dans son rapport ambigu au lecteur, afin d'analyser certaines stratégies formelles du cinéma extrême. Je me concentrerai sur *Entretiens avec le Professeur Y* (1955), un petit livre étrange aux allures de manifeste stylistique, dont le sujet est essentiellement le rapport de Céline avec ses lecteurs.

Ainsi, dans quelle mesure *Entretiens* pose-t-il problème pour *Qu'est-ce que la littérature ?*, essai dans lequel la liberté est conçue comme *la* grande valeur littéraire ? La relation ambiguë entre lecteur et auteur chez Céline

---

4 Sartre, Jean-Paul, *Qu'est-ce que la littérature ?*, Paris, Gallimard, 1948, p. 65.
5 *Ibid.*, p. 81.

permet-elle de repenser la liberté, de valeur de puissance (démocratique) chez Sartre à valeur d'impuissance (fasciste ?) chez Céline ? Comment, enfin, ce questionnement éclaircit-il certains aspects de l'esthétique du cinéma extrême ?

Pour commencer à répondre à ces questions, et avant de discuter d'*Entretiens*, je voudrais mentionner un aspect particulier de la prose célinienne, la voix narrative à la première personne, un « Je » qui interpelle et antagonise le lecteur. La narration à la première personne est une constante du récit célinien, et se distingue par la présence d'un « autre » que le narrateur a à cœur de convaincre ou de confronter. Il suffit, pour s'en rendre compte, de lire les premières phrases de *Voyage au bout de la nuit* (1932) : « Ça a débuté comme ça. Moi, j'avais jamais rien dit. C'est Arthur Ganate qui m'a fait parler. Arthur, un étudiant, un carabin lui aussi, un camarade[6] ». L'*incipit* donne le ton : le narrateur, Bardamu, occupe une position défensive, comme s'il faisait son propre plaidoyer à un interlocuteur invisible, qui ne peut être que le lecteur. Le « Moi » emphatique, suivi d'une double négation absolue (« jamais » et « rien »), implique une accusation et établit d'emblée une relation adversaire entre narrateur et lecteur, entre accusé et procureur. S'ensuit une contradiction : après avoir juré n'avoir rien dit, il confesse avoir parlé, mais seulement sous pression d'un autre, « Arthur Ganate ». Mais là encore, son innocence est certaine : Arthur, nous dit-il, était un « camarade », un étudiant comme lui, et Bardamu n'est donc coupable que de confiance envers un ami.

C'est par de tels procédés que Céline fait surgir la présence du lecteur, et lui assigne un rôle qui n'est pas aussi simple ni aussi idyllique que ce que Sartre décrit. En outre, le rapport antagoniste au lecteur est aussi stylistique : à partir de *Mort à crédit*, la syntaxe célinienne devient plus éclatée, le vocabulaire plus obscène et argotique, parfois impénétrable, et les fameux points de suspension prolifèrent, jusqu'à devenir omniprésents dans la « Trilogie allemande[7] ». La voix célinienne est ainsi, pour Philippe Roussin, une voix qui « se construit nécessairement selon la logique du *polemos* ». L'argot en particulier, « organise l'émotion sur la base d'une relation tensive » dont le « Je » « construit l'énonciateur

6 Céline, Louis-Ferdinand, *Voyage au bout de la nuit*, Paris, Gallimard, 1981, p. 7.

7 La trilogie allemande désigne les trois derniers romans de Céline, *D'un château l'autre* (1957), *Nord* (1960) et *Rigodon* (publication posthume, 1969).

dans la logique d'une interlocution agonistique[8] ». Voix polémique, elle manifeste la présence d'un autre, d'un interlocuteur qu'il faut tour à tour séduire, accuser, voire insulter, et qui, pour Henri Godard, « donne au lecteur à la fois ce sentiment diffus d'être agressé et l'intuition de ce qu'il y a en lui de désir d'agression[9] ». Céline lui-même exprime, avec des accents prophétiques, son propre « désir d'agression » dans *Mort à crédit* : « Je pourrais moi dire toute ma haine. [...] J'aime mieux raconter des histoires. J'en raconterai de telles qu'ils reviendront, exprès, pour me tuer, des quatre coins du monde. Alors ce sera fini et je serai bien content[10] ».

Céline n'a jamais désavoué ce rapport querelleur au lecteur, et en a même fait une illustration grotesque dans *Entretiens avec le professeur Y*. « L'histoire », s'il y en a une, est simple : Céline lui-même demande qu'un autre auteur de Gallimard, surnommé alternativement « le Professeur Y » et « Colonel Réséda », « l'interviouve » à propos de son travail d'écrivain. Comme souvent à cette époque, Céline se fait passer pour une victime, un écrivain maudit persécuté par tous, mais il se lance aussi dans un exercice d'auto-dérision. Il explique ainsi vouloir s'emparer du système nerveux du lecteur, le pousser de force dans son « métro émotif », dans ce qui ressemble moins à une collaboration généreuse qu'à une prise d'otage émotionnelle :

> J'embarque tout mon monde dans le métro, pardon !... et je fonce avec : j'emmène tout le monde !... de gré ou de force !... avec moi !... le métro émotif, le mien ! sans tous les inconvénients, les encombrements ! dans un rêve !... jamais le moindre arrêt nulle part ! non ! au but ! au but ! direct ! dans l'émotion !... par l'émotion ! rien que le but : en pleine émotion... bout en bout[11] !

Le récit épouse le style littéraire de Céline, que ce court extrait exemplifie d'ailleurs, c'est-à-dire haché et vociférateur. À mesure que l'entretien se prolonge, le comportement de Colonel Réséda change. D'abord indifférent aux proclamations de génie de Céline, las avant même d'avoir commencé, il se laisse progressivement « ensorceler »

8 Roussin, Philippe, *Misère de la littérature, terreur de l'histoire : Céline et la littérature contemporaine*, Paris, Gallimard, 2005, p. 426.
9 Godard, Henri, *Poétique de Céline*, Paris, Gallimard, 1985, p. 258.
10 Céline, Louis-Ferdinand, *Mort à crédit*, Paris, Gallimard, 1981, p. 512.
11 Céline, Louis-Ferdinand, *Entretiens avec le professeur Y*, Paris, Gallimard, 1955, p. 102.

par la verve de son interlocuteur, à tel point que, soudainement pris d'un besoin d'uriner, il préfère se faire dessus plutôt que d'interrompre l'entretien. Avec une exagération comique, on comprend qu'il devient la proie du dangereux style célinien, embarqué dans le métro émotif et incapable d'en descendre. Finalement, il souffre d'une sorte de syncope et s'effondre dans une flaque de sa propre urine, tandis que le narrateur explique aux passants alarmés, eux aussi peut-être alpagués par le métro émotif, que ce n'est pas de sa faute, qu'il est innocent, que le colonel souffre « d'épisodes ».

Godard reconnaît que la prose de Céline est structurée de telle sorte à désorienter, et opposée à la logique grammaticale rigide, et donc prévisible, de la langue écrite. Lorsqu'on lit Céline, « il faut garder l'esprit en éveil et mobiliser toute la connaissance que l'on peut avoir de la langue et de ses ressources[12] ». L'argot, l'éclatement de la syntaxe et la voix polémique ne sont pas seulement des moyens de donner une existence littéraire au langage des classes populaires ; ce sont surtout les pierres angulaires d'un dispositif qui oppose le « Je » narratif au lecteur. Il faut à cet égard le rapprocher des théories de l'émotion et de la surprise partagées par certaines avant-gardes de l'époque qui mesuraient le succès de l'art en fonction de l'intensité des émotions qu'une œuvre produisait chez le récepteur. On retrouve donc dans le texte d'*Entretiens*, ainsi que dans les correspondances de Céline, un langage théorique particulièrement proche du dadaïsme, d'après qui la bourgeoisie avait progressivement avili le langage et vidé les mots de leur pouvoir émotionnel. La poésie de Dada avait pour but, comme chez Céline, de « produire une sorte de choc émotionnel[13] ». D'une manière générale, les vue esthétiques de Céline étaient celles d'un moderniste et ressemblaient parfois étrangement à celles de ses contemporains étrangers, comme T. S. Eliot, pour qui il fallait inventer un langage sensoriel « en communication directe avec les nerfs[14] ». Céline se distingue en littérature par le rapport d'inimitié qu'il crée avec son lecteur. Il ne s'agit plus seulement de se mettre « en communication directe avec les nerfs », mais encore d'outrer, d'agresser, d'égarer, tout en demandant dans ses derniers romans, avec

12 Godard, Henri, *op. cit.*, p. 229.

13 Tzara, Tristan, « Un art nouveau », in *Œuvres complètes*, I, Paris, Flammarion, [1916] 1975, p. 558.

14 T. S. Eliot, cité par Eagleton, Terry, *Literary theory : an introduction*, Minneapolis, University of Minnesota Press, 1996, p. 41.

une hypocrisie et une mauvaise foi toutes calculées, la sympathie d'un lecteur dont il sait qu'il n'en recevra aucune. Tout ceci contribue à faire de la lecture de Céline une expérience ambigüe, partagée entre la puissance littéraire indubitable d'une langue créative et vigoureuse et la sensation désagréable d'être sans cesse agressé et pris à partie par un narrateur infâme, lequel ne sait s'il doit exiger la complicité du lecteur ou lui dire d'aller au diable. Il n'y a qu'une seule constante : le lecteur *doit* écouter, le style célinien *exige* son attention – tant pour suivre le récit que pour écouter son narrateur.

Lübecker décrit des expériences de réception similaires dans le contexte d'avant-gardes cinématographiques récentes, dont le cinéma extrême fait partie. La violence de films comme *Seul contre tous* (Gaspar Noé, 1999) et *Martyrs* (Pascal Laugier, 2008), et surtout pour lui la manière dont ils refusent au spectateur la réalisation d'une catharsis promise, constituent un détour radical de la relation harmonieuse envisagée par Sartre. Souvent opaques, gratuits et pénibles à regarder, les stratégies audiovisuelles que ces films déploient visent explicitement à lancer un assaut sur le spectateur, à tester son endurance et défier ses attentes, sans pour autant le récompenser par la production d'une nouvelle subjectivité critique, dans la tradition du théâtre d'Antonin Artaud ou de la philosophie de Georges Bataille.

À bien des égards, le rapport au spectateur dans le cinéma extrême rappelle ainsi le rapport au lecteur chez Céline, comme une inversion verticale du modèle horizontal de Sartre. On pourrait même avancer que le cinéma extrême sublime les efforts de Céline tels qu'ils sont décrits dans *Entretiens*. L'exemple le plus probant d'un effort d'agression du spectateur au cinéma se trouve sans doute dans *Irréversible*. L'anecdote est désormais célèbre : lors de sa projection à Cannes en 2002, à cause de scènes extrêmement violentes, une équipe de pompiers était présente dans la salle de cinéma par anticipation d'éventuels évanouissements dans le public. De nombreux spectateurs, outrés, quittèrent la séance au milieu de la projection, certains hurlant des insultes à Gaspar Noé. Il faut dire qu'outre les deux scènes du film les plus notoirement pénibles[15], *Irréversible* est un film difficile à regarder à cause de mouvements de caméras tourbillonnants et écœurants, une histoire de vengeance sordide

15 La première, au début du film, montre en détail le meurtre d'un homme dont le crâne est écrasé à coups d'extincteur. La seconde, au milieu du film, est une scène de viol en une seule prise durant neuf minutes.

et enfin, au début du film dans les salles équipées, la diffusion de fréquences sonores de 28 Hz (quasi-inaudibles) censées provoquer des nausées et sensations de vertiges chez le spectateur. *Irréversible* est donc un film volontairement désagréable, agressif même, et dont l'objectif semble avoir été de faire de chaque spectateur un Colonel Réséda, soit poussé de force dans un état limite, à la fois dérangeant et fascinant. On pourrait également citer *Dans ma peau*, dont les scènes d'auto-mutilation très graphiques sont parfois filmés avec des regards caméra provocateurs, comme pour nous défier de détourner le regard ; et bien sûr, *Funny Games* (Michael Haneke, 1997), avec ses multiples adresses directes au spectateur, constitue presque un manifeste didactique sur la question du regard et de l'extrême violence. Ces films exigent notre attention, défient notre regard, au même titre que Céline exige que l'on l'écoute. Ce n'est pas un hasard si l'on accuse fréquemment les films extrêmes de « prendre le spectateur en otage ». Mais cela suffit-il pour conclure que Céline et le cinéma extrême défont entièrement le modèle démocratique de Sartre ? Que reste-t-il de la liberté si chère à Sartre ?

Pour Suzanne Guerlac dans *Literary Polemics*, la donnée essentielle de *Qu'est-ce que la littérature ?* est la liberté. Selon elle, Sartre n'exige pas des écrivains qu'ils transmettent un « message » politique ou des valeurs humanistes particulières. Elle soutient au contraire que « *far from being a means to an end, something in the service of higher values, literature is absolute for Sartre. As such, it exceeds the economy of utility or project that Bataille identifies with Sartrean engagement*[16] » (loin d'être un moyen d'atteindre un but, quelque chose au service de valeurs supérieures, la littérature est absolue pour Sartre. En tant que tel, elle excède tout principe d'utilité ou toute notion de projet que Bataille identifie pourtant à l'engagement sartrien). Guerlac se positionne ainsi contre l'interprétation plus commune de Sartre selon laquelle l'auteur doit se faire un devoir d'être politiquement engagé et responsable, ce qui pousserait la littérature vers une sorte d'utilitarisme politique. Pour elle, il n'y a chez Sartre qu'une reconnaissance de liberté, accordée mutuellement par l'auteur et le lecteur. Elle conclut que cette reconnaissance mutuelle est, pour Sartre, le seul but de la littérature, son unique engagement politique, ce qui le rapprocherait paradoxalement de la doctrine de « l'art pour l'art ». Elle écrit :

16 Guerlac, Suzanne, *Literary Polemics : Bataille, Sartre, Valéry, Breton*, Stanford, Stanford University Press, 1997, p. 71.

> *Sartre's theory of engagement is usually read as a theory of literature in the service of some higher value. Yet there is no higher value evoked in* Qu'est-ce que la littérature ? *than freedom. What the writer requires from the reader is not subservience to any goal or value, but his or her freedom. (…) It is the mutual recognition of freedoms that establishes value as such. The work of art is value as call to freedom.*[17]

> « La théorie de l'engagement de Sartre est généralement lue comme une théorie de la littérature au service d'une valeur supérieure. Pourtant, il n'y a pas de plus grande valeur évoquée dans Qu'est-ce que la littérature ? que la liberté. Ce que l'auteur exige du lecteur, ce n'est pas la soumission à un but ou à une valeur, mais sa liberté. (…) C'est la reconnaissance mutuelle des libertés qui établit la valeur en tant que telle. L'œuvre d'art est une valeur en tant qu'appel à la liberté. »

Peut-on ainsi dire des romans de Céline qu'ils sont également un « appel à la liberté » ? À première vue, si l'on prend *Entretiens* comme modèle schématique et caricatural du rapport auteur-lecteur chez Céline, on doit répondre non. Il serait cependant erroné de prendre le contenu d'*Entretiens* au pied de la lettre, sous prétexte que le personnage principal s'appelle Céline, qu'il est écrivain et se présente comme l'auteur du *Voyage au bout de la nuit*. Comme pour tout le reste de son œuvre, Céline (l'auteur) grossit, déforme, noircit à partir de données autobiographiques, processus que lui-même nomma « transposition ». *Entretiens* ne fait pas exception, et se lit comme un pastiche grotesque de manifeste stylistique.

De même, l'hostilité du narrateur célinien et la volonté exprimée de « s'enfoncer » dans le système nerveux du lecteur est davantage révélateur d'une injonction d'écouter que d'une reconnaissance mutuelle de libertés. Les points d'exclamation, exagérations grossières et répétitions sont autant de stratégies servant à capturer l'attention du locuteur, à *exiger* qu'il ou elle écoute le narrateur, comme l'avait déjà souligné Charles Bally dans son *Traité de stylistique française*[18]. Mais cela ne signifie pas que le modèle démocratique de Sartre est tout à fait éradiqué et remplacé par un modèle autocratique[19]. Il me semble au contraire que la liberté est également une

---

17 *Ibid.*, p. 69.

18 Bally, Charles, *Traité de stylistique française*, Genève, Georg & cie, 1951, p. 294, 308, 312-313.

19 Entre son obsession pour les émotions et le rapport ambigu qu'il entretient avec le lecteur, il n'y a qu'un pas à faire pour accuser l'esthétique célinienne d'être fascisante, ce que certains ont d'ailleurs fait (y compris Sartre). Sans toutefois entièrement m'opposer à ces accusations, elles courent le risque d'un manichéisme selon lequel toute esthétique qui n'est pas aussi idéalement démocratique que celle décrite par Sartre est automatiquement

donnée essentielle de l'esthétique célinienne et du cinéma extrême. Il est en effet peu probable que les lecteurs de Céline soient passifs, patientant mollement sur le « métro émotif », comme Céline lui-même les décrit dans *Entretiens*. Comme le souligne Godard, le lecteur de Céline doit au contraire être particulièrement actif, doit savoir mobiliser les ressources linguistiques à sa disposition, ne serait-ce que pour suivre la narration.

L'injonction d'écouter est ainsi une soumission active, la même, au fond, que la soumission des spectateurs de films extrêmes. Que ce soit par masochisme, bravade ou simple curiosité, de nombreuses études se sont penchées sur ces motivations, conscientes ou pas, poussant à la vision de tels films[20]. La plupart d'entre eux sont conçus et vendus comme des expériences hautement pénibles, testant l'endurance du spectateur et interrogeant sa position de voyeur. Un autre film de Gaspar Noé, *Seul contre tous*, le plus célinien de ses films, en offre un exemple frappant. Considéré comme la suite de son moyen-métrage *Carne* (1991), *Seul contre tous* raconte l'histoire d'un boucher (Philippe Nahon) sans commerce, qui erre seul dans Paris en ruminant des pensées racistes, misanthropes et meurtrières. Finalement, au désespoir, il va chercher sa fille adolescente confinée dans un hôpital psychiatrique, avec le projet de la tuer et de se suicider. Avant qu'ils n'arrivent tous les deux à l'hôtel, un intertitre avec un compte à rebours surgit, sur lequel est écrit : « Vous avec 30 secondes pour abandonner la projection de ce film », comme une promesse que ce qui va suivre sera particulièrement révoltant[21]. On peut considérer que cet avertissement est purement rhétorique. Quoi qu'il en soit, *Seul contre tous* et le cinéma extrême en général exigent l'activité et l'engagement du spectateur autant qu'ils en exigent l'attention, d'une manière tant explicite que réflexive. Dans la mesure où il est toujours

---

fasciste ou fascisante. Il me semble plus productif de parler d'une interrogation critique et éthique de la liberté sartrienne.

20 Voir notamment Padva, Gilad et Buchweitz, Nurit (ed.), *Sensational Pleasures in Cinema, Literature and Visual Culture : the Phallic Eye*, New York, Palgrave Macmillan, 2014 et Frey, Mattias, *Extreme Cinema : the Transgressive Rhetoric of Today's Art Film Culture*, New Brunswick, Rutgers University Press, 2016.

21 Pendant les cinq dernières secondes du compte à rebours, le mot « DANGER » remplace l'intertitre et clignote sur fond de sirène d'alarme. La fin atroce que l'on attend est un fait une séquence hallucinatoire au cours de laquelle le boucher couche avec sa fille, avant de la tuer et de se suicider. Finalement, on comprend qu'il ne s'était agi que d'un fantasme (ou d'un cauchemar), et le film se termine sur le projet déclamé du boucher de vivre en fugitif avec sa fille.

possible de quitter la salle, d'éteindre la télévision ou de refermer le livre, les spectateurs de films extrêmes et les lecteurs de Céline se soumettent donc librement à une expérience dont ils savent qu'elle sera, sous certains aspects, difficile, déroutante ou éprouvante. Le modèle démocratique de Sartre, compris comme modèle de liberté, n'est donc pas tant inversé que cela ; la thérapie d'Alex, dans *Orange Mécanique* (Stanley Kubrick, 1971), est peut-être le seul exemple d'une expérience audiovisuelle proprement tyrannique. Que ce soit le critique littéraire de *Marseille-Matin* en 1936 qui se vanta d'avoir brûlé *Mort à crédit* au bout de cinquante pages[22], ou les reportages racontant avec jubilation que des dizaines de personnes quittèrent la séance d'*Irréversible* avant la fin du film à Cannes, dans les deux cas, ces œuvres indiquent un engagement avec le texte qui n'est pas seulement basé sur la liberté, mais qui en stimule aussi l'exercice. La tyrannie du « Je » célinien et des films extrêmes, comprises comme leur injonction d'écouter et de regarder, est donc ambivalente, performative et impuissante dans sa fondation. C'est une tyrannie qui, paradoxalement, fait affleurer la liberté. Mais cette liberté est-elle aussi imprégnée de puissance, de potentialité et d'espérance que celle de Sartre ?

Avec une certaine perversion, les romans de Céline et les films extrêmes respectent l'idéal sartrien de liberté. On pourrait même dire que la caricature d'*Entretiens* a une valeur programmatique pour les cinéastes comme Gaspar Noé, et que l'évanouissement de Réséda anticipe celui des spectateurs d'*Irréversible*. Notons aussi que chez Sartre, cette reconnaissance mutuelle de liberté a valeur d'échange : le « pacte de générosité » entre lecteur et auteur est aussi un pacte de réciprocité :

> Car puisque celui qui écrit reconnaît, par le fait même qu'il se donne la peine d'écrire, la liberté de ses lecteurs, et puisque celui qui lit, du seul fait qu'il ouvre le livre, reconnaît la liberté de l'écrivain, l'œuvre d'art, de quelque côté qu'on la prenne, est un acte de confiance dans la liberté des hommes. Et puisque les lecteurs comme l'auteur ne reconnaissent cette liberté que pour exiger qu'elle se manifeste, l'œuvre peut se définir comme une présentation imaginaire du monde en tant qu'il exige la liberté humaine[23].

L'œuvre, microcosme « imaginaire » d'un monde qui « exige la liberté humaine ». En 1948, le souvenir de Vichy est encore frais dans les mémoires,

22 Céline, Louis Ferdinand, *Œuvres complètes*, I, Paris, Gallimard, 1981, p. 1402.
23 Sartre, Jean-Paul, *op. cit.*, p. 79.

et Sartre soutient que seul un régime démocratique, régime des libertés, peut permettre à la littérature et à l'art de mener une existence saine. Et bien que Céline et le cinéma extrême reconnaissent, à leur façon, la liberté du lecteur/spectateur, il reste une différence essentielle : pour Sartre, la liberté est une valeur de puissance, elle est la condition de réalisation du plein potentiel humain, et la littérature en est l'agent. La liberté est moyen *et* fin ; elle est sa propre récompense. Mais pour Céline et le cinéma extrême, bien qu'ils requièrent et stimulent la liberté du lecteur/spectateur, la célébration de cette liberté est obscurcie par un désir constant d'agression, à des fins qui ne sont pas immédiatement claires, et qui ne le seront peut-être jamais. Que faire en effet de la mauvaise foi révoltante, et calculée, de Céline dans la trilogie allemande, de son négationnisme nauséabond ? Que penser des atrocités abrutissantes de *A Serbian Film* (Srdjan Spasojevic, 2010) ? La simple existence de ces œuvres, le fait qu'elles aient largement échappé à la censure[24], indique une démocratie si ce n'est saine, du moins fonctionnelle. Et sans doute peut-on même affirmer que la révolte qu'elles provoquent – colère des spectateurs d'*Irréversible*, du lecteur de *D'un château l'autre* (1957) – peut être fertile. Mais elles dégagent aussi un horizon fermé où la liberté du spectateur de *Baise-moi* (Coralie Trinh Thi & Virginie Despentes, 2000) et du lecteur de *Rigodon* (1969) n'est ni récompense, ni récompensée, où cette liberté devient valeur d'impuissance plutôt que de puissance. Quiconque est amateur de films extrêmes, ou même de films d'horreur, aura certainement perçu les contours de cette liberté stérile dans les interrogations inquiètes de proches demandant « Mais pourquoi est-ce que tu regardes ça ? ». Peut-être s'agit-il de reproduire, dans le rapport avec l'art, le pessimisme et l'impuissance que chacun est susceptible de ressentir dans les démocraties modernes. Sans être asséchée dans les œuvres de Céline et le cinéma extrême, l'eau claire de la démocratie sartrienne est simplement boueuse.

Maxime BEY-ROZET
University of Pittsburgh

24 Ce qui n'est pas toujours le cas ; *A Serbian Film*, notamment, a été censuré en Espagne et en Allemagne, ce dont les producteurs du film étaient fiers.

OPERA AND OPEN VEINS

Fitzcarrald (1897), *Fitzcarraldo* (1982) and the Poetics of Primitive Accumulation

1. After escaping execution on charges of espionage, Carlos Fermín Fitzcarrald disappeared into the remote jungles of southeastern Peru. This was around 1878, the very dawn of a chaotic era remembered as the "rubber boom", three decades of almost unimaginable resource extraction from the Amazon River basin. Gaudy fortunes in the precious sap were accumulated with such speed that entire cities were reinvented: titans of the industry set up their credit shops in Belém; eight hundred miles upriver the soggy town of Manaus would transform as if by magical incantation into a bastion of European finery; another thousand miles west, ramshackle houses in tiny Iquitos would proliferate over its banks like mushrooms after a midnight thunderstorm as it went from a sleepy canoe dock to a rough-and-tumble frontier boomtown, a sort of Deadwood, or Potosí, on stilts. Fitzcarrald was considerably removed from this main channel of rubber activity, operating hundreds of miles to the south. The son of an American sailor and a Peruvian aristocrat, and still only a teenager, he took his rudimentary maps, his polyglot heritage (Spanish, English, Quechua, likely Portuguese), his charm (he was something of a man about town), and his will into the Madre de Dios watershed, in those days a largely unexplored labyrinth of rivers, streams and wetlands. "Largely unexplored", that is, in the industrial development sense. In fact the Madre de Dios river system of the late nineteenth century was well known by many people and teemed with a welter of human life that included over a dozen indigenous groups of various linguistic profiles, small bands of European settlers, gritty traders from a wide range of national and ethnic heritage (Peruvian, Brazilian, Bolivian, Spanish, Chinese). The details of what happened to Fitzcarrald during the subsequent decade are not totally clear, but we know that it involved the quiet accumulation of resources and power

through shrewd alliance-building, intercultural negotiation, marriage and arms trading.[1] One missionary, from an 1888 acount, writes: "Certain colonists speak of a 'white Indian' from the headwaters of the Ucayali, who appeared before the Campas as the Son of the Sun... [and] the Campas were notified that an Amachengua had appeared... a reincarnation of the Inca Juan Santos Atahualpa. The tribes undertook a long march and met at the indicated site, where they found a white man dressed in the customary way of the savages, but with greater sumptuousness, carrying in his hand a carbine of the latest model and bandoliers of cartridges like necklaces. He spoke the Campa language and told them that 'Father Sun had sent him with a message, that the errant tribes should live like civilized men, forming villages each with its own church'"[2].

This, of course, was Fitzcarrald. Even if the outlines of this rather generic account are true—the rumors of a white Indian, the long march to meet him, the linguistic fluency, the claim to a divine message, *el hijo del sol*—there is simply no way that this Ashéninka-speaking group took Fitzcarrald for a mythical savior; indeed Gabriel Sala, a Franciscan priest and government emissary who explored the region, says as much explicitly, noting the open disdain that the Campas felt for this "false God... with or without whiskers"[3] (). In other words, they had seen his kind before. But what is certainly true is that Fitzcarrald demonstrated an impressive talent for negotiating indigenous antagonisms and that he spent the 1880s parlaying that strength into a virtual stranglehold on rubber-tapping in the upper Ucayali. He became filthy rich. His 20-room mansion was the estate of a veritable *gamonal*—the Peruvian pejorative for new-money, semi-feudal landowners whose social depredations were

1 There is no objective biography on Fitzcarrald. Two short books by Váldez Lozano (1942; 1944) are the account of a former business associate, and Reyna's *Fitzcarrald. El rey del caucho* (1942) is written in the tone of patriotic nationalism. A number of contemporary studies of the region and its indigenous inhabitants take up the history of Fitzcarrald and his world more and less extensively, with insight into the rubber trader's practices and strategies. See among others Brown Michael and Fernández Eduardo, *War of Shadows: The Struggle for Utopia in the Peruvian Amazon*, Berkeley : U of California P, 1991; Gray, Andrew, 2004. *Mythology, Spirituality, and History*. Providence: Berghahn Books.and Gow, Peter, 2016. Jeronimo's Declaration of Independence: Piro accounts of slavery and freedom. In : Lino E Silva, Moises et Huon Wardle, Silvia (éd.), *Freedom in Practice: Governance, Autonomy and Liberty in the Everyday* London: Routledge. p. 121-143.

2 Reyna, Ernesto, *Fitzcarrald. El rey del caucho*. Lima: P. Barrantes, 1942, p. 21-22.

3 Sala, Gabriel, *Apuntes de viaje*. Lima: Imprenta la Industria, 1897, p. 141.

particularly notable—complete with a surrounding community of serfs and a warehouse full of imported delicacies. He sent his children to study in Paris and stocked his river boats with the finest French. His riches went from filthy to astronomical when, in 1891, he tapped local indigenous knowledge to open up a new *varadero*, or portage, between two river tributaries, consolidating a monopoly over the region. To get the new route started, he had his team disassemble a steam-powered riverboat and haul it over the newly-opened passage. The massive hull took two months to transport. Now undisputedly the most powerful rubber baron of the entire Madre de Dios region[4] Fitzcarrald's life was cut short six years later while aboard a steamship that became caught up in the rapids. He drowned, at least according to legend, attempting to save the life of a business partner[5]. While there is no evidence that he included opera among his passions for European culture, the meteoric trajectory of his life, ending in a tragic death, certainly had something operatic about it.

2. Werner Herzog has a long-standing relationship with the opera—he has staged over two dozen—but the cinematic rendering of the life of Fitzcarrald was his first. As a filmmaker, Herzog is known for his commitment to unusual locations, and so we are not surprised that his initial experience with opera would happen not in Vienna or Milan, but at the periphery of European culture, in South America, on the Amazon, at the world-famous Teatro Amazonas, the opera house of Manaus, Brazil. Herzog begins his loose rendering of Fitzcarrald's life there, now in the more operatic title of *Fitzcarraldo* (1982), the story of the rise and fall of the Irish immigrant, Brian Sweeney Fitzgerald, nom-de-guerre "Fitzcarraldo". We first meet the protagonist as he rushes up toward the monumental palace of opera to catch the great Caruso in the closing death scene from Verdi's *Ernani* (1844). Sublime, the song inspires a dream, one that will require him to strike it rich. But, we learn quickly, it turns out that he's a bad capitalist. While every

4 Brown Michael F and Fernández Eduardo, *War of Shadows: The Struggle for Utopia in the Peruvian Amazon*. Berkeley: U of California P. 1991, p. 63. GRAY, Andrew, *Mythology, Spirituality, and History*. Providence: Berghahn Books, 2004, p. 221.

5 See Serier, Jean-Baptiste, *Les barons du caoutchouc*. Paris: Karthala, 2000, p. 7. The source of this legend is most likely Reyna, Ernesto, *Fitzcarrald. El rey del caucho*. Lima: P. Barrantes, 1942, p. 130-1.

shred of evidence indicates that the historical Fitzcarrald's drive was eminently capitalist—accumulation for the sake of accumulation—Herzog's Fitzcarraldo sees the acccumulative impulse of the capitalist world-economy as a convenient means to a specific end: to bring opera to the jungle, to host the greatest stars of Europe in the middle of the Amazon. And not in a namby-pamby way like the fat cat creditors at the center of the system: Manaus, after all, was a dynamic port city, and in 1897—the year of the Teatro's first performance season and also of the historical Fitzcarrald's death—its inhabitants could still dream dreams of permanence, of a never-ending boom that would consolidate a new world in the tropics. Fitzcarraldo dreams bigger than that: an opera house in the jungle, that is, *literally in the middle of the jungle*, inaccessible, lightly developed, wild-west, Iquitos. That's how he gets into rubber. But ultimately, he's a romantic.

For any political reading of Herzog's film—that is, any reading intent on unearthing the possibilities and limits of its geo-politically material critique—its spatial, historical and aesthetic relation to opera cannot be overlooked. This relation is immediate: the opening montage of *Fitzcarraldo* runs from a wide panorama of jungle canopy to an establishing shot of the Teatro Amazonas. The juxtaposition—extravagant opera house, wild jungle ("the land where god did not finish His creation", reads the overtitle)—is less ham-fisted than it might at first appear. The easy, and usual, critical move is to note some variant of a colonial discourse critique, revolving around civilization-and-barbarism metaphors[6]. The savagery of pure life in the jungle over here, penetrated

6 Dolkart, Ronald, Civilization's Aria: Film as Lore and Opera as Metaphor in Werner Herzog's Fitzcarraldo. In: *Journal of Latin American Lore*. 1985. Vol. 11, n° 2, p. 125-141. begins this critical tradition on *Fitzcarraldo*, and is followed by a host of prominent interpretations of the film, including Franco, Jean, High-tech Primitivism: The Representation of Tribal Societies in Feature Films. In: *Critical Passions. Selected Essays*. Durham: Duke UP, 1999. See also, Koepnick, Lutz, Colonial Forestry: Sylvan Politics in Werner Herzog's Aguirre and Fitzcarraldo. In: *New German Critique*. 1993. Vol. 20, p. 133-159. Davidson, John, Contacting the Other: Traces of Migrational Colonialism and the Imperial Agent in Werner Herzog's Fitzcarraldo. In: *Film & History: An Interdisciplinary Journal of Film and Television Studies*, 1994. Vol. 24, n° 3, p. 66-83. Leppert, Richard, Opera, Aesthetic Violence, and the Imposition of Modernity: Fitzcarraldo. In: Goldmark, Daniel, Kramer, Lawrence et Leppert, Richard (éd.), *Beyond the Soundtrack: Representing music in cinema*. Berkeley: U of California P. p. 99-119, 2007. Leppert, Richard. *Aesthetic Technologies of Modernity, Subjectivity and Nature: Opera, Phonograph, Film*. Berkeley: U of California P, 2015. Ascárate, Richard John, 'Have You Ever Seen a Shrunken Head?': The Early Modern

and tamed by the sophistication of an ordered European form over there. Or the attempt at this kind of pacification that will fail in the face of nature's inexorable force, and by implication the wisdom of natural man, the way in which the jungle, in Herzog's expression, "always hits back". The film is full of scenes that invite this reading: at one turn, Fitzcarraldo appears to "tame" indigenous war drums through the pacifying effects of Caruso recorded for the gramophone; in another, Fitzcarraldo plots to mobilize indigenous myth in the name of their exploitation; there is even a "first contact" scene, a rather lovely close-up in which white hand and brown hand meet in greeting, the Indians fondling Fitzcarraldo's hair and suitcoat buttons with engaged curiosity. Fitzcarraldo and the other non-indigenous characters disparage the Indians with the epithet "bare-asses", and Herzog himself, for example in Les Blank's *Burden of Dreams* (1982), transparently refers to "savage" Indians, straight, with no indication whatsoever of implied scare quotes. So in terms of colonial discourse critique, to put it lightly, there's a lot to work with here[7]. And yet: the blandly comforting binary of civilization and barbarism that this material suggests collapses into itself before the actual critical work of the film. Thematically and historically, Fitzcarraldo is not a film about the sublime trauma of discovery, contact, conquest. It is a film about capitalism, more precisely, about the capitalist irrational—a symptomatic intensification of what Jameson memorably called the political unconscious—and its governance over social life at the spaces of its leading edge of penetration, a chronotope of primitive accumulation. Spaces such as the rubber boom of fin-de-siècle South America.

The roll of opera, both in the film and the world, will help us perceive this dynamic. With its luxurious surroundings in the Teatro Amazonas, it is tempting to unproblematically locate the opera as a kind of high, formal culture imposed upon various forms of popular cultural expression, and of course there is much to that idea, it's where most critical interpretations of the film both begin and end. But as far

---

Roots of Ecstatic Truth in Werner Herzog's Fitzcarraldo. In: *PMLA*. 2012. Vol. 122, n° 2, p. 483-501.

7 The documentary filmmaker Les Blank was present for a crucial stretch of the shooting of *Fitzcarraldo*. Despite being essentially "authorized", the resulting film, *Burden of Dreams* (1982)- released almost simultaneously with *Fitzcarraldo*-raises awkward questions about Herzog's project. It's a compelling film, capturing a number of famous Herzog quotations, including the "nature always hits back" comment.

as opera itself is concerned, this is only half the story, and probably not even half: opera as a rich man's game has something anachronistic about it, that is, its assumptions run counter to capitalism's historical trajectory toward mass culture. And indeed, by the late nineteenth century, opera had long since descended from the courtly perch of its primitive expression, and had become a wildly popular kind of song. Caruso was an international superstar with appeal across the classes, and phonograph recordings had brought opera at its highest technical expression into the private and public spaces of millions around the globe. This of course includes Latin America, where opera traces an intersecting history with its European scene, and that itself was a major economic center of opera work—as both producer and consumer—with stars tracing a transatlantic circuit for consecutive opera seasons between Europe and South America. Moreover, what we recognize as the stereotypically staid, formal opera of today of course has had innumerable "popular" reinventions throughout its history, from zarzuela to minstrel shows to modern musical theater. While fully bourgeois in its cultural capital at the turn of the century—as collectors today know, Caruso's records were more commonly purchased than played, a totem to conspicuous consumption—it nevertheless comes as no surprise that opera as a cultural *practice* was something that everybody could recognize, whether from neighborhood performance or sound reproduction, and certainly had the capacity to stir the spirit of *el pueblo*. When the anarchist Pietro Gori, an Italian exile in Argentina, sought to capture and channel the energy of a body proletariat, he turned to opera, transforming the aria ("Va, pensiero") from Verdi's *Nabucco* (1841) into the "Inno del Primo Maggio" (1892) and eventually into the hearts of syndicalists in a trans-Atlantic circuit from Tierra del Fuego to Marseille and back to Mexico[8]. With opera extending from luxurious theaters to improvised barrio music

8 For the sharpest reading of the aesthetic and historical functions of opera in *Fitzcarraldo*, see: Leppert, Richard, *Aesthetic Technologies of Modernity, Subjectivity and Nature: Opera, Phonograph, Film*. Berkeley : U of California P. 2015. For an excellent review on the current literature around social histories of opera, see Kotnick, Vlado, 2013. The adaptability of opera: When different social agents come to common ground. In : *International Review of the Aesthetics and Sociology of Music*, 2013. Vol. 44, n° 2, p. 303-342. For an extensive and accessible study on the shifting social dynamics of opera, see Snowman; on the relations between opera and imperialism, the classic starting point is: Said, Edward, *Orientalism*. New York : Knopf, 1977. The best study of the relations between social class, work and opera in Latin America is Roselli, John, The opera business and the Italian immigrant

halls, Gori's variation is not any kind of elevation of the people; the hymn is their interpellation: he set their struggle to a tune that they knew. In this, it's worth recalling: the transformative opening scene notwithstanding, Fitzcarraldo doesn't really *go* to the opera. He gives no indication of standing among the cultured elite, of patronizing a box at a great opera house; he lives in a slum on stilts at the very edge of the capitalist world, and says explicitly to Molly that he likes it that way, that he dislikes men with money who go around acquiring whatever they please. And yet there he is with his gramophone, in his modest rivershack, surrounded by half-naked children and a pig, captivated by Caruso's song. Ultimately, then: he's a record geek. And his relation to the opera is one that is well known. His figure is that of the rabble critic, the clerical-class spectator in the cheap seats, hostile to arriviste socialization, dedicated to the aesthetic, a performer's terror. Not merely a chance to show off Kinski's unmatched talent for throwing a fit, this is the meaning of the scene in which Fitzcarraldo scandalizes a cocktail party where, unfortunately, he is seeking funders, with the words: "Sir, the reality of your world is nothing more than a rotten caricature of great opera!"

At the same time, there is no way around the blunt fact that the opera house is *the* expression of capitalism-fueled raw power in fin-de-siècle Manaus: among the various ruins and legends of rubber-boom extravagance, nothing compares to the Teatro Amazonas. This historical fact of the material excess of the Teatro yields a common mistake in attempting to explain the film and its critical potential. For example, in a glossary entry the encyclopedist Balderston opens the topic of "opera in Latin America" with a reference to Herzog, accusing him of "ridiculing" the region's opera[9]. Confused about the object of critique, a deeply Eurocentric perspective can emerge almost reflexively and only perceive, or be offended by, the suggestion of cultural dislocation, an exoticizing, even self-exoticizing, idea of Latin American opera[10]. But this reflex would seem to suggest either an ignorance of Latin America's

community in Latin America 1820-1930: the example of Buenos Aires. In : *Past & Present*. 1990. n° 127, p. 155-182.

9 Balderston, Daniel, González, Mike et López, Ana (éd.), Opera. In: *Encyclopedia of Contemporary Latin American and Caribbean Cultures*. London: Routledge, 2014, p. 1076.

10 See also Leppert, Richard, *Aesthetic Technologies of Modernity, Subjectivity and Nature: Opera, Phonograph, Film*. Berkeley : U of California P. 2015, p. 70; 288.

prominent role in the history of opera, or a misunderstanding of the long history of Latin American cultural producers' creative strategies for narrating and aestheticizing the intercultural traumas of the continent. Besides giving the first word on the real history of Latin American opera to the made-up story *Fitzcarraldo*, the comment is also representative of a larger error: the assumption that any perceived outlandishness of opera in *Fitzcarraldo* comes from the director's will to ridicule. In truth, it emerges from a completely different aesthetic impulse and social history. Well-known to scholars of Latin American culture and history, it's the logic of the continent's most famous indigenous narrative style, magic realism itself. The extravagant neo-Renaissance structure is universally cited, almost always with a hint of *can you believe this?*, in literature of the rubber boom. Eduardo Galeano calls it a "monumento barroco de bastante mal gusto y el símbolo mayor del vértigo de aquellas fortunas al principios de siglo donde el tenor Caruso cantó para los habitantes la noche de la inauguración" ("a baroque monument of pretty bad taste and the biggest symbol of that vertigo of wealth at the beginning of the century, where the tenor Caruso sang for the inhabitants on the night of the inauguration")[11]. Caruso didn't, in actual history, sing there, but the legend is part of the mystique, and there seems to be something irresistible about the image of the aria in the jungle as the ultimate expression of decadence, as in Mario Vargas Llosa's *La casa verde*: "¿de veras… que venían óperas a Iquitos y que los caucheros se encendían sus puros con billetes?" ("is it true…that operas would come to Iquitos and that the rubber barons would light their cigars with dollar bills?")[12]. Beyond opera and forest, the counterpoint of an impoverished back-water saddled with this impossibly ornate, world-class opera house, is the image that lends Manaus its renowned aura of magical realist flair.

But like all magic realism, the magic always ultimately yields to the realist, and in this the rubber boom social forces at play are not in fact magic, not even operatic, but rigorously material, belching up a monument that is no more than a banal cultural expression of economic growth and regional identity[13]. In short, the Teatro is common. For

11 Galeando, Eduardo, 1971. *Las venas abiertas de América Latina*. Mexico : Siglo XXI.

12 Vargas Llosa, Mario, *La casa verde*. 2008. Madrid : Punto de lectura, 1966, P. 203.

13 See Ruth Bereson's *The Operatic State: Cultural Policy and the Opera House*. New York : Routledge, 2002, for a book-length analysis of the relations between opera, national identity, and statecraft.

example, another periphery of capitalism, the former Austro-Hungarian empire, saw a massive turn-of-the-century boom in opera houses, with the firm Fellner and Helmer alone designing nearly 40 opera houses between 1874 and 1911, from Vienna to Zagreb, from Brno to Rijeka[14]. What seems to make Manaus so particularly seductive for both the European and Latin American imagination is its status as a geo-historical confluence of forces at once underwritten by and resulting in such explicit social crimes. Fitzcarraldo navigates this world in search of the start-up capital that will provide the means to an end, the opera in the jungle. All of this suggests two ways in which we need to keep our eye on the ball, the ball being not only opera per se, but also its physical institutionalization, *the opera house*, the Teatro Amazonas. First, the Teatro is the stabilizing symbol representative of the specific accumulative intensity of the economic subsystem in the tropics, circa 1900; the Teatro *is* the rubber boom and its primary symptom, rubber fever. Second, in its very etymology—a house of *opera*—the Teatro suggests the wealth-producing sustenance of capitalism in its most expansive and inclusive form, the kind of practices that we find in all resource-extraction boom economies. "Opera" connotes *work*, in its various Romance verb form *operare* or *obrar*, to work, to labor, to exert effort—that is, after all, what the *operai*, the *obreros*, the *ouvriers* do—tied etymologically to the notion of *a work*, "opus", "œuvre", finished, the product of work. The nature of work that the capitalist world-economy demands—that is, the transformation of all work into a commodity, whether enslaved, free, or something in between—is first and foremost at stake in any of its subsystems. An opera is a work and it is through this metonymic relation that *Fitzcarraldo* constantly reminds us that at the heart of all booms—which is to say, the world-system in which we dwell—is the euphemistic "disruption" that capitalism yields through the demands that it exacts upon human community that we call "work". And it is in the context of opera that both Fitzcarraldo and the audience learn the work of capitalism in its pure form, on the periphery, where it goes naked, as bare labor, unimpeded and unprotected, free, a pure market governed by the laws of the jungle. To understand this structure of

14 Hoffmann, Hans-Christoph, *Die Theaterbauten von Fellner und Helmer*. Munich : Prestel, 1966 ; Sell, Michael, *Theatres and Concert Halls of Fellner and Helmer*. Cambridge : Entertainment Technology Press, 2014.

relations is to understand the critical intervention of *Fitzcarraldo*, both its possibility and its limit.

The nature of work that surrounded the historical Fitzcarrald is notorious, and far too complex to elaborate here. Briefly, in the context of the boom, the twin problems of finance capital and labor are beset by myriad logistical problems. First and foremost, the rubber of the Amazonian boom was "wild rubber", not harvested on plantations, but rather found sporadically in the jungle, some of the most forbidding terrain on earth; the masses of labor that go into plantation farming or mining become, in the rubber economy, something more akin to the accumulation of sea-mammal pelts, with small teams working remote zones, isolated for long stretches of time. The immediate product is sap, slow to extract and messy to transport, and even after its initial refinement, extremely heavy. So the labor requirements are at once massive—you need a lot of workers to turn a profit—and diffuse—they fan out over large areas of land. Add to that the fact that the labor pool itself is not readily at hand. The rainforest has a low population density and in the nineteenth century many of its indigenous inhabitants, while fully interpellated into the capitalist world-system (including, among other mechanisms, by way of human trafficking), were not yet engaged in formal capitalist relations of production and labor. The barons would invest in strongmen, so-called *caciques*, that would mediate the supply of credit and provisions to tappers, only the most successful of whom could ever pay off their debt[15]. A major expense for the financiers, then, was enforcing debt bondage. Since caciques were paid in terms of rubber procured, the lawless realms of the jungle and the unequal relations in firepower invited all kinds of human rights disasters, most infamously *correrías*, "round-ups", literally the pursuit and enslavement of entire rainforest indigenous groups. A cottage industry of horrors revolving around debt enforcement and labor procurement thus echoed throughout the jungle[16]. It is accurately remembered, from Casement's reports to

15 Gray, Andrew, *Mythology, Spirituality, and History*. Providence : Berghahn Books, 2004, P. 222-23.

16 Forms of labor in the rubber industry during the boom were diverse, racialized and in constant transformation. For some of the basics. For a more revisionist account, see Gow, Peter, Jeronimo's Declaration of Independence: Piro accounts of slavery and freedom. In : Lino E Silva, Moises et Huon Wardle, Silvia (éd.), *Freedom in Practice: Governance, Autonomy and Liberty in the Everyday*. London : Routledge, 2016. p. 121-143.

Vargas Llosa's novel, as an explicit exercise in a "crime without a name" that would later be called genocide[17].

Fitzcarrald was an active participant in this scene of systematic plunder. And while his exploitation of a new portage was what propelled his business to profligate revenues, even before the discovery of the isthmus Fitzcarrald had long since placed himself in the position to leverage his already considerable fortune. Recall the missing years, the decade that the young Fitzcarrald operated quietly in the jungle. In fact these years were not quiet at all, at least not within the context of the intersecting community relations that defined indigenous life in the Manu-Mishagua region where he operated. By identifying a market and exploiting it, Fitzcarrald hit upon a method through which he could secure the basic geographical relation—man and land, labor and territory—to exploit a still-nascent rubber industry while at the same time outflanking the financiers that would normally provide the start-up capital for such an operation. The articulating commodity was guns, the customers were the Indians themselves, and the method of payment was laboring bodies. During these missing years, Fitzcarrald was busy deepening and mobilizing his knowledge of indigenous rivalries in order to set up a network of allies and a supply of labor nothing less than chilling in its efficiency. He traded guns for slaves. Cultivating alliances with one indigenous group, he would offer them quantities of high-demand Winchester rifles and ammunition in exchange for a supply of slaves, slaves that the Indians would procure by overpowering their rivals with their new guns. Fitzcarrald didn't stop there. He would then approach the tribe under attack and offer them rifles for self-defense, in exchange for more slaves from a third group. Completing the circle, he traded arms to the third tribe on the condition that they capture slaves from among the Indians that he had originally traded with[18]. Thus was Fitzcarrald able to sweep up entire communities into a condition of outright slavery and,

17 Casement was a high-level British Consulary official who produced important testimonies on post-abolition slavery in the Congo and, most relevant here, the Putumayo region, the Amazonian borderlands between Peru and Colombia. The 1910 *Casement Report* that would ensue from his investigation in the rubber-harvesting industry is a landmark in the history of human rights discourse. In 2010, Mario Vargas Llosa published a powerful novelization of Casement's life, *El sueño del celta*.

18 Huertas Castillo, Beatriz, *Indigenous Peoples in Isolation in the Peruvian Amazon*. Copenhague : IWGIA, 2004, 51-3.

in the same gesture, build a paramilitary force of Indians and settlers willing and able to maintain that system of bound labor[19].

He was not shy about mobilizing his army. Upon opening up the new route via the isthmus, Fitzcarrald was confronted with the task of clearing a section of the unpacified Manu river of its restive native inhabitants, the Mashco-Piro, as yet unintegrated into the rubber economy.

After his threats to do great harm to the tribe—in the account of one Dominican missionary, "right down to the tiniest baby"- yielded unsatisfactory results, he unleashed his paramilitaries with such fury that dismembered corpses could be found along the river banks and, in the words of the same missionary, one "couldn't draw water from the river for all the bodies of Mashco and rubber workers because it was a war to the death"[20]. Underwriting his European good taste and river boats noted for their gourmet food, fine wine and startling hygiene, was an entire society engaged in relations of conquest, enslavement, robbery, murder, briefly force, in which even the pleasure-boaters invited for rides on his steamships participated by pillaging random villages in their cruises down the Madre de Dios. And this was a large-scale operation. Clearing the jungle-space to make it safe for capitalism, it turns out, requires a cast of thousands, from large groups of men with guns to the eleven-hundred indigenous slaves employed in hoisting his ship over the Ishtmus of Fitzcarrald[21].

This is the historical context that Herzog will render operatic. The motivating image—the ship over the mountain—would, like any ambitious opera, also involve masses of men, the chorus that sets the stage for the stars of the libretto. He centers the film on the literal dragging of the ship between rivers, nineteenth-century style, with trees, rope,

---

19 Brown, Michael F. et Fernandez, Eduardo, *War of Shadows: The Struggle for Utopia in the Peruvian Amazon*. Berkeley : U of California P, 1991, p. 63.

20 These testimonial reports are gathered by Huertas Castillo, *Ibid.*, p. 51-2. Valdez, a first-hand participant in the project, confirmsthe violence in his biography of Fitzcarrald. Huertas Castillo's study is also notable for the emphasis that it places on indigenous resistance against these incursions, including armed resistance, which often forced the invaders to abandon rubber-rich Gow, Peter, Jeronimo's Declaration of Independence: Piro accounts of slavery and freedom. In : Lino E Silva, Moises et Huon Wardle, Silvia (éd.), *Freedom in Practice: Governance, Autonomy and Liberty in the Everyday*. London : Routledge. 2016, p 121-143.

21 Gray, Andrew, *Mythology, Spirituality, and History*. Providence : Berghahn Books, 2004, p. 221.

cables, pulleys, winches, levers and people. Lots of people. Lots and lots of indigenous extras. In other words, workers. In the jungle. With Herzog, and Kinski, and explosives. For many months. It was problematic.

3. A year or so later, in Munich, Herzog got kicked in the nuts. Shortly after *Fitzcarraldo*'s premier, he was walking down the street when a man rushed up to him, suddenly leapt in the air, and delivered a blow, karate-style, straight to the director's groin, denouncing him as a "pig". The film was a critical success—it was celebrated with honors at Cannes, where Gabriel García Márquez, one of the festival's award judges, championed it as a kind of fraternal collaboration—but had churned up no small amount of rancor. The bad feelings revolve around the making of the film which, in the popular imagination, has earned the project more attention than the film itself. The challenges and crimes that surrounded the film's production are legion, mostly well-known, and far too extensive to detail here, involving: war, bureaucrats, accidents, activists, dismemberment, skeptical engineers, two plane crashes, assault, drowning, mud, dynamite, dysentery, chainsaws, bugs, arson, Kinski, the jungle itself, machinery malfunction, conspiracy to commit murder, infidelity, ambush, piranhas, draught, lumbermen, priests, hygiene, domestic violence, debtors' prison, food shortage, falling limbs, falling trees, gun running, rebellion, prostitution, Jason Robards, arrows, an oil pipeline, drunken soldiers, harrowing rapids, field surgery, venomous snakes, armed vigilantes, resignations in protest, Mick Jagger, and a cameraman accidentally abandoned overnight on a boulder in the middle of a rising river. While much scholarship has certainly been advanced on the purely aesthetic achievements and failures of the film, *Fitzcarraldo*'s gravitational pull for political readings of Herzog's work proves irresistible. In this scholars have followed the lead of the popular fascination with the film's production, and thus critique of *Fitzcarraldo* tends to pander to scandal, focusing less on the film itself and more on mobilizing the film in the name of denouncing, or at best problematizing, Herzog's production activity, and the widely-reported human rights allegations brought against the director. The film is almost universally read as both an indulgence in, and unguarded representation of, neo-colonialism[22].

22 The attraction of the production circus around the film is insidious: Carré's book on Herzog, for example, in a chapter called "Domination coloniale dans les filmes extra-euorpéens",

Without apologizing for Herzog, I suggest that this line of critique is now exhausted. Of course, there is nothing essentially incorrect about its generalizable conclusion: Herzog's film represents and enacts a range of uncomfortable details that relate it—with or without good intentions—to a long history of systematic violence in the Amazon. But this conclusion, which can also be a premise, seems largely descriptive, and doesn't get very far, analytically, in the way of complicating the film's possible discursive turns or critical interventions. It doesn't help us understand the perennial fascination with the film. And it doesn't help us to explain its cultural impact and influence, which runs from goofy little Vice-news style documentaries like *Reconquest of the Useless* (2015), to films with more serious ambitions that cite, criticize and pay homage to it in creative ways, such as John Boorman's *The Emerald Forest* (1985), Icíar Bollaín's *También la lluvia* (2011), and Ciro Guerra's *El abrazo de la serpiente* (2016). Briefly, the problem of the anti-colonialist critique is that it too quickly and superficially renders—if at times only by analogic suggestion—the relation between Herzog and "his" Indians as one of colonizer-colonized; more precisely, it reads this relation as one

notes this fact, and then nevertheless proceeds to place the film to one side and speak almost exclusively about the polemics surrounding it. Koepnick interprets Herzog as reinforcing colonial logics of domination through his on-location film production in Koepnick, Lutz, Colonial Forestry: Sylvan Politics in Werner Herzog's Aguirre and Fitzcarraldo. In : *New German Critique*, 1993. Vol. 20, p. 137; 158. Davidson speaks to the representational strategies, production practices and marketing of *Fitzcarraldo* as an exercise in "neocolonialism" Davidson, John, Contacting the Other: Traces of Migrational Colonialism and the Imperial Agent in Werner Herzog's Fitzcarraldo. In : *Film & History: An Interdisciplinary Journal of Film and Television Studies*, 1994. Vol. 24, n° 3, p. 66-83. (1994, p. 80-2). Franco implicates Herzog as participating in a kind of "old-syle capitalist enterprise" in that performs violence against the rain forest ecosystemand its inhabitants through what she calls "high-tech primitivism" in Franco, Jean, High-tech Primitivism: The Representation of Tribal Societies in Feature Films. In : *Critical Passions. Selected Essays*. Durham : Duke UP, 1999, p. 188. Ascárate argues that *Fitzcarraldo*, and artefacts both within it (e.g. the fictional map of Fitzcarraldo's territory of would-be extraction) and like it, are grounded in a long genealogy of ethnographic imagery and represent a compensatory exercise, enacting textually a kind of colonial plunder that perhaps escaped Germany relative to other western European powers (2007, p. 491). Leppert, Richard, *Aesthetic Technologies of Modernity, Subjectivity and Nature: Opera, Phonograph, Film*. Berkeley : U of California P. 2015, P. 63, 65, while less tempted by the on-set hijinx than most, nevertheless reads the film in the standard key and calls Fitzcarraldo an "acoustic conquistador" imposing "technological authority": over the jungle. Even Ames, generally a sympathetic interpreter of Herzog's projects, seems to accept at face value the anti-colonial critique of Herzog's films and activities.

of victimizer and victims. This is historically and aesthetically inaccurate[23]. *Fitzcarraldo* is Herzog's, but like any film, it is a collaboration, *collective work* in more than one sense, an opera that makes *explicit* the agency of the *operai* in the present tense.

At a deeper, analytical level, the anti-colonialist critique of *Fitzcarraldo* misses the object against which the film intervenes. This is because *Fitzcarraldo*'s world, in fact, is not merely the colonial world of conquest and settlement, even in its "ongoing" coloniality-of-power mode. Rather, it is an intervention against the consolidation of a system, the capitalist world-economy, and its power of representation speaks to the fact that the time that it engages—the Amazonian rubber boom circa 1900—is the time of capitalism, the world in which we live. Far from walling off historical violence by banishing it to a distant past, the critical work of Herzog's film moves in the opposite direction: by making present this historical knot of capitalism's world-formation, it brings to our current modernity the nightmare of its contemporary past, suggesting that its historical traction (literally, tires) of development is at play in its

23 The interpretation of "silent", "absent" and forgotten Indians in and around *Fitzcarraldo* is a curiously stubborn error in the critical literature. In fact the Indians, both within the story and on the set, are quite noisy, and not at all readily converted into any kind of victim. A first step toward a critical reassessment of the *Fitzcarraldo* dossier must begin with the fact, well documented, that as much as Herzog is attempting to manipulate the local workers, these non-professional indigenous actors are strategically manipulating him and his film crew. In the words of Franco, Blank's *Burden of Dreams* (among *many* other documents, including reading between the lines of Herzog's own comments) "shows the Indians to be anything but silent actors in the process" of production (188). Indigenous agency happens at the aesthetic level. Numerous actors break character, smiling when the scene's mood is grim, essentially winking to an unseen audience of millions anxious to see "authentic" Indians. The indigenous cast was explicitly concerned about their representation, and they dominate entire scenes, including the most impressive ones. While in his commentaries and documentaries Herzog makes much of his supposed exploitation of indigenous rage (rage at Kinski, no less, a suspicious claim), the blatant dramatic talent of the central indigenous character, the amateur actor David Pérez Espinosa, rivals Kinski. His presence is perfect, his lines convincing, his command of the screen the most consistent of the film. Even though Blank singled him out as impressive during the shoot, and even with his obvious status as the second lead in the film, his performance has nevertheless gone largely uncommented in analysis on *Fitzcarraldo*. This despite the fact that his work hijacks the film at key turns (Herzog claims to have never learned what the indigenous characters say) the way that the Indians of the script hijack Fitzcarraldo's project. See: Bush, Andrew et Fitzsimmons, Lorna, Remembering Faust in Argentina. In : *Goethe's Faust and Cultural Memory: Comparatist Interfaces*. Bethlehem : Lehigh UP, 2012, p. 99 and Prager, Brad, *The Cinema of Werner Herzog: Aesthetic Ecstasy and Truth*. London : Wallflower Press, 2007, P. 42.

highest cultural forms: for example, opera. It's an exercise in the poetics of primitive accumulation (which, for Marx, is an infinitely repeated process of alienation fundamental to capitalism's historical unfolding). This perspective, I maintain, is the only one that can render *Fitzcarraldo* critically productive in a political sense, and its subtlety of representation accounts for its long-standing influence and fascination. Roberto Schwarz offers a clue about how this works, here riffing on Benjamin riffing on Baudelaire, when he concludes that *Les fleurs du mal* is "a poetry that has absolutely not aged—not because it was young when it was written but because the circumstances that it does not speak of, [and] against which the poet composed his voice and his character, are still in place and make *Les fleurs du mal* no less virulent and difficult today than the day they were born"[24].

The circumstances that it does not speak of, and, yet, against which the poet composed his voice. Most immediately, viewed in the light of this structural insight, the nature of the identity politics at play in *Fitzcarraldo*—"white" capitalism against indigenous resistance—are no longer capable of being thought about in the terms of a misty pre-history of trauma, but rather now inextricably tangled up in the consolidation of the present, the capitalist world-economy. In other words, this Schwarzian perspective leads away from the shallow waters of the complicity critique that appears as a kind of mirage when the audience is confronted with the conversion of a scene of genocidal horror (the rubber boom) into a high-style opera. The fact that Fitzcarraldo—a slightly charismatic dreamer, mad to be sure, but ultimately harmless, even a little fragile, and anyway defeated by the Indians—is *nothing* like the gun-running, slave-driving Fitzcarrald… And the parallel fact that Herzog would be accused of crimes strikingly resonant with those of the historical Fitzcarrald (as Ames puts it: "violations of native sovereignty, attempted bribery, slave labor, breach of contract, gun running, armed intimidation, and false arrest and imprisonment"[25]) … These twin facts at once displace and recenter a world of boom economies that is very much our own, rendering it strange, surreal, operatic, and simultaneously material and

24 Schwarz, Roberto, *A Master on the Periphery of Capitalism*. Durham : Duke UP, 2001, p. 2-3.

25 Ames, Eric, *Ferocious Reality: Documentary According to Werner Herzog*. Minneapolis : U of Minnesota P. 2012, p. 148.

immediate. As Thomas Elsaesser summarizes: "Sometimes it seems that Herzog, for the sake of his films, makes himself into the instrument of this society, in order to simulate the conditions he set out to document"[26]. More bluntly, the Aguaruna activist Evaristo Nugkuag, who helped chase Herzog out of his first river-bend film set, concludes: "We now know that Fitzcarrald and Herzog are like each other" (1979)[27]. Thought in these terms, Kinski's interpretation of an ambitious rubber baron does not have the effect of "humanizing" a historical individual worthy only of scorn, but rather in *heightening* our perception of the contradictions of a world-system premised on never-ending practices of "primitive" accumulation, "so-called" as Marx puts it. There are many entries in the film's dossier for exploring this line of analysis, but of particular relevance is Herzog's constant and almost obsessive return to process aesthetics and what I call the *scene of fabrication*, cinematic representations of production and labor in the context of capitalism's savage mode. The detailed representation of productive labor—whether industrial or artisanal—is a stock moment that appears at some point in nearly all of Herzog's films, and in his American work it resonates with an entire tradition of Eurocentric confrontations with peripheries of capitalism, moments of horror rendered aesthetic when travelers and investors come face-to-face with the bare labor that stimulates the heartbeat of capitalist accumulation[28]. There is an encyclopedic history of narrative examples of this, but, in short: it seems that when privileged travel meets the primitive practices of advanced capitalism another order of representation emerges, as if the quintessentially capitalist genre—Victorian-era travel writing, insofar as it was a genre whose realism is premised explicitly on the knowledge-power relation fundamental to capitalist penetration—short-circuits and breaks down before actual relations of capitalist production.

26 Elsaesser, Thomas, An Anthropologist's Eye: Where the Green Ants Dream. In : CORRIGAN, Thomas (éd.), *The Films of Werner Herzog: Between Mirage and History*. New York : Methuen. p. 133-56, 1986, p. 152.

27 The original film-set of *Fitzcarraldo* had to be abandoned after, on December 1, 1979, Aguaruna men surrounded the camp, escorted the crew to canoes, sent them off downriver, and burned down the set.

28 I've explored this phenomenon in another context, simultaneously distant and resonant with Herzog's work on *Fitzcarraldo*. See Gonzalez, Betina et Lund, Joshua, Mining the Tropics: Burton's Brazil and the History of Empire. In : *Qui Parle*. 2012. Vol. 20, n° 2, p. 249-278.

Something similar plays out in *Fitzcarraldo*, whose dossier has a literary foothold in the Victorian travelogue (see, among other documents, Herzog's book *Conquest of the Useless*). Much dismissed, the aching first hour of the film is crucial in this regard. It is here that the critical work of the film is established and grounded, without which the ship-over-the-mountain-and-down-the-rapids narrative would stand as mere showmanship. During this hour we are introduced, in detailed fashion, to the workings of the rubber economy and Fitzcarraldo's somewhat bewildered attempt to negotiate them. The key scene is the scene of fabrication, when a massively successful rubber baron (José Lewgoy) takes Fitzcarraldo to visit an active rubber-tapping team. A two-minute sequence, Fitzcarraldo and the baron enter a clearing, the baron carried by porters. There they find a pair of men busy at work, extracting sap, heating it, and packaging it for transport. As Fitzcarraldo looks on in wonder, the baron holds forth on the specifications of rubber extraction and the size of his operation.

Two essential references collide at this turn. First, Herzog takes us through a kind of wormhole into the history of Latin American political cinema. Specifically here, he recapitulates a tradition that Salomé Aguilera Skvirsky calls "the process genre"[29], films, often shorts, whose aesthetic logic rests on a detailed, step-by-step exposition of how things work. Here the audience is introduced, rather meticulously, to the minutiae of rubber tapping. But it's an exposition with a difference. In this Herzog situates his film within a genealogy that inscribes the various avant-garde "new cinema" movements in Latin America, most momentously *Cinema Novo*, which began its life as a series of hyper-realist, stylized process films that celebrated folkloric production as a kind of science beyond, or against, capitalism[30]. In other words, process aesthetics

29 Aguilera Skvirsky, Salomé, Realism, Documentary and the Process Genre in Early New Latin American Cinema. In : D'LUGO, Martin, López, Ana et Podalsky, Laura, *The Routledge Companion to Latin American Cinema*. London, Routledge, 2017, p. 119-32. Process films, in Aguilera Skvirsky's analysis, take us to the very origin of the form. If film, for both Bazin and Herzog, emerges from the country fair, it simultaneously emerges from the factory floor. Some early filmmakers immediately hit upon the utilitarian nature of exposition of the technology, recording and demonstrating how things work, step by step, a genre easily converted into the dystopian surreal (e.g. *Metropolis*) and high comedy (e.g. *Modern Times*).

30 Aguilera Skvirsky, Salomé , Quilombo and Utopia: The Aesthetic of Labor in Linduarte Noronha's Aruanda, 1960. In : *Journal of Latin American Cultural Studies*. 2011. Vol. 20,

in Latin America have been a way of engaging and challenging the normative representations around the basic human relation of production. Knowing this gives new resonance to the strikingly material plenitude of the mise-en-scène and the information it conveys. Most obviously, we witness raw rubber emerge before our eyes, from fresh cut incision in the bark, its accumulation into a tin receptacle, and on to the first-stage refinement over a jungle fire pit. But then comes the second reference, the way in which this processural representation confronts us with a scene of fabrication dripping with power relations: the counterpoint between shirtless Indians and overdressed rubber baron, mediated, as it were, by the upstart Fitzcarraldo. Most bracing is the baron's pose—resting on a litter supported by indentured servants—and words in relation to the jittery, distracted actions of Fitzcarraldo, resolutely clad in his rumpled Panama suit. While the baron utters racist musings and calculations—"I have eight thousand five hundred men, but am thinking of expanding to ten"—Fitzcarraldo quivers in near ecstasy over the materiality of the scene: the liquid latex, the hot sap, the smoke, the impressive white turkey (a beautifully incongruent, Herzogian touch, which apparently left Kinsky feeling "upstaged"[31] the bare, brown flesh. Koepnick argues that while colonial relations of power ran rampant on set, in the film they are hidden from the audience[32] and Prager makes a similar point about the relation between work and opera[33]. These conclusions must come at the expense of this scene, where all of these relations are in fact presented to us directly. Confronted with the capitalist vertigo of accumulation for accumulation's sake, Fitzcarraldo responds with a kind of ludic answer, indeed, if one wants to go there, perhaps even a form of resistance. Madness, dreams: opera. None of the scene's staging of the

n° 3, 2011, p. 233-260. Aguilera Skvirsky traces this aestheticturn to the watershed example of Linduarte Noronha's *Aruanda* (1960), widely recognized as the film that ushered in the *Cinemanovo* movement. She goes on to analyze the importance of process aesthetics in Latin American film from unknown documentarians to the titans of politically-engaged cinema, such as Fernando Birri and Glauber Rocha, that made the region so `appealing to filmmakers like Herzog, who cites their influence with regularity.

31 Gosling, Maureen and Blank, Les. Nd. "Burden of Dreams", booklet accompanying DVD, p. 50.

32 Koepnick, Lutz, Colonial Forestry: Sylvan Politics in Werner Herzog's Aguirre and Fitzcarraldo. In : *New German Critique*, 1993. Vol. 20, p. 158.

33 Prager, Brad, *The Cinema of Werner Herzog: Aesthetic Ecstasy and Truth.* London, Wallflower Press, 2007, P. 42.

relations between capitalist accumulation, work, and opera is hidden. In Blank's filming of the filming of the scene, we see nothing less than an operatic diva in Kinski, as he complains that the dialogue is simply "shit". Herzog is explicit in the touch of insanity he wants to inflict upon the rubber project, instructing Lewgoy to get weirdly mystical as he speaks to the exploits of his baron's exploitation. And finally, in case we are tempted to somehow perceive opera as the escape from, as opposed to the intensification of, the sweat of extraction, the entire scene is performed as if in a theater: the clearing, roughly the oblong half-oval shape of an opera house with the canopy above providing the decorative ceiling, from which our perspective looks at Kinski standing on a campsite platform, raised above the jungle floor as if on a stage. The dialogue, between Kinski's tenor and Godoy's baritone, with costumed Indians looking on, might as well be sung.

Here in the jungle—the aesthetic counterpoint to the built environment of the opera house, another kind of work—confronted with bare labor, Fitzcarraldo's adventure truly begins. *I have no interest in the rubber boom era*, says Herzog over and again (but Freud: "the patient always also says yes"). And yet here we are with Schwarz, reminding us of those *essential* circumstances that the work of art *does not speak of*. With the scene of fabrication giving flesh to Fitzcarraldo's dreams of opera, he (with the *auteur*) goes on to trace the basic steps of accumulation in the rubber world: geographical discourse (he consults a map); *habilitación* (he secures a loan for supplies, from the spoils of prostitution no less); capital investment and technological mobilization (he appropriates a ship); and risk (he heads upriver). He will find himself bereft of the key element: force. That is, he has no force of labor to realize his project, and no force of arms to coerce this labor supply: no militia, no slaves, no debt peons. In a twist away from actual history that at the same time invites us to think history anew, Fitzcarraldo does not cajole, kill, and enslave a recalcitrant labor force; rather, he enters into a kind of misunderstood partnership with his indigenous laborers. And here the rubber-tapping scene becomes a kind of overture to the memorable action of the film. Recapitulating and expanding the scene of fabrication, and tightening even further the relation between opera and work, Fitzcarraldo will now oversee his own scene of fabrication. This is the scene of fabrication that would make *Fitzcarraldo* famous, the precarious feat of engineering that will risk lives—in the film and in the world—to hoist the ship with pulleys and levers (and a back hoe), a special effect done the old fashioned way, a host of laboring bodies that will transform the world into music, transform the work of the rubber boom into a feat not of violence but of aesthetics[34]. The project is over-the-top, impossible, sublime: the capitalist irrational rendered cinematic. If, in Herzog's own description, this is the film's moment of "grand opera", its relation to monumental work based on extreme labor conditions could not be made more blatant: while Fitzcarraldo hovers at the margins shouting, and the Indian chief only intervenes to show off a block of ice, it is the everyday Indians that do all of the pushing and pulling, straining against gravity, standing in harm's way (one worker is crushed when the ship slips). Fitzcarraldo's dream, the bit about the cow jumping over the moon, is the Indians' work. They are the hands that will construct the opera house, the infrastructure for Caruso's intervention (which happens, here, by way of a gramophone recording that fades into extra-diegetic soundtrack). Even more, the passage represents the playful perversion of the class-struggle at the heart of capitalist discourse by eroding its linear, productive terms of investment-force-production-accumulation. Without these terms, there can be no *actual* opera, no accumulation, no surplus value, no opera house[35]. And yet, opera, the form, continues to animate the story, appropriated for extra-capitalist ends like the Jívaros' appropriation of the ship itself.

The logic of the plot makes this deformation of the modern world's master narrative literal and direct. With the pyrotechnics of the ship-moving project still fresh in our minds, the nature of the endeavor is revealed to us. The Indians laboring on Fitzcarraldo's project, the audience

34 The film features two other, less momentous but not irrelevant, scenes of fabrication: Fitzcarraldo in the ice factory, with laborers; and the restoration of the ship, complete with molten steelwork.

35 Coincidentally, right about the same time as *Fitzcarraldo*, Herzog's elder peer from the New German Cinema days, Alexander Kluge, released a post-modernist study of the materiality of opera called *The Power of the Emotion* (1983). Caryl Flinn argues that in tracing opera's totalizing emotional thrust as the illusion of an industrial mode of production, Kluge Unmasks large-scale "tragic" opera (Verdi, Wagner, Puccini) as a practice that "processes valuable raw material into consumable goods" in Flinn, Caryl, *The New German Cinema: Music, History, and the Matter of Style*. Berkeley: U of California P. 2004, p. 140, "disguises the material aspect of its production" (*ibid.*, p. 141) and ultimately stands as an "institution grounded in ruintation, an extension of the machinery of war, industry and capital" (*ibid.*, p. 144).

knows, are never enslaved: they work by their own volition, something related to a curse over the land. Their project reveals itself when the story takes a final, unexpected turn, and the Indians cut the ship free and send it down the angry Pongo das Mortes. When the ship limps out of the rapids, battered and now useless, a pathetic drifting hull, we realize that in fact it was Fitzcarraldo that was working for the Indians. Their project, to shoot the rapids, triumphs, and this is the final twist that will render the story fully operatic: "La Commedia è finita!", in the memorable last line from *Pagliaci* (1892), which not coincidentally appears in the film. La commedia è finita, and like Canio waking up to real life, Fitzcarraldo finds himself a performer in the Indians' great opera[36].

How to interpret all of this? More directly: What does it mean to reduce genocidal projects of primitive accumulation (like the rubber boom economy) to dreamscapes without a clear counterpolitics? Herzog calls *Fitzcarraldo* a meditation on the "weightlessness of dreams" and Fitzcarraldo a character that can help us to realize our own dreams (director's commentary, *Fitzcarraldo* DVD). Besides its banality, this strikes me as a misunderstanding of the film. Not the unbearable lightness of dreams, *Fitzcarraldo*'s topic is the historical weight of open veins, Galeano's famous exclamation point on Latin America's twentieth-century consensus, from Mariátegui to Cardoso, that, in Dierdra Reber's words, "global power is asymmetrical, unevenly distributed between center and periphery, and fundamentally economic in nature"[37]. The politics of art, from a materialist perspective, heightens and reimagines, but never renders invisible, this set of relations.

In other words, the difficulty here is that of all of Herzog's major works: *Fitzcarraldo* confronts us not with an opportunity to dream, but with the problem of rethinking the foundational themes of our modern political imaginary when they are rendered so radically unfamiliar, with seemingly clear lines of conflict blurred, buried under layers of mist and jungle and mud and opera. And work. The simultaneous subtlety and obviousness of the world-historical agency of the oppressed classes;

36 Significantly, *Pagliacci* makes its appearance early in the film, precisely when Fitzcarraldo wakes up, surrounded by local children, for whom he plays the record; after everything, this is where he will now wake up again, in failure, back at the beginning.

37 Reber, Dierdra, *Coming to Our Senses: Affect and an Order of Things for Global Culutre*. New York, Columbia University Press, 2016, P. 269.

the affective penetration of the nightmares of the world-system; the unyielding confrontation with what the director calls the *crisis of the image*; and the refusal to construct another world before our eyes, the unflinching estrangement born of staring into the dark corners of this one: this is the political imaginary of Herzog, not a politics of pamphlets but somewhere between Ranciere's *dissensus* and Bakhtin's *carnaval*, the ingredients that make sociocritical readings of his films so challenging and necessary. *Fitzcarraldo* does not denounce the world-system in all of its injustice and cruelty. Rather, it inhabits that world, performs its contradictions, and leaves the work of praxis for the audience. As Schwarz, this time channeling Lukács, once said about another master of the margins: "let us only say that, contrary to what is generally thought, the material of the artist turns out not be shapeless: it is historically shaped and in some way registers the social process to which it owes its existence". And even when radically defamiliarized, rendered operatic, this subject matter "has always been world-historical. This the artist shapes as well as they can, but it would not have been their subject, had they dealt with it directly"[38].

Joshua LUND
University of Notre Dame

38 Warmest thanks to Salomé Aguilera Skvirsky and Carlos Jáuregui for their suggestions that strengthened this essay, to Julia de Ípola for her work on the manuscript, and to several audiences who listed to and commented on earlier versions, including at the Pitt Humanities Center, the University of Virginia, the University of Pennsylvania, and "Le cinéma au nom de l'art" colloquium at the Université Lumière Lyon 2.

STASES ET ARCHAÏSMES OU LE DEVENIR DES COMMUNAUTÉS DANS L'ŒUVRE DE SHARUNAS BARTAS

> Le présent, le visible, ne compte tant pour moi, n'a pour moi un prestige absolu qu'à raison de cet immense contenu latent de passé, de futur et d'ailleurs qu'il annonce et qu'il cache[1].
> Maurice MERLEAU-PONTY

> Le passé n'éclairant plus l'avenir, l'esprit marche dans les ténèbres[2].
> Alexis DE TOCQUEVILLE

On a souvent remarqué que l'errance, le mutisme et les espaces hétérotopiques étaient des éléments de la poétique de Sharunas Bartas mais on n'a encore jamais corrélé ces motifs à l'arythmie qui, dans un même mouvement, les enveloppe et les qualifie. Or, cette arythmie qui s'apparente à la manifestation d'un essoufflement des personnages et du monde à même l'image filmique, à la figure du ralentissement dépositaire de l'épuisement des êtres, de leur devenir inanimés (sans mouvement et sans âme), compose l'image et sa durée sous la forme d'un inexorable ralentissement, d'une mise en suspens du visible et dans le visible. Si « *visages et lieux (sont) saisis dans une équité descriptive*[3] » c'est que,

1 Merleau-Ponty Maurice, *Le visible et l'invisible*, Paris, Gallimard, 1964, p. 153.
2 Tocqueville Alexis, *De la Démocratie en Amérique*, Paris, Ed J.P Mayer, 1961, 4e partie, Chap. 8, p. 336.
3 Maury, Corinne, "Trois Jours et Corridor de Sharunas Bartas : entre lieux marginalisés et silence agité des visages", p. 155, in Bonamy, Robert (dir.), *Sharunas Bartas ou les hautes solitudes*, De l'incidence éditeur, Paris, 2015.

dans ce cinéma, à égalité êtres et paysages semblent sidérés, stupéfaits, suspendus, et, durée des plans, désaffection des lieux, évidement des espaces, engourdissement des gestes sont autant de formes et de traces de cette fixation de et dans l'image qui fait obstacle à tout programme fictionnelle, entrave le fonctionnement de la fable, et plus généralement, contrarie le mouvement de l'histoire. Or, cette lenteur qui se fait autant forme plastique que motif visuel participe à conférer aux images de Bartas une dimension processionnelle, cérémonielle, et à les ouvrir à des manifestations rituelles, à les instituer même en formules rituelles.

Cette forme plastique qui relève d'une exténuation en acte du mouvement aussi bien de l'image que dans l'image qui vient à la fois comme imprégner l'économie du visible et contaminer les espaces et les corps, dans la mesure où elle conduit les images du cinéaste lituanien à rendre visible et à porter une « attention particulière aux fêtes et plus généralement à toute forme d'action rituelle[4] », on se propose de l'articuler à ce qu'Aby Warburg nomme « une forme intermédiaire[5] » comme ce qui constitue « un pont entre l'art et la vie[6] », ce qui « figure intensément le sentiment de l'existence[7] ». Si l'historien de l'art voyait dans les fêtes florentines de la Renaissance un véritable « passage de l'art à la vie », on s'efforcera dans cet article d'établir un dialogue entre les images de Sharunas Bartas et, tout à la fois, ce qu'elles expriment d'un moment de l'histoire et ce qu'elles rendent possibles d'un travail anthropologique tourné vers des rituels et des figures archaïques. Montrer comment la temporalité de ces œuvres et les formes rituelles qui les composent et qu'elles incarnent vient les « situer plus près de la vie signifiera montrer comment elles sont investies d'une fonction d'orientation existentielle individuelle et collective fondamentale et pour alors leur reconnaître une nécessité vitale pour la société et pour l'individu[8] ».

4 Careri,, Giovanni « Aby Warburg », L'Homme [En ligne], 165 | janvier-mars 2003, mis en ligne le 27 mars 2008, consulté le 06 janvier 2018.

5 L'expression formes intermédiaires apparaît en italien (forme intermedie) dans Warbug, Aby, « I costumi teatrali per gli Intermezzi del 1589 – I disegni de Bernardo Buontalenti e il libro dei conti di Emilio de'Cavalieri », Atti dell'Accademia del R. Istituto Musicale di Firenze, 1895. Cité par Careri,, Giovanni « Aby Warburg », L'Homme [En ligne], 165 | janvier-mars 2003, mis en ligne le 27 mars 2008, consulté le 06 janvier 2018.

6 Michaud, Philippe Alain, *Aby Warburg et l'image en mouvement*, Paris, Macula, 1998.

7 Careri,, Giovanni « Aby Warburg », L'Homme [En ligne], 165 | janvier-mars 2003, mis en ligne le 27 mars 2008, consulté le 06 janvier 2018.

8 Careri,, Giovanni « Aby Warburg », L'Homme [En ligne], 165 | janvier-mars 2003, mis en ligne le 27 mars 2008, consulté le 06 janvier 2018.

L'hypothèse que je risque revient donc à interroger ces formes intermédiaires, où s'inventent des temporalités fondées sur la rupture, le ralentissement, la fixité, le déploiement d'une durée singulière, comme autant d'images qui viennent connecter le temps et l'espace à la fois à la nostalgie d'un peuple devenu absent et donner à voir, néanmoins, des survivances qui lui dessine un *éthos* dans l'imminence de sa disparition. Questionner ainsi la composition de ces images ce sera demander comment une forme plastique comme montage du temps et de l'espace est une manière de confier à l'art une pensée de l'histoire permettant d'ouvrir à un horizon politique. C'est ainsi, tout à la fois, l'expérience d'une forme à la fois récurrente, voire omniprésente, dans les films de Sharunas Bartas et surtout ce qu'elle engage d'un geste communautaire et politique qu'il m'importe d'interroger.

Partant des mobiles narratifs mis en œuvre dans les films de Bartas où se rencontrent jeunesse marginale désœuvrée (*Trois Jours*), groupe ethnique soumis à sa propre évanescence, (*Few of Us*) migrants désemparés (*Freedom*), couple égaré au milieu d'une guerre invisible (*Frost*), on pourrait se contenter de concevoir cette propension à l'arrêt de et dans l'image, cette manière de tirer les plans vers l'hérésie de leur immobilisation, cette façon d'accomplir la puissance de révélation de l'image par dilatation de la durée, comme le projet de conférer du visible à ceux qui semblent en manquer. Ainsi, ralentissement et insistance des images s'apparenteraient à une forme de résistance, une manière d'exhumer ceux qui sont soustraits habituellement à notre vue. Autrement dit, ce que l'on qualifiera, faute de mieux, de lenteur, d'évidement du mouvement et des figures dans les plans consisteraient en une manière de reconfigurer le partage du sensible, « ce système d'évidences sensibles qui donne à voir en même temps l'existence d'un commun et les découpages qui y définissent les places et les parts respectives[9] », une manière de lutter pour donner une visibilité aux « sans parts » ; soit, une forme poétique qui dessine une ligne politique. Admettons. Il reste que ces propriétés formelles et plastiques nous apparaissent avoir de tout autres effets et de toutes autres implications.

Porter son regard sur cette forme qui semble reconfigurer le tissu filmique c'est, de toute évidence, prendre le temps comme objet et, dans le cas de l'œuvre de Sharunas Bartas, c'est bien le temps historique comme

9 Rancière, Jacques, *Le partage du sensible*, Paris, Éditions La Fabrique, 2000, p. 12.

ce qui appareille l'homme qu'il s'agit d'appréhender. Or, l'histoire est bien sûr ce milieu temporel où l'homme déploie son existence mais c'est aussi la connaissance de ce milieu. Partant, et sans faire nôtre entièrement, nous y reviendrons, la thèse de Jacques Rancière suivant laquelle

> Le cinéma a un rapport intrinsèque avec une certaine idée de l'histoire et avec l'historicité qui lui est liée (...) Le temps du cinéma est le temps d'une histoire et d'une historicité. Le cinéma n'est pas seulement l'art d'après objectivement. Il appartient à un temps déterminé par une idée de l'histoire comme catégorie d'un destin commun[10].

on concevra que la stase systématisée et l'évidemment qui hantent et dépeuplent les plans des films de Bartas c'est cette manière visuelle de porter à voir un basculement et le vide d'une historicité où l'idée même de destin commun est à la fois disparaissante et inaccessible, ou l'idée d'un temps porteur de promesses à fait place à l'absentement du peuple.

DYNAMIQUE FIXE

Toutefois, les films de Sharunas Bartas ne sont pas lents, ils sont composés de bloc de temps alanguis, isolés les uns des autres, marqués à la fois par le ralentissement, par l'évidement des lieux et l'épuisement des gestes de telle manière que chaque plan semble tendre à l'infini vers l'arrêt, l'interruption, la fixité, ou mieux, la fixation, de façon asymptotique. Ainsi, étrangement les films de Bartas paraissent se fondre entièrement dans une forme, l'interruption du mouvement, au travers de laquelle le cinéma donne l'illusion de lutter contre son propre principe. Instants étirés, mouvements interrompus, circulation erratique des images et des êtres. On pourrait certes dire que « de tels instants relèvent toujours d'une sorte de montage intérieur ; ils restent saisis dans la durée, le tout du film dont ils continuent à être des coupes immobiles[11] » mais ce serait alors éluder leurs différences phénoménales

10 Rancière, Jacques, « L'historicité du cinéma », in *De l'histoire au cinéma*, dir De Baecque, Antoine et Delage, Christian, Paris, Complexes, 1998, p. 45.

11 Bellour, Raymond, *L'Entre-Images*, Paris, Éditions de La Différence, 2002, p. 110.

comme phénoménologiques, différence qui réside dans une manière d'instaurer une durée à rebours, une sorte d'image à contretemps, un investissement du visible marqué par l'exposition d'un véritable travail d'immobilisation, un monde inexorablement emprunt de stupéfaction.

Concrètement, dans les films de Bartas de *Trois Jours* jusqu'à *Frost*, les plans sont, le plus souvent, des prises de vue fixes, et fort longues, dans lesquelles des mouvements se produisent (corps, gestes, animaux, feux ou eaux) mais ces mouvements sont à la fois rares (au point que le plan semble avoir pour fonction de documenter leur disparition), incertains dans leur finalité et contingents dans leur apparition, comme archivés par l'image elle-même qui s'apparente à une captation similaire à « un instantané[12] ». Les stases sont alors comme un procès de révélation par figement, par fixation. Si le défilement des photogrammes perdure, il n'en demeure pas moins que les films incarnent et accomplissent une stase temporelle, une interruption dans et de la fable. S'opère alors comme un épuisement de l'histoire dans sa part narrative qui s'avère à la fois par l'émancipation de chaque plan par rapport aux autres, un gel des gestes et une disjonction des mobiles et des actions allant jusqu'à une dislocation du lien causal, une suspension des effets. Pétrification dans l'image et incertitude, voire inquiétude, sur les enchainements dans la mesure où chaque plan semble indépendant de ce qui le précède et de ce qui lui succède, le film n'est plus tenu le fil continu qui accompagne ordinairement le flux des images filmiques. La discontinuité d'un plan à un autre, provoquée par la dilatation du temps, va jusqu'à isoler des pans d'images comme autant de durées organiques et irréductibles au schème de la fable vient ainsi neutraliser enchainements narratifs, figuratifs et sémantiques.

Urbains ou ruraux, fermés ou ouverts les espaces arpentés par les personnages et révélés, non moins que façonnés, par les plans sont sans conteste « appauvris, désertés, vidés, quasiment inhabités ». La vacuité des lieux est alors transmuée par la durée organique des images, par leur fixité, en révélateur d'absentement. Creusant ces espaces sombres, pénétrant ces ruines, laissant s'imprimer une durée longue, le photographique est comme ce qui donne à voir le travail du visible, sa fragilité dans l'épreuve de l'évanescence, son négatif, la part d'invisible, comme figure de l'absence : les lieux deviennent alors des portes-empreintes où

---

12 *Ibid.*, p. 139.

apparaît ce qui n'est plus. La stase c'est donc cette invention poétique qui fait des espaces montrés des lieux de mémoire qui retiennent ce qui a été perdu et qui désormais manque. Usines désertes, villes sans activités, campagnes atrophiées, maisons délaissées ou inhabitables résonnent de ceux qui manquent et que le plan ne fait pas revenir mais dont il est dépositaire de la trace en condensant passé et présent sous la forme de l'absence vécue, du travail de l'absentement. Sans doute est-ce pour cela que le moindre geste, le moindre mouvement, la moindre apparition est un événement dans les films de Bartas comme l'espoir d'un repeuplement qui ne soit pas seulement imaginaire.

TEMPORALISATION ET TEMPORISATION

Ces plans en voie de minéralisation sur lesquels se découpent les trajectoires aléatoires des corps et des choses dotés de mouvements infinitésimaux, ces représentations récurrentes et insistantes de lieux pétrifiés laissant voir des architectures devenus vestiges inhabités et inertes participent à conférer à ces images une dimension monumentale. La stase est alors ici le procédé plastique qui travaille à monumentaliser, à construire une mémoire, à instruire « la disposition d'un territoire qui témoigne de l'activité passée des hommes mieux que toute chronique de leurs entreprises[13] ». Fixant ces lieux profanes et abandonnés, donnant à voir en des instants étirés ces rides sur des visages indéterminés et impassibles, figeant la langueur d'activités ordinaires, cette forme poétique qui compose les films de Bartas est l'épreuve vécue du passé à partir de l'étirement du présent, la révélation de ce qui a été sur la surface de ce qui s'expose, par son insignifiance, à la fugacité disparaissante propre au présent, propre à ce qui est voué à l'effacement. Ce double mouvement de dilatation de la durée et d'évidemment du plan ce n'est alors rien d'autre que le surgissement de la dimension d'histoire pour ce(ux) qui semblaient n'être que pour et dans le présent, pris dans l'immédiateté. L'image filmique se fait alors monument car par son agencement même elle révèle, rend visible et informe « ce qui porte mémoire par le fait même

13 Rancière, Jacques, *Figures de l'histoire*, Paris, PUF, 2012, p. 26.

de ne s'être soucié que de son présent[14] ». Si le plan filmique opère ce procès d'historicisation, ajoute Jacques Rancière, c'est parce que le recours à l'image cinématographique et à sa durée permet de rendre visible

> ce qui garde mémoire par son être même, ce qui parle directement, par le fait que cela n'était pas destiné à parler – la disposition d'un territoire qui témoigne de l'activité passée des hommes mieux que toute chronique de leurs entreprises ; un objet ménager, un tissu, une poterie, une stèle, le décor peint d'un coffre, (…) qui révèlent une manière d'être du quotidien, une pratique du travail ou du commerce, un sens de l'amour ou de la mort qui s'est inscrit là, de lui-même, sans que personne ait pensé aux historiens du futur[15].

À sa manière, ce régime d'images entre lenteur, et pétrification vient qualifier les motifs visuels en leur conférant une temporalisation historique, valoriser le réel de ce qui est filmé en lui confiant sa part d'historicité, et participer à la formation d'un anachronisme dans le visible.

Ces plans presque fixes, de villes abandonnées, de places vides, de maisons sans vie, d'usines sans activités, d'église en ruine, ces images dont l'insistance est la propriété n'enregistrent pas tant qu'en « ces lieux, il n'y aurait rien du tout » mais, par les mouvements aléatoires, infimes, centrés, qui peuvent s'y faire jour, « elles donnent l'évidence visuelle d'une absence[16] ». Tous ces lieux où l'être ensemble s'organise et s'accomplit ne cessent de crier le dénuement et la perte et deviennent par la durée des plans et leur presque vacuité figurative l'épreuve visible d'un absentement du peuple. La stase filmique convertit ainsi les lieux vides « en marque d'une présence passée ou imminente[17] » et, dans le même temps, consigne un regard qui consiste « à ouvrir les yeux pour éprouver ce que l'on ne voit pas[18] ».

Travailler à l'échelle du filmique à ralentir le mouvement, dévoiler une forme d'atonie des gestes, d'aphasie généralisée, privilégier des durées où les actions sont inachevées car interrompues, ce sera justement dans les films de Sharunas Bartas travailler à révéler et à figurer une dilatation du présent, ce sera construire un regard pour lequel l'histoire se ralentit.

---

14 *Ibid.*, p. 26.

15 *Ibid.*

16 Didi-Huberman, Georges, *L'homme qui marchait dans la lumière*, Paris, Les Éditions de Minuit, 2005, p. 51.

17 *Ibid.*, p. 21.

18 *Ibid.*, p. 14.

L'histoire n'a pas toujours été conçue comme faisable et on peut appréhender l'œuvre de Sharunas Bartas comme ne cessant de s'articuler au motif de la faisabilité de l'histoire entendue à la fois comme condition de possibilité d'un agir et comme extrapolation plastique, formelle, imageante, d'une conscience historique propre à notre époque. On peut comprendre que les temps historiques connaissent des vitesses différentes, des périodes de condensation et de dilatation, d'accélération et de ralentissement. « L'accélération, tout d'abord attente apocalyptique d'un temps qui se réduisait de plus en plus avant l'avènement du Jugement dernier, s'est transformé en une notion historique de l'espérance[19] ».

Reinhart Koselleck montre que notre conception actuelle de l'histoire s'est élaborée vers la fin du XVIIIe siècle dans le sillage de la philosophie des Lumières et s'est substituée à l'idée d'une histoire organisée par Dieu. Autrement dit, « une histoire dont le sujet aurait été les hommes, ou une histoire qui aurait pu être pensée comme son propre sujet n'existait pas » à la place il y avait « toutes sortes d'histoires qui arrivaient et qui servaient d'exemples pour enseigner la morale, la théologie[20] ». Il faut ainsi comprendre que l'effort conceptuel des Lumières a abouti à la formulation du concept d'« histoire en soi » comme condition de possibilité d'expérience et de toute attente. Il aura fallu que l'histoire, contre les histoires spécifiques au pluriel, devienne un concept au singulier, il aura donc fallu ce bouleversement sémantique qui confère à l'histoire son autonomie, pour qu'elle apparaisse comme disponible et pensée comme faisable pour que s'ouvrent « un nouveau champ d'expérience et un nouvel horizon d'attente[21] ». L'histoire est alors devenue doublement disponible : pour l'acteur qui dispose de l'histoire qu'il fait et pour l'historien qui en dispose en l'écrivant[22] et désormais le champ de disponibilité de l'histoire s'avère déterminé par les hommes.

19 Koselleck, Reinhart, *Le futur passé. Contribution à la sémantique des temps historiques*, Paris, Éditions EHESS, Collection En temps & lieu, 2016, p. 83-84.

20 *Ibid.*, p. 277-278.

21 *Ibid.*, p. 279.

22 *Ibid.*, p. 276, Koselleck illustre cette situation nouvelle qui caractérise l'épistémé des Temps Modernes en citant le baron J. Von Eichendorff : « L'un fait l'histoire, l'autre l'écrit ». Cette formule annonce une division du travail distinguant l'agent et l'historien qui chacun à sa manière se rapporte à la même histoire devenue matière et milieu des hommes.

Les temps modernes sont ainsi le refus d'une conception de l'histoire comme destin pour lui substituer l'histoire comme champ d'action « dans lequel l'homme se voit obligé de prévoir, de planifier, bref de susciter l'histoire et finalement de la faire[23] ». L'histoire comme concept unitaire d'action et de compréhension engendre une nouvelle manière d'appréhender autant le passé que le futur. En effet, jusqu'au milieu du XVIIe siècle l'attente du futur était, dans le monde chrétien tout au moins, limitée par le Jugement dernier et aucune solution de continuité ne venait disjoindre passé et futur, pensés sous la catégorie de l'identité telle que la formulait déjà l'Ancien Testament : « Ce qui fut sera, Ce qui s'est fait se refera, Et il n'y a rien de nouveau sous le soleil[24] ». Dans l'horizon d'une attente de la fin des temps, la nouveauté était impossible et chaque expérience mémoires et histoires venaient compléter le tableau composant la connaissance de ce qui allait advenir en incarnant des extrapolations de ce qui était déjà advenu. Entre passé et futur il y a alors continuité voire contiguïté. On le comprend dans le sillage de l'Apocalypse toujours ajournée « attente chrétienne et expérience terrestre restaient liées sans jamais s'exclure mutuellement » et la doctrine des « fins dernières » valait pour une limite transcendante de l'horizon d'attente. À cette temporalité de l'histoire vient succéder ce que Koselleck nomme la modernité, et dont il situe l'avènement à la fin du XVIIIe dans le sillage de la tempête révolutionnaire[25], moment à partir duquel l'histoire relève de l'action à accomplir, du changement à ordonner, de l'amélioration à organiser, de l'avenir à créer.

Dans la perspective d'articuler la forme de stase et d'évidement dans les œuvres de Bartas au motif d'une exposition, d'une expérience, voire d'une épreuve du temps historique, il convient de faire le détour par la distinction élaborée par Koselleck entre champ d'expérience et horizon d'attente et la dynamique historique de leur interaction.

L'historien nomme champ d'expérience l'ensemble « du passé actuel dont les évènements ont été intégrés et peuvent être remémorés (…) où se rejoignent élaboration rationnelle et comportements inconscients »,

23 *Ibid.*, p. 280.

24 L'Ancien Testament (Ecclésiaste I,9), La Bible de Jérusalem, Paris, Éditions du Cerf, 1998, p. 1056.

25 Pour un état des lieux des discussions autour de la temporalisation de l'histoire élaborée par Koselleck : Loriga, Sabina, Préface à Koselleck, Reinhart, *Le futur passé. Contribution à la sémantique des temps historiques*, *op. cit.*

manière pour le passé de s'inscrire dans le présent sous la forme de régulations, d'habitudes, d'institutions. L'attente, elle aussi, « s'accomplit dans le présent mais est un futur actualisé, elle tend à ce-qui-n'est-pas-encore, à ce-qui-n'est-pas-du-champ-de-l'expérience, à ce-qui-n'est-encore-qu'aménageable (...) espoir et crainte, souhait et volonté, contemplation réceptive ou curiosité constitue l'attente[26] ».

C'est au XVIIIe siècle que l'on commence à affirmer que « toute expérience vécue jusqu'ici n'est pas une objection contre la nature autre du futur » et que « le futur sera autre que le passé, c'est-à-dire meilleur ». Dans ces conditions, les temps modernes ne seraient des temps nouveaux que depuis le moment où l'infinitude des possibles et du perfectionnement s'est mise à informer l'horizon d'attente, où « le fossé entre le passé et le futur ne cesse de s'agrandir conduisant à devoir surmonter la différence entre expérience et attente de façon toujours plus rapide pour pouvoir vivre et agir[27] ». Ainsi, une béance toujours plus grande est venue s'introduire entre l'expérience acquise et l'attente à exploiter, béance qui porte le nom d'histoire compris comme concept d'action et connaissance de l'être au monde temporel des hommes.

L'inexpugnable impression de désœuvrement des personnages dans les films de Bartas, l'abolition vécue de tout projet et la suspension des effets sur le monde, les attentes répétées, prolongées et indéterminées entre espérance vaine et désespoir assumé semblent cristalliser plastiquement et narrativement une articulation nouvelle entre champ d'expériences et horizon d'attente. Et dans cette perspective, la stase peut être conçue comme la forme plastique où s'articule ce motif d'une temporalisation des temps historiques et, plus précisément, comme la figure plastique de la concordance des temps historiques : la temporisation comme temporalisation de l'histoire.

Ainsi, la suspension du temps que les films montrent mais aussi incarnent, engagent, dont ils enveloppent les choses, les êtres, les paysages, est la forme plastique qui manifeste à la fois un ralentissement du temps, un blocage de l'advenir comme prolongement indéterminé du présent de chaque image et une manière de reporter l'avenir à un temps indéterminé. Mais, dans la mesure où chaque plan se donne (à voir) aussi comme un

26 Koselleck, Reinhart, *Le futur passé. Contribution à la sémantique des temps historiques*, *op. cit.*, p. 362.
27 *Ibid.* p. 376.

bloc de temps presque indépendant de ce qui suit et de ce qui précède, les films de Sharunas Bartas paraissent être figurer l'indisponibilité de tout passé. Si les temps modernes furent l'époque du creusement d'un écart irréductible entre champ d'expérience et horizon d'attente du fait de l'accélération du temps, alors les films de Bartas, et ce leitmotiv qui les compose, dessine une mise à l'écart de la modernité, sous l'effet d'une décélération, autant que l'épreuve d'une cautérisation de cette béance, par la manifestation d'un étirement du temps qui confère au présent une durée en propre où semble se replier l'un sur l'autre champ d'expérience et horizon d'attente. L'image serait alors cette stratégie formelle qui, par temporisation, abolit la fissure entre expérience et attente, forme qui consigne l'absolue indétermination du futur dans une sorte d'empâtement du présent : ce régime d'images par lequel le champ d'expérience des personnages s'épuise dans son dénuement qui exprime seulement le fait que l'horizon d'attente c'est bien l'attente elle-même.

Comme le rappelle François Hartog, citant Emile Benvéniste, « *praesens* signifie étymologiquement ce qui est l'avant de moi, imminent, urgent[28] ». On se proposera, par conséquent, de penser ce présentisme non pas simplement sur sa face négative comme symptôme d'un soupçon à l'égard de la fable et de l'histoire mais bien plus décisivement comme l'urgence d'une suspension du temps qui rend pensable, possible et même imminente l'actualisation de formules rituelles et qui réactivent des formes à la fois intenses et pourtant incomplètes de vie communautaire.

LE TEMPS D'APRÈS : "LIMINALITY" ET ARCHAÏSMES

L'image ne fait pas qu'ouvrir les lieux et les êtres à leur propre historicité, révéler leur temporalisation historique mais, et ce sera notre ultime proposition, elle se fait elle-même lieu qui accueille le foyer d'un avenir à investir, lieu du retour de gestes comme expression d'un passé à transmettre dessinant ainsi les linéaments d'un être communautaire, certes ponctuel et intermittent, mais qui s'incarne comme forme

28 Hartog, François, *Régimes d'historicité. Présentisme et expériences du temps*, Paris, Le Seuil, 2003, p. 121.

anthropologique d'un horizon politique marqué d'incomplétude voire d'impouvoir.

Ainsi, la composition plastique de ces images, la stase comme forme enveloppante, les transmue en un image-seuil qui permet non pas seulement de figurer l'attente, mais de rendre visible ce qui loge en elle. Il ne s'agit alors pas tant, ou pas seulement, de porter une attention « à l'étoffe sensible » des histoires, mais bien plus fortement de donner à voir et à vivre l'expérience et la manifestation de gestes et d'éléments archaïques qui sont comme une manière de condenser dans le présent survivances du passé et puissances d'avenir. Or, cette attention portée aux gestes rituels qui innervent les images de Bartas au point de les configurer sous une forme processionnelle, cérémonielle, conduit à ce que ces mêmes images soient à la fois la documentation de survivances (anthropologiques ou folkloriques) et un opérateur de ritualisation, ou pour le dire dans les termes d'Aby Warburg, ces images sont des formes intermédiaires fondamentales pour la vie sociale qu'elle laisse à voir et à vivre.

Inspiré par les travaux d'Arnold van Gennep sur le folklore, Victor Turner et à sa suite l'anthropologie anglo-saxonne, a développé le concept de « liminality[29] » pour définir cette dimension qui, dans tout rituel, participe à former un état transitionnel et à instaurer une situation de mise à l'écart, "*character of being neither here nore there but in between*"[30]. Or, cet « entre-deux » dessine, plus essentiellement, "*a threshold in time or space or both, and certainly a demarcation of behavior, over which people pass when entering into ritual. The day-to-day world, with its social structure is suspended*"[31] (« un seuil dans le temps ou dans l'espace, ou les deux, et certainement une démarcation du comportement, au-delà duquel les gens passent lorsqu'ils entrent dans un rituel. Le monde de tous les jours, avec sa structure sociale, est suspendu »). Cette suspension qui consiste à requalifier temps et espace et à restaurer un éphémère

29 Turner, Victor, *The Ritual Process, Structure and anti-structure*, Cornell University, 1991. « Liminality » provient du latin « limen » qui dénote « la porte d'entrée », le « seuil d'une maison ». Si la langue française emploie « liminaire » pour caractériser le commencement d'un processus en général ou le début d'un discours, l'utilisation de liminarité ou liminalité s'apparente à un anglicisme peu usité. On conservera donc le mot anglais pour la suite du texte.

30 In Driver, Tom, *The magic of ritual, Our need for liberating rites that transform our lives and our communities*, Harper, San Francisco, 1991, p. 159.

31 *Ibid.*

être ensemble, Turner la conçoit comme l'expérience d'une mise au conditionnel du monde susceptible d'informer, de composer, autant gestes et comportements que temps, espace et images :

> *The antistructural liminality provided in the cores of ritual and aesthetic forms represents the reflexivity of the social process, wherein society becomes at once subject and direct object; it represents also its subjunctive mood, where suppositions, desires, hypotheses, possibilities, and so forth, all become legitimate*[32].
>
> « La liminalité antistructurale qui est au cœur des formes rituelles et esthétiques représente la réflexivité du processus social, où la société devient à la fois sujet et objet direct ; elle représente aussi son humeur subjective, où suppositions, désirs, hypothèses, possibilités, etc. deviennent légitimes. »

La "liminality" c'est ainsi ce qui, dans certaines formes, entités, situations, actions, ouvre le présent à une temporalité faite de suspension et de mise à l'écart, ce qui permet de lier art et vie, c'est ce qui consacre une action, une forme plastique ou une durée comme rituel d'où pourra jaillir des formules d'actions anachroniques, des modes d'être ensemble intensifs. La mise en suspens qui caractérise pleinement à la fois la mise en scène de Bartas, la consistance de ses images et les motifs visuels qu'elles rendent visibles relèvent pleinement de cette « liminality » faisant ainsi de ses œuvres des « formes intermédiaires » dans lesquelles se rejouent sur son versant pathétique le sentiment de l'existence de fragiles communautés. La « liminality » s'apparente ainsi à ce qui ritualise l'image à travers laquelle pourront se déployer de fugaces possibles communautaires. Il revient, en effet, à Victor Turner d'avoir montré que le processus d'intensification affective et de temporisation qui caractérise la « liminality » participait à effacer les distinctions sociales ordinaires pour activer, ou plutôt réactiver "*an essential and generic human bond, without which there could be no society*"[33] Cette puissance d'être ensemble, que Turner nomme *Communitas*[34], se manifeste essentiellement dans des formes rituelles où se jouent autant la formation d'une durée dilatée et singulière, d'un présent étiré, que l'intensification d'une vie affective partagée. Ainsi, le creuset rituel incarné par les images alanguies de Bartas s'apparente à un seuil temporel étiré et épuré qui prescrit et

---

32 Turner, Victor, *The Ritual Process, Structure and anti-structure*, *op. cit.*, p. VII.

33 *Ibid.*, p. 97.

34 *Ibid.*

rend visible des formes archaïques, finies, marquées d'incomplétudes, et néanmoins intensives, de l'être ensemble.

S'il n'est pas possible de classifier entièrement l'ensemble de ces formes dans le cadre de cet article, nous pouvons cependant les concevoir comme autant de manières de figurer des communautés ponctuelles où se trouve réactivée la *communitas* comme puissance d'être ensemble. Ces formes qui innervent les images de Bartas engagent des gestes et des régimes figuratifs et/ou symboliques variés mais qui puisent toutes en un fonds anthropologique et ethnologique archaïque qui se donne à voir en tant que

> fait engagé dans une relation, mesurant ou révélant une distance entre deux points de la durée écoulée, et comme le passage de l'un à l'autre (…) et invite à constater une dysharmonie, une distance dans le temps, un écoulement de durée[35].

Au lieu même de l'image c'est bien le retour de l'archaïsme comme « oppositions de durée : opposition passé-présent, vieillissement-résurgence ou, dans une autre perspective, opposition de ce qui survit à ce qui vit[36] » qui vient paradoxalement conférer un seuil d'existence et un horizon sensible pour des communautés menacées et disparaissantes. Il y a ainsi dans *The House* tous ces moments où se mêlent procession, totem, danse, cène, où s'entremêlent profane et sacré, païen et chrétien et par lesquels une communauté semble s'ordonner dans sa propre célébration. La « liminality » des images participe alors à un travail de ritualisation des gestes, le surcadrage et la durée viennent comme accueillir, exhumer et révéler des figures archaïques : l'image cinématographique est alors le lieu du figurable de la communauté par le détour des formes archaïques qu'elle donne à voir et qu'elle informe, le moyen de figurer ce qui vit dans ceux qui survivent. Ces gestes qui appareillent et informent un être ensemble et qui paraissent provenir d'un fond oublié, anachronique, l'image les réactive en leur conférant la temporisation nécessaire à leur résurgence : des ébauches de totems créées par la petite fille de *Trois Jours* aux fêtes somptuaires qui composent *Few of Us* et qui achèvent *Seven invisible men* ce sont autant de pratiques rituelles dépositaires de formes archaïques

35 Zumthor, Paul, *Introduction aux problèmes de l'archaïsme.* In : Cahiers de l'Association internationale des études francaises, 1967, n° 19. p. 11-26.

36 *Ibid.*

par lesquelles la communauté, un temps, (se) vit. Ces agir rituels qui renvoient autant au totémisme[37] qu'au potlach parcourent l'œuvre de Sharunas Bartas et dessinent comme une désynchronisation qui vient faire de formes ancestrales l'avenir éphémère d'un vivre ensemble.

Cette part d'archaïsme, Bartas la puise non pas seulement dans un fond anthropologique mais non moins dans la mythologie constitutive d'un peuple qui manque. En effet, de nombreux motifs visuels qui composent ses plans trouvent leur source dans des récits et des contes du folklore lituanien. On doit, en effet, aux travaux de Norbertas Vélius d'avoir à la fois consigné et analysé les contes populaires et, plus généralement, le syncrétisme religieux constituant la tradition narrative et interprétative du monde propre au peuple lituanien[38]. Un exemple parmi tant d'autres[39] est celui de la récurrence dans les légendes de l'apparition de flammes virevoltantes, de véritables feux follets, qui viennent autant tourmenter les hommes que les guider, figurations de démons ou d'anges, qui peuvent ramener les âmes perdues au centre du village parmi les leurs ou au contraire brûler entièrement leurs maisons[40]. Or, ce motif littéraire Sharunas Bartas lui confère une visibilité cinématographique sous la forme répétée de feux d'artifice et de pétards qui viennent exploser près des individus esseulés (*Trois jours*), réunir les hommes, voire les guider jusqu'à la maison (*The House*) ou simplement les émerveiller. Ces jeux enfantins, ces feux éphémères réactivent ainsi toute une théogonie propre à un peuple et prennent place justement dans ces plans arrêtés où la stase et le vide s'apparentent à un blocage de l'avenir éprouvé autant par les personnages que par les spectateurs. La trivialité de ces lumières fugaces et bruyantes dissimule mal la part hiérophanique de ces images qui puisent à un patrimoine commun dans lesquelles un peuple qui a perdu son propre horizon politique trouve autant à s'identifier qu'à s'unir, et à se révéler à soi-même qu'il veut plus que tout croire à son avenir. Ces feux et ces pétards sont alors les artifices profanes réactualisant des formes archaïques du sacré commun par lesquels l'image se fait à la fois rituel et hiérophanie lieu

37 Durkheim, Emile, *Les formes élémentaires de la vie religieuse*, Paris, PUF, 1912.

38 Vélius, Norbertas, *Lithuanian mythological tales*, Vilnius, Vaga, 1998.

39 Il conviendrait de répertorier l'ensemble des motifs mythologiques réemployés par Sharunas Bartas, mais un tel travail archéologique ne pouvait prendre place dans ces quelques pages.

40 *Ibid.*, p. 184-190.

du figurable où une communauté se célèbre dans des formes originaires, des survivances, et se donne à voir et à vivre.

L'ultime formule de ces archaïsmes prend corps dans la répétition de situations qui engagent le feu à la fois comme élément primitif autour duquel hommes et femmes se réunissent et comme embrayage anthropologique d'une existence communautaire. Dans la plupart des films du cinéaste les personnages sont amenés à improviser un abri, à habiter un lieu inadapté et inattendu. Le ou les feux constituent alors ce autour de quoi les hommes se réunissent ou mieux ce qui unit les êtres séparés et s'apparentent alors au moyen ontologique de l'habiter et de l'être ensemble. L'archaïsme d'une situation anthropologique qui n'est pas loin de définir notre humanité même, la maîtrise du feu et le rassemblement autour de l'âtre qui fonde une expérience communautaire, dessine, en outre, les linéaments d'un Éthos collectif. Heidegger[41], dans sa relecture du fragment 119 d'Héraclite[42] reconduit l'Éthos à son origine grecque comme ce qui définit le séjour de l'homme, son mode et lieu d'habitation. Reprenant l'anecdote, contée par Aristote[43], à propos d'Héraclite surpris par des badauds déçus de ne voir le penseur que dans l'ordinaire d'une situation banale alors qu'il se réchauffe auprès d'un four à pain, le philosophe allemand conservera la réponse d'Héraclite pour repenser une autre manière d'être au monde, ou plutôt pour revenir, contre l'humanisme, à une forme archaïque d'être au monde. La déclaration d'Héraclite qu'« ici aussi les dieux sont présents[44] » est interprétée par Heidegger comme une pensée de l'Être à partir du séjour de l'homme et de l'habitation dans sa banalité même. Or, si Heidegger verra, en dernière instance, l'habiter de l'homme dans la parole, comme une réinterprétation de la pensée d'Héraclite et de son anecdote, Bartas semble lui repenser l'Éthos à partir de ces âtres, de ces feux qui dessillent notre regard, qui font de l'image un foyer où séjourne les individus jusque-là séparés (*Trois Jours, Few of Us*) et qui trouvent dans la présence de cet

41 Ce qui suit est redevable de l'analyse d'une séquence de *Trois Jours* opérée par Luc Vancheri et de ses suggestions éclairées et stimulantes. Qu'il en soit remercié. Pour une analyse plus détaillée : Vancheri, Luc, *Fatima.* Suivi de *Les images sont des plantes comme les autres*, Presses Universitaires de Strasbourg, 2019.

42 Heidegger, Martin, *Lettre sur l'humanisme*, Éditions Aubier-Montaigne, Paris, 1957, p. 115-121.

43 Aristote, *Parties des Animaux*, A5, 645 a 17, cité par Heidegger, Martin, Lettre sur l'humanisme, Paris, Éditions Aubier-Montaigne, 1957, p. 115-121.

44 Heidegger, Martin, *Lettre sur l'humanisme*, *op. cit.*, p. 116.

élément lumineux et prosaïque l'origine d'un être au monde temporaire pour des communautés évanescentes. L'image cinématographique n'est alors plus seulement le lieu où cet Ethos trouve à se figurer mais plus essentiellement le foyer de l'habiter de ces êtres séparés, elle n'est plus simplement l'opportunité d'une visibilité pour ces hommes et ces femmes mais elle devient le séjour de ces communautés ponctuelles où brillent et brûlent les feux qui les enveloppent et les éclairent. Les plans de Sharunas Bartas sont alors l'Éthos lui-même où les feux, en une situation ancestrale infiniment rejouée, rapprochent les êtres et forment les unions transitoires jusqu'à leur ultime consomption. Ainsi, dans l'absentement d'un horizon politique visible et formulé, ces existences communautaires s'épuisent à mesure de ces feux qui se consument et les consomment : le fondement archaïque des communautés, qui repose sur la puissance d'interruption propre à la formation d'un Ethos, s'altère de lui-même dans l'embrasement des lieux détruisant les communautés et dissipant les êtres (*Few of Us, Seven Invisible Men*).

Au-delà même de ces formules archaïques variées, et plus généralement, la temporalité singulière des films du cinéaste lituanien n'est pas seulement l'expression de l'éparpillement des êtres, la forme dans laquelle se coule l'insignifiance des gestes ni même la manifestation de la « pauvreté en expérience » des individus si l'on entend par là seulement l'inaptitude à habiter le monde. La stase et l'épuisement du mouvement instaurent des espaces et des temps privilégiés où le barbare, comme Walter Benjamin appelle celui qui « est pauvre en expérience », est par « sa pauvreté mené à recommencer depuis le début : à recommencer à nouveau, s'en sortir avec peu, à reconstruire avec peu[45] ». En ce sens, les personnages de Bartas sont comme des barbares qui retrouvent et forgent par et dans la temporisation du plan, dans la visibilité et la durée qu'il leur procure, véritable embrayage anthropologique qui donne à voir et à accomplir les gestes, les situations et les rituels qui fondent une communauté hors lieu et hors temps. Ce sont ainsi dans *Trois Jours* « les êtres fugueurs qui ne sont nullement des figures qui se dissolvent au loin mais des corps qui émergent dans l'espace du plan et s'y bloquent voire s'y blottissent[46] ». Ce sont ces

45 Benjamin, Walter, *Expérience et pauvreté*, Paris, Bibliothèque Payot, 2011, p. 41.
46 Maury, Corinne, "Trois Jours et Corridor de Sharunas Bartas : entre lieux marginalisés et silence agité des visages", p. 160, in Bonamy Robert (dir.), *Sharunas Bartas ou les hautes solitudes*, *op. cit.*

mains fébriles et ces visages des derniers Tofalars dont les apparitions deviennent empreintes, traces, par éternisation de leur visibilité présente dans *Few of Us*. Ce sont ces étendues désertiques qui deviennent aplats d'images sur lesquels les corps se détachent, immobiles mais proches l'un de l'autre comme si l'image se faisait lieu du figurable et condition d'un habiter ensemble dans *Freedom*.

Nous voudrions conclure ces trop brèves analyses par quelques remarques permettant de mettre en perspective le déplacement politique qu'engage cette forme dominante dans l'œuvre du cinéaste lituanien.

À propos du cinéma de Béla Tarr, Jacques Rancière écrit que

> Le temps d'après n'est ni celui de la raison retrouvée, ni celui du désastre attendu. C'est le temps d'après les histoires, le temps où l'on s'intéresse directement à l'étoffe sensible dans laquelle elles taillaient leurs raccourcis entre une fin projetée et une fin advenue. Ce n'est pas le temps où l'on fait de belles phrases ou de beaux plans pour compenser le vide de toute attente. C'est le temps où l'on s'intéresse à l'attente elle-même[47].

Or, les propriétés formelles et les motifs visuels des films de Sharunas Bartas ainsi que la temporalisation des temps historiques qu'ils travaillent paraîssent subsumer son œuvre sous la catégorie de cinéma du « temps d'après » élaborée par le philosophe. Cependant, il nous semble que le philosophe néglige les apports possibles d'une iconologie analytique et d'une anthropologie figurative[48]. Si l'on se rend, en effet, attentif à ce qui se joue dans le temps d'après, à ce qui vient qualifier l'attente et l'étoffe sensible, on se rend alors capable de percevoir que tout présentisme n'est que cet étirement de la durée entre ce qui veut vivre et ce qui a survécu, que ce « temps d'après » ne cesse de proposer des formules nouvelles de l'être ensemble à partir de formes archaïques.

Ainsi, le temps d'après dans le cinéma de Bartas ce n'est pas seulement « ce vide existentiel qui exprimerait le choc de la fin du monde soviétique

47 Rancière, Jacques, *Béla Tarr, Le temps d'après*, Paris, Éditions Capricci, 2011, p. 69.

48 Cette aporie paraît confirmée par le dernier ouvrage en date de l'auteur dans lequel il réfute l'existence de tout présentisme au nom de la répétition incessante dans l'espace politique des mêmes formules de domination arbitraires. Si le diagnostic semble vraisemblable, il ne l'est qu'à négliger ce qui justement s'invente de politique dans les divers mouvements de contestation récents qui ont germé au 21e et qui tous reposent sur une puissance d'interruption. Rancière, Jacques, *Les temps modernes*, Paris La Fabrique, 2018, p. 13-47.

(...) entrainant un sentiment d'absence, un égarement individuel et collectif[49] », ce n'est pas seulement « la destruction de l'expérience comme condition permanente de notre modernité[50] » que le cinéma viendrait informer et mettre au jour, ni même la consomption de l'attente dans un regard sur le tissu sensible du monde. Le temps d'après c'est plutôt celui de l'apparition des gestes oubliés et des éléments primordiaux (le feu, par exemple) qui dessinent des formes archaïques d'habiter et d'être ensemble comme horizon politique. En tant que forme intermédiaire, l'image, et la temporisation dans les plans, serait alors le milieu originaire où se donnerait à voir le « non contemporain dans le contemporain », pour reprendre la formule de Reinhart Koselleck, instituant une temporalité où des survivances affleurent dans le présent de l'image et laisse à voir et à vivre un *éthos* tout humain où se dessinent des communautés à la limite de leur propre non-être. C'est peut-être cela qu'il nous revient de penser désormais à partir du cinéma et des films de Sharunas Bartas en particulier : une anthropologie politique des communautés éphémères quand le peuple manque et ne revient que par les oripeaux de ses survivances et de ses archaïsmes. Ou une manière d'avoir à repenser le politique à partir de l'impouvoir des communautés que les images cinématographiques ritualisent et transmuent en puissance éphémères.

Sébastien DAVID
Université Lyon 2

49 Rasmi, Jacopo, Un cinéma muet de l'insauvable, In Bonamy, Robert (dir.), *Sharunas Bartas ou les hautes solitudes*, *op. cit.*, p. 181-193.

50 *Ibid.*, p. 188.

RÉSUMÉS/*ABSTRACTS*

Luc VANCHERI, « Avant-propos. L'art ou la condition historique du cinéma »

Les années 1920 ont non seulement réussi à introduire le cinéma dans le champ de l'art et, incidemment, à redéfinir l'idée même de l'art, elles sont en outre parvenues à faire de celui-ci la condition de son devenir historique. Ce numéro de la revue *Écrans* s'est intéressé aux rôles qu'y ont joué la peinture, la musique, le biopic, le documentaire, les musées, la littérature, l'opéra et le cinéma d'auteur, choisis comme autant d'opérateurs de sa nouvelle condition artistique.
Mots clés : Art, cinéma, esthétique, histoire, morale.

The 1920s not only succeeded in introducing cinema into the field of art and, in redefining the very idea of art, they also succeeded in making it the condition for its historical evolution. This issue of the Journal Écrans focuses on the roles played by painting, music, biopics, documentary, museums, literature, opera and auteur cinema, chosen as agents of its new artistic condition.
Keywords: Art, cinéma, esthetic, history, ethic.

Benjamin LABÉ, « *Ut cinema poesis.* Paradoxes et convergences cinéma/poésie au temps du muet »

Les décennies 1910 et 1920 en France voient de nombreux poètes louer et encourager le cinéma, dans lequel ils vont parfois jusqu'à voir l'avenir de la poésie. Cette étude est l'occasion de comprendre le statut particulier de la poésie dans sa comparaison avec le cinéma, ainsi que l'influence qu'elle a pu exercer en tant que modèle théorique.
Mots clés : Art, cinéma, esthétique, histoire, literature, poésie

During 1910s and 1920s in France, a large number of poets praised and encouraged cinema, and they sometimes went so far as to see in it the future of poetry. This study is an opportunity to understand the particular status of poetry, then in a period of change, with respect to cinema, as well as the influence poetry may have had as a theoretical model.
Keywords: Art, cinéma, esthetic, history, literature, poetry.

Phil POWERIE, « La musique classique et le cinéma. *Un grand amour de Beethoven* (1936) et *Louise* (1938) d'Abel Gance »

Dans les années trente Abel Gance tente la synthèse de la musique et du cinéma. *Un grand amour de Beethoven* (1936) est un biopic, *Louise* (1938) une adaptation de l'opéra-comique de Gustave Charpentier (1900). Comment éviter que la musique de Beethoven ne soit que l'illustration d'une histoire sentimentale dans le biopic ? Comment intégrer les dialogues et les numéros musicaux dans *Louise* pour que ressorte une trame narrative plutôt qu'une série de points d'orgue arrêtant l'action ?
Mots clés : Art, cinéma, esthétique, histoire, opéra

In the 1930s Abel Gance attempted the synthesis of music and cinema with the biopic Un grand amour de Beethoven *(1936) and an adaptation of Gustave Charpentier's 1900 opera* Louise *(1938). This chapter explores the ways in which Gance tries to avoid Beethoven's music becoming mere illustration of a sentimental narrative, and how he attempts to integrate the musical numbers in Louise so that a narrative can emerge from a series of high musical moments that arrest the action.*
Keywords: Art, cinéma, esthetic, history, opera.

Lucy FISCHER, « Faces and Masks. René Magritte, The Cinema and the Human Countenance »

Cet article s'intéresse aux comparaisons possibles entre les préoccupations théoriques et esthétiques de René Magritte et celles manifestées dans les œuvres cinématographiques. Il se concentre sur le rendu des visages et des masques dans l'œuvre de Magritte dans leurs relations avec les thèmes de deux films de Franju, *Les yeux sans visage* (1960) et *Judex* (1963) et *Le Plaisir* (1952) d'Ophuls.
Mots clés : Art, cinéma, esthétique, histoire, peinture.

This article focuses on comparisons between the theoretical/aesthetic concerns of R. Magritte and those evinced in cinematic works. I focus on Magritte's rendition of faces and masks in relation to the theme of Franju's Eyes Without a Face *(1960) and* Judex *(1963), and Ophuls'* Le Plaisir *(1952). Magritte's œuvre is privileged within modernism for its "resonances" in the history of cinema given his focus on such concepts as the frame, voyeurism, word vs. image, all highly relevant to film.*
Keywords: Art, cinéma, esthetic, history, painting.

Pauline MARI, « Vernir à Cinecittà. Le studio comme industrie parallèle de l'art »

Dans les années 1960, cinéma et art concourent à un troublant phénomène d'identification forts de l'apparition de l'*ambiente*, un genre d'œuvre d'art né en Italie, qui élargit l'objet à l'espace de sa monstration dans des proportions hyperesthésiques. À partir de l'anxiogène *Femina ridens* de Piero Schivazappa (1969), il s'agit de penser le studio comme processus d'*ambientisation* à travers l'exhibition de ses qualités propres (éclairage exaspéré, claustration).

Mots clés : Art, cinéma, esthétique, histoire, peinture.

In the sixties, cinema and art tend towards a troubling identification with each other because of the emergence of a new kind of artwork in Italy called ambiente. *This art form aims to cause very powerful aesthetic experiences. Through an examination of the film* Femina ridens *(Piero Schivazappa, 1969), this article argues that the film's set design was influenced by* ambiente *and its fundamental properties such as light and a claustrophobic atmosphere.*

Keywords: Art, cinéma, esthetic, history, painting.

Rémi FONTANEL, « Le biopic ou le défi de l'art »

Le genre biographique s'est forgé sur cette idée que toute vie peut faire l'objet d'une histoire. Parmi les films biographiques fictionnels, ceux consacrés aux artistes posent également la question spécifique du statut de la création et des différentes relations qui s'établissent entre la vie et l'œuvre. Cet article s'intéresse tout particulièrement aux enjeux poétiques et aux modèles esthétiques qui travaillent les biopics de peintre.

Mots clés : Art, biopic, cinéma, esthétique, littérature.

The biopic genre suggests, although falsely according to Pierre Bourdieu, that every life can become a story. Among biographical films, those focused on artists interrogate the place of creativity within cinematic storytelling, i.e. the different relationships between the artist's life and the filmic depiction. This article considers biopics about painters, with a particular focus on their connection to art in poetic and aesthetic terms.

Keywords: Art, biopic, cinéma, esthetic, literature.

Laurent Le Forestier, « De quelques débats sur l'Avant-garde dans la critique française des années 1920 aux années 1940. Ou comment Belphégor devient rhétoricien »

De nombreux travaux ont montré la polysémie et la labilité de la notion d'avant-garde appliquée au cinéma. Ce texte étudie le retournement sémantique que connaît cette notion au sein de la critique française, des années 1920 aux années 1940, en postulant que, d'une période à l'autre, ce sont deux conceptions de l'art autant que deux conceptions de l'industrie cinématographique qui s'opposent, et par conséquent deux façons d'envisager les rapports entre art et industrie cinématographiques.
Mots clés : Art, Avant-gardes, cinéma, critique, littérature.

Many studies have shown evidence of the polysemy of the concept of the avant-garde applied to cinema. This article examines the real semantic reversal of this notion in French criticism, from the 1920s to the 1940s, postulating that, from one period to the other, there are two contradictory conceptions of art as well as two different conceptions of the film industry, and thus two ways of considering the relationship between art and the film industry.
Keywords: Art, Avant gardes, cinéma, critics, literature.

Emmanuelle Ben Hadj, « Esthétique de la violence et hybridité du genre dans *Un Prophète* de Jacques Audiard »

À travers l'étude du film d'Audiard *Un Prophète* (2009), et plus particulièrement du personnage de Reyeb, cet essai interrogera la tension entre film de genre et cinéma d'art dans l'industrie du cinéma français, tout en s'intéressant de près à la dimension surnaturelle et spirituelle de l'œuvre.
Mots clés : Art, cinéma, critique, entertainment, esthétique.

This essay addresses the tension between genre film and art cinema in the French film industry through the case study of Audiard's Un Prophète (2009) and the character of Reyeb, while also focusing on the film's spiritual dimension.
Keywords: Art, cinéma, critics, entertainment, esthetic.

Sonia Lupher, « Female-Driven Genre Festivals and the "Re-Definition" of Horror »

Cet article porte sur l'édition 2018 du festival Final Girls Berlin, et sur un film en particulier projeté à cette occasion, *Pin Cushion* de Deborah Haywood

(2017). Le but de cette étude est de remettre en question la tendance de beaucoup de critiques de cinéma et des cinéastes « d'ennoblir » les films d'horreur formellement novateur en les sortant de leur genre d'origine.
Mots clés : Art, cinéma, critique, genre, horreur.

This paper looks at the February 2018 iteration of the Final Girls Berlin Film Festival and one film screened there in particular, Deborah Haywood's Pin Cushion *(2017), in order to challenge the tendency among film critics and filmmakers to "elevate" formally innovative films out of the horror genre.*
Keywords: Art, cinéma, critic, gender, horror.

David PETTERSEN, « La politique des genres dans le cinéma "de banlieue" »

Cet article analyse l'usage des genres transnationaux, principalement le cinéma de gangster, dans deux films « de banlieues », *Dheepan* (Jacques Audiard, 2015) et *Divines* (Houda Benyamina, 2016). Alors que plusieurs critiques, notamment dans les *Cahiers du cinéma*, ont violemment reproché aux réalisateurs le vide politique causé par cet usage de genres, cet article montre comment ces films tâchent plutôt de re-cartographier l'imaginaire social des *cités* à travers l'imaginaire des genres.
Mots clés : Art, cinéma, critique, genre, politique.

This article analyzes the use of transnational genres, mainly gangster cinema, in two "banlieue" films, Dheepan *(Jacques Audiard, 2015) and* Divines *(Houda Benyamina, 2016). While several critics, notably in the* Cahiers du cinéma, *severely criticized the two directors for the political meaningless caused by their use of genres, this article rather shows how these films seek to remap the social imaginary of the projects through the imaginary of genre cinemas.*
Keywords: Art, cinéma, critic, gender, political.

Jean-Michel DURAFOUR, « Cétologie warburgienne et baleines en mouvement. Iconologie et génétique »

Partant de ce que l'auteur a baptisé l'« éconologie » – une pensée des images en formes de vie non organique entretenant entre elles et avec leur environnement des relations ne se limitant pas à l'accessibilité humaine – cet article se propose : de mettre en avant les liens entre l'iconologie warbugienne et les énoncés théoriques de la nouvelle biologie génétique ; et de montrer

comment le cinéma a renouvelé, par son darwinisme des métamorphoses, le programme d'une « épigénétique » des figures.
Mots clés : Art, biologie, cinéma, darwinisme, évolutionnisme.

Based on what the author has called "econology" – a thinking of images as non-organic life forms having relations between themselves and their environment that are not limited to human accessibility – this article makes two arguments. First, there are links between the Warbugian iconology and the theoretical statements of new genetic biology. Second, it shows how cinema has renewed, through its Darwinism of metamorphoses, the program of an "epigenesis" of figures.
Keywords: Art, biology, cinéma, Darwinism, evolutionism.

Maxime BEY-ROZET, « Un "Je" tyrannique ? Ce que Sartre et Céline peuvent nous dire du "cinéma extrême" »

Cet article examine le cinéma dit « extrême » en relation avec l'œuvre romanesque de Céline et *Qu'est-ce que la littérature ?* de Sartre. Parce qu'il entretient un rapport agressif avec le lecteur, le narrateur célinien est un « Je » tyrannique qui met à mal le modèle de lecture théorisé par Sartre. Il met par ailleurs en lumière certains choix esthétiques de films extrêmement violents comme *Irréversible* (Gaspar Noé, 2002), qui entretiennent avec le spectateur des rapports également ambiguës.
Mots clés : Art, cinéma, esthétique, histoire, literature, politique.

This article examines so called « extreme » cinema in relation to Céline's novels and Sartre's Qu'est-ce que la littérature ?. *Insofar as he creates and maintains an aggressive and violent relationship to the reader, the Celinian narrator is a tyrannical « I » that interrogates and undermines the democratic model of readership theorized by Sartre. Céline also highlights and informs the aesthetic choices of such extremely violent films as* Irréversible *(Gaspar Noé, 2002).*
Keywords: Art, cinéma, esthetic, history, literature, political.

Joshua LUND, « Opera and Open Veins. Fitzcarrald (1897), *Fitzcarraldo* (1982) and the Poetics of Primitive Accumulation »

Cet article propose une nouvelle lecture de *Fitzcarraldo* (1982) de Werner Herzog dans le contexte de l'histoire sociale et de l'esthétique de l'opéra et de leur relation avec le travail d'extraction dans l'économie capitaliste mondiale.
Mots clés : Art, cinéma, esthétique, opera, politique.

This essay is a new reading of Werner Herzog's Fitzcarraldo (1982) in the context of the social history and aesthetics of opera, and their relation to the work of extraction in the capitalist world-economy.
Keywords: Art, cinéma, esthetic, history, political.

Sébastien DAVID, « Stases et archaïsmes ou le devenir des communautés dans l'œuvre de Sharunas Bartas »

Cet article étudie l'œuvre de Sharunas Bartas à partir des formes de la lenteur, de l'évidement et de la stase et esquisse une interrogation sur l'historicité des communautés filmées, légataires abasourdies de l'histoire et incertaines même de leur avenir. Le cinéaste paraît ainsi confier aux images de l'art d'informer un espace sensible tendu entre un passé devenu indisponible et un indispensable horizon politique où s'ébauchent et se donnent à voir des formes archaïques d'être ensemble.
Mots clés : Art, cinéma, esthétique, politique, philosophie.

This article examines Sharunas Bartas' cinematographic work through the plastic forms of slowness and stasis, and it interrogates the historicity of the filmed communities that seem to be the stunned inheritors of history. The filmmaker seems to entrust art images with the task of creating a sensitive space stretched between a past that has become unavailable and an indispensable political horizon in which archaic forms of being together are sketched out, which I will identify and question.
Keywords: Art, cinéma, esthetic, history, political, philosophy.

IMPRIM'VERT®

Achevé d'imprimer par Corlet Numéric,
Z.A. Charles Tellier, Condé-en-Normandie (Calvados). N° d'impression : 157802
Imprimé en France

Bulletin d'abonnement revue 2019

Écrans

2 numéros par an

M., Mme :

Adresse :

Code postal : Ville :

Pays :

Téléphone : Fax :

Courriel :

Prix TTC abonnement France, frais de port inclus		Prix HT abonnement étranger, frais de port inclus	
Particulier	Institution	Particulier	Institution
41 €	50 €	49 €	58 €

Cet abonnement concerne les parutions papier du 1er janvier 2019 au 31 décembre 2019. Pour toute demande d'abonnement hors de ces dates, veuillez écrire à librairie@classiques-garnier.com

Modalités de règlement (en euros) :

- Chèque joint à l'ordre des Classiques Garnier
- Virement
  Banque : Société Générale – BIC : SOGEFRPP
  IBAN : FR 76 3000 3018 7700 0208 3910 870
  RIB : 30003 01877 00020839108 70

À envoyer à :
Classiques Garnier
6, rue de la Sorbonne – 75005 Paris – France
Fax : + 33 1 46 33 28 90
Courriel : librairie@classiques-garnier.com

mis à jour le 16/01/2019

www.classiques-garnier.com

CLASSIQUES GARNIER

Bulletin d'abonnement revues 2019

Titre	Nombre de parutions par an	Prix TTC abonnement France, frais de port inclus		Prix HT abonnement étranger, frais de port inclus	
		Particulier	Institution	Particulier	Institution
Ædificare Revue internationale d'histoire de la construction	2	49 €	80 €	56 €	87 €
Alkemie	2	52 €	69 €	62 €	79 €
Bulletin de l'Association des amis d'Alfred de Vigny	1	Vente au numéro : 35 €			
Bulletin de la Société internationale des amis de Montaigne	2	Vente au numéro : 27 €			
Bulletin de la Société Paul Claudel	3	Vente au numéro : 25 €			
Cahiers Alexandre Dumas	1	Vente au numéro : 39 €	49 €	Vente au numéro : 39 €	58 €
Cahiers de lexicologie	2	80 €	90 €	89 €	96 €
Cahiers de lexicologie et Neologica jumelés	3	94 €	99 €	98 €	104 €
Cahiers de littérature française	1	29 €	37 €	34 €	41 €
Cahiers de Recherches Médiévales et Humanistes	2	48 €	92 €	55 €	100 €
Cahiers d'études nodiéristes	2	48 €	93 €	55 €	100 €
Cahiers Francis Ponge	1	29 €	37 €	38 €	44 €
Cahiers Jean Giraudoux	1	Vente au numéro : 34 €			
Cahiers Louis Dumur	1	39 €	49 €	48 €	57 €
Cahiers Mérimée	1	Vente au numéro : 32 €			
Cahiers Tristan Corbière	1	35 €	45 €	44 €	53 €
Cahiers Tristan L'Hermite	1	Vente au numéro : 30 €			
Cahiers Valery Larbaud	1	Vente au numéro : 35 €			
Considérant - Revue du droit imaginé	1	29 €	37 €	38 €	44 €
Constellation Cendrars	1	Vente au numéro : 26 €			
Des mots aux actes	1	35 €	44 €	45 €	53 €
Économies, gestion et sociétés (comprend : Revue d'histoire de la pensée économique, Socio-économie du travail, Systèmes alimentaires, European Review of Service Economics and Management, Entreprise & Société)	9	270 €	360 €	295 €	414 €
Écrans	2	41 €	50 €	49 €	58 €
Encomia	1	Vente au numéro : 69 €	85 €	Vente au numéro : 69 €	95 €
Entreprise & Société	2	78 €	98 €	90 €	106 €
Éthique, politique, religions	2	51 €	51 €	59 €	59 €
Études digitales	2	54 €	68 €	63 €	74 €
Études sartriennes	1	22 €	30 €	29 €	37 €
Études Stéphane Mallarmé	1	29 €	37 €	38 €	44 €
European Drama and Performance Studies	2	69 €	83 €	69 €	87 €
European Review of Service Economics and Management / Revue Européenne d'Économie et Management des Services	2	78 €	98 €	90 €	106 €
L'Année rabelaisienne	1	39 €	49 €	46 €	56 €

mis à jour le 15/03/2019

Titre	Nombre de parutions par an	Prix TTC abonnement France, frais de port inclus		Prix HT abonnement étranger, frais de port inclus	
		Particulier	Institution	Particulier	Institution
L'Année ronsardienne	1	29 €	37 €	38 €	44 €
La Lettre clandestine	1	32 €	49 €	38 €	56 €
La Revue des lettres modernes (séries : Écritures jeunesse n° 2, Écritures XIX n° 7, Voyages contemporains n° 2, Minores XX-XXI n° 1, Raymond Roussel n° 6, Georges Pérec n° 1)	6	118 €	180 €	148 €	224 €
Les Cahiers du dictionnaire	1	35 €	44 €	45 €	53€
Libertinage et philosophie à l'époque classique (XVIe-XVIIIe siècle)	1	35 €	45 €	44 €	53 €
LiCarC Littérature et Culture arabes Contemporaines	1	29 €	37 €	36 €	43 €
Neologica	1	42 €	53 €	51 €	63 €
Parade sauvage	1	29 €	37 €	38 €	44 €
Revue Balzac	1	28 €	37 €	36 €	43 €
Revue Bertrand	1	35 €	45 €	44 €	53 €
Revue Bossuet	1	Vente au numéro : 29 €			
Revue des études dantesques	1	22 €	31 €	30 €	38 €
Revue d'études proustiennes	2	55 €	69 €	64 €	75 €
Revue d'histoire de la pensée économique	2	78 €	98 €	90 €	106 €
Revue d'histoire littéraire de la France	4 + biblio.	77 €	113 €	99 €	142 €
Revue d'histoire et de philosophie religieuses	4	40 €	60 €	49 €	71 €
Revue européenne de recherches sur la poésie	1	35 €	44 €	45 €	53 €
Revue Nerval	1	35 €	44 €	45 €	53 €
Revue Verlaine	1	29 €	37 €	38 €	44 €
Romanesques	2	42 €	58 €	55 €	67 €
Socio-économie du travail	2	78 €	98 €	90 €	106 €
Systèmes alimentaires	1	39 €	49 €	45 €	58 €

mis à jour le 15/03/2019

Ces abonnements concernent les parutions papier du 1er janvier 2019 au 31 décembre 2019. Les abonnés passant commande en cours d'année recevront les numéros déjà parus. Pour toute demande d'abonnement hors de ces dates, veuillez écrire à librairie@classiques-garnier.com.

M., Mme, Mlle : ....

Adresse : ....

Code postal : .... Ville : .... Pays : ....

Téléphone : .... Fax : ....

Courriel : ....

Modalités de règlement (en euros) :

- Chèque joint à l'ordre des Classiques Garnier
- Virement
  Banque : Société Générale – BIC : SOGEFRPP
  IBAN : FR 76 3000 3018 7700 0208 3910 870
  RIB : 30003 01877 00020839108 70

À envoyer à :

Classiques Garnier
6, rue de la Sorbonne
75005 Paris – France

Fax : + 33 1 46 33 28 90

Courriel : librairie@classiques-garnier.com